水利水电工程施工组织设计

主　编　胡建春　钱　波　何　茜
主　审　叶　明　陈时彬

中国水利水电出版社
www.waterpub.com.cn
·北京·

内 容 提 要

本书共九章，主要讲述了水利水电工程施工组织设计概述、流水施工原理、施工方案、施工交通运输、施工工厂设施、施工总布置、施工总进度、资源需求计划、单位工程施工组织设计等内容。

本书可以作为高等工科院校水利水电工程、土木工程等专业及其他相关本（专）科专业的教材，也可作为教师的教学参考书，还可供有关工程技术人员参考。

图书在版编目（CIP）数据

水利水电工程施工组织设计 / 胡建春，钱波，何茜主编. -- 北京：中国水利水电出版社，2025.9.
ISBN 978-7-5226-3444-9

Ⅰ．TV5

中国国家版本馆CIP数据核字第2025ML6821号

策划编辑：寇文杰	责任编辑：张玉玲　　封面设计：苏敏

书　　名	水利水电工程施工组织设计 SHUILI SHUIDIAN GONGCHENG SHIGONG ZUZHI SHEJI
作　　者	主　编　胡建春　钱　波　何　茜 主　审　叶　明　陈时彬
出版发行	中国水利水电出版社 （北京市海淀区玉渊潭南路1号D座　100038） 网址：www.waterpub.com.cn E-mail：mchannel@263.net（答疑） 　　　　sales@mwr.gov.cn 电话：（010）68545888（营销中心）、82562819（组稿）
经　　售	北京科水图书销售有限公司 电话：（010）68545874、63202643 全国各地新华书店和相关出版物销售网点
排　　版	北京万水电子信息有限公司
印　　刷	三河市鑫金马印装有限公司
规　　格	184mm×260mm　16开本　13.75印张　352千字
版　　次	2025年9月第1版　2025年9月第1次印刷
印　　数	0001—1000册
定　　价	43.00元

凡购买我社图书，如有缺页、倒页、脱页的，本社营销中心负责调换
版权所有·侵权必究

前　　言

　　本书结合现行水利水电工程施工相关规范和工程实际，突出水利水电工程施工组织设计的实践性、综合性和应用性，着重介绍水利水电工程施工组织设计在技术可行性、经济合理性、管理先进性等方面的各种手段和方法。内容涵盖水利水电工程施工组织设计概述、流水施工原理、施工方案、施工交通运输、施工工厂设施、施工总布置、施工总进度、资源需求计划、单位工程施工组织设计，并结合实际工程举了大量实例。

　　本书由西昌学院胡建春、钱波、何茜主编，胡建春统稿，中国水利水电第六工程局叶明、陈时彬主审。全书共九章，第二章、第五章、第六章、第七章由胡建春编写，第一章、第三章、第四章由钱波编写，第八章、第九章第一、二、三、四、五、六、七节由何茜编写，第九章第八节由陈时彬编写。

　　在本书的编写过程中，编者参考了中国水利水电第六工程局提供的大量工程实例，参考并引用了大量的相关文献，对于这些工程实例和相关文献的作者，在此谨表示衷心的感激。同时，本书在编写过程中得到了中国水利水电出版社的大力关心和支持，在此表示衷心的感谢。

　　由于时间仓促，水平有限，书中难免存在遗漏和错误，恳切希望读者批评指正。

编　者

2025 年 3 月

目 录

前言

第一章 水利水电工程施工组织设计概述 ……… 1
  第一节 水利水电工程建设项目 …………… 1
    一、建设项目 …………………………… 1
    二、水利水电工程建设项目 ……………… 3
  第二节 水利水电工程建设的特点 …………… 4
    一、水利水电工程建设项目的特点 ……… 4
    二、水利水电工程项目施工的特点 ……… 4
  第三节 水利水电工程基本建设程序 ………… 6
    一、流域规划 …………………………… 6
    二、项目建议书 ………………………… 6
    三、可行性研究 ………………………… 7
    四、初步设计 …………………………… 7
    五、施工准备 …………………………… 7
    六、建设实施 …………………………… 8
    七、生产准备 …………………………… 8
    八、竣工验收 …………………………… 8
    九、后评价 ……………………………… 9
  第四节 施工组织设计的作用与分类 ………… 9
    一、施工组织设计的作用 ……………… 9
    二、施工组织设计的分类 ……………… 10
  第五节 施工组织设计编制原则、依据
         与要求 ………………………… 12
    一、施工组织设计文件的编制原则 …… 12
    二、施工组织设计文件的编制依据 …… 13
    三、施工组织设计文件的编制要求 …… 14
  第六节 施工组织设计内容 ………………… 14
    一、编制步骤 …………………………… 14
    二、主要内容 …………………………… 15
    三、施工组织设计的成果 ……………… 19
  第七节 施工准备工作 ……………………… 19
    一、施工准备工作的任务 ……………… 19
    二、施工准备工作的内容 ……………… 20

第二章 流水施工原理 …………………… 22
  第一节 流水施工的基本概念 ……………… 22
    一、施工组织方式 ……………………… 22
    二、流水施工表达方式 ………………… 24
    三、流水施工参数 ……………………… 25
    四、流水施工的基本组织方式 ………… 32
  第二节 有节奏流水施工 …………………… 33
    一、等节拍流水施工 …………………… 33
    二、成倍节拍流水施工 ………………… 36
    三、加快的成倍节拍流水施工 ………… 39
  第三节 无节奏流水施工 …………………… 40
    一、无节奏流水施工的特点 …………… 40
    二、流水步距的确定 …………………… 41
    三、流水施工工期的确定 ……………… 42

第三章 施工方案 ………………………… 44
  第一节 拟定施工方案的原则 ……………… 44
    一、拟定施工方案的原则 ……………… 44
    二、施工方案的评价 …………………… 45
  第二节 施工导流 …………………………… 45
    一、影响导流方案的因素 ……………… 46
    二、施工导流设计所需资料 …………… 46
    三、施工导流设计的步骤和主要内容 … 47
  第三节 料源选择与料场开采 ……………… 51
    一、天然建筑材料勘察 ………………… 51
    二、料源选择 …………………………… 53
    三、料场开采规划 ……………………… 55
  第四节 地基处理 …………………………… 56
    一、坝基开挖 …………………………… 56
    二、灌浆处理 …………………………… 58
    三、防渗墙施工 ………………………… 59
  第五节 土石坝施工 ………………………… 59
    一、土石坝材料要求 …………………… 60

  二、土石料的开挖与运输 ………… 60
  三、坝体施工 ………………………… 61
 第六节　混凝土施工 ……………………… 64
  一、骨料开采及加工 ………………… 65
  二、模板和钢筋工程 ………………… 66
  三、混凝土生产场地选择与布置 …… 68
  四、混凝土制备 ……………………… 68
  五、混凝土运输 ……………………… 69
  六、混凝土浇筑 ……………………… 71
 第七节　地下工程施工 …………………… 73
  一、隧洞开挖方法 …………………… 73
  二、地下厂房开挖方法 ……………… 74
  三、钻孔爆破设计 …………………… 75
  四、隧洞衬砌施工 …………………… 78
  五、喷锚支护 ………………………… 79
  六、地下工程施工的辅助作业 ……… 79

第四章　施工交通运输 ……………………… 82
 第一节　施工交通运输的分类 …………… 82
  一、施工交通运输的分类 …………… 82
  二、施工交通运输的特点 …………… 82
  三、施工交通运输设计的任务及所需
    资料 ……………………………… 82
 第二节　对外交通运输 …………………… 83
  一、对外交通运输方案选择应考虑因素 … 83
  二、对外交通运输方案选择原则 …… 84
  三、公路运输 ………………………… 84
  四、铁路运输 ………………………… 86
  五、水路运输 ………………………… 86
  六、转运站 …………………………… 87
  七、重大件运输 ……………………… 87
 第三节　场内交通运输 …………………… 88
  一、场内交通运输的特点 …………… 88
  二、场内交通运输的分类 …………… 88
  三、场内交通规划应考虑的主要因素 … 88
  四、场内交通规划设计要求 ………… 88
  五、场内交通线路布置原则 ………… 89
  六、场内运输方式选择 ……………… 89
  七、场内交通布置所需的基本资料 … 89
  八、场内交通运输方案比选 ………… 90

第五章　施工工厂设施 ……………………… 91
 第一节　砂石加工系统 …………………… 91
  一、砂石料加工系统生产规模 ……… 91
  二、砂石厂厂址选择原则 …………… 92
  三、砂石加工工艺流程设计 ………… 92
  四、砂石生产车间、设施布置原则 … 93
  五、砂石储运设施布置 ……………… 93
 第二节　混凝土生产系统 ………………… 94
  一、混凝土生产系统规模 …………… 94
  二、混凝土生产系统场址选择原则 … 94
  三、混凝土主要生产车间布置 ……… 95
  四、混凝土生产设备选用 …………… 95
  五、混凝土预冷、预热系统 ………… 95
  六、混凝土生产系统占地面积 ……… 96
 第三节　风水电供应系统及通信系统 …… 97
  一、供风系统 ………………………… 97
  二、供水系统 ………………………… 98
  三、供电系统 ………………………… 101
  四、通信系统 ………………………… 104
 第四节　机械修配厂 ……………………… 104
  一、混凝土坝中心修配厂 …………… 105
  二、土石坝中心修配厂 ……………… 105
  三、汽车修理厂和汽车保修站 ……… 105
 第五节　施工仓库设施 …………………… 105
  一、仓库储存量的计算 ……………… 105
  二、仓库面积的计算 ………………… 106

第六章　施工总布置 ………………………… 108
 第一节　施工总布置的内容 ……………… 108
  一、施工总布置的主要内容 ………… 108
  二、编制施工总布置所需基本资料 … 109
  三、编制施工总布置的依据 ………… 109
  四、施工总布置编制步骤 …………… 110
  五、施工总布置方案评价 …………… 110
 第二节　施工场地选择 …………………… 111
  一、施工场地选点 …………………… 111
  二、施工场地平面规划 ……………… 116
  三、施工场地高程规划 ……………… 117

第三节　施工分区规划……………… 117
　一、施工总布置的分区……………… 117
　二、施工分区规划的原则…………… 117
　三、施工区房屋建筑面积和占地面积…… 118
第四节　施工场地防洪与排水…………… 118
　一、存、弃渣场防洪标准……………… 118
　二、施工场地排水设计……………… 119
　三、渣场、场平等填方区排水设计…… 119
第五节　土石方平衡、渣场规划及施工
　　　　用地………………………… 119
　一、土石方平衡……………………… 119
　二、渣场选址………………………… 120
　三、渣场规划………………………… 120
　四、施工用地………………………… 120

第七章　施工总进度 … 121
第一节　施工总进度的类型…………… 121
　一、施工总工期……………………… 121
　二、施工总进度计划的类型………… 122
　三、施工总进度计划的编制原则…… 123
　四、施工进度计划的表现形式……… 123
第二节　施工总进度的编制…………… 123
　一、收集基本资料…………………… 123
　二、列出工程项目…………………… 124
　三、计算工程量……………………… 124
　四、分析确定项目之间的逻辑关系… 124
　五、选定关键性工程项目…………… 125
　六、计算各项目的施工持续时间…… 125
　七、编制轮廓性施工进度计划……… 126
　八、编制控制性施工进度计划……… 127
　九、施工进度方案比较……………… 127
　十、初拟施工总进度计划…………… 127
　十一、论证施工强度………………… 128
　十二、优化、调整和修改…………… 128
　十三、编制施工总进度计划表……… 128
第三节　关键性工程项目施工进度的编制
　　　　要点………………………… 129
　一、筹建工程及准备工程施工进度… 129
　二、导流工程施工进度……………… 129
　三、土石方明挖工程施工进度……… 130
　四、地基处理工程施工进度………… 131
　五、土石坝施工进度………………… 132
　六、混凝土工程施工进度…………… 134
　七、地面厂房施工进度……………… 136
　八、地下工程施工进度……………… 136
　九、金属结构及机电安装施工进度… 137

第八章　资源需求计划 … 139
第一节　材料需求计划………………… 139
　一、材料需求量估算依据…………… 139
　二、主要材料需求量………………… 139
　三、分期供应计划…………………… 140
第二节　施工机械需用计划…………… 141
　一、施工机械设备的选择原则……… 141
　二、施工机械设备平衡……………… 141
　三、施工机械设备需求量…………… 142
　四、施工机械设备需求量分期供应
　　　计划……………………………… 143
第三节　劳动力需求计划……………… 144
　一、劳动力需求的计算……………… 144
　二、劳动力需求总量分期计划……… 145

第九章　单位工程施工组织设计 … 146
第一节　概述…………………………… 146
　一、单位工程施工组织设计编制原则… 146
　二、单位工程施工组织设计的编制… 146
　三、单位工程施工组织设计的内容… 148
第二节　工程概况及施工条件………… 148
　一、工程概况………………………… 148
　二、施工条件………………………… 149
　三、工程实例………………………… 149
第三节　施工方案的选择……………… 155
　一、施工顺序的确定………………… 155
　二、施工方法和施工机械的选择…… 158
　三、工程实例………………………… 160
第四节　单位工程施工进度计划……… 163
　一、单位工程进度计划编制依据…… 163
　二、编制程序和步骤………………… 164
　三、工程实例………………………… 166

第五节　施工现场平面图布置……………170
　　一、单位工程施工平面图设计的意义
　　　　和内容………………………………170
　　二、单位工程施工平面图设计依据
　　　　和原则………………………………171
　　三、单位工程施工平面设计步骤…………171
　　四、工程实例………………………………174
第六节　某水利水电工程基础固结灌浆施工
　　　　组织设计……………………………186
　　一、工程概况………………………………186
　　二、施工布置………………………………187
　　三、施工方案及措施………………………189
　　四、质量检查及安全保证…………………192
第七节　某水利水电工程施工导流和水流
　　　　控制施工组织设计…………………192
　　一、工程简介………………………………192
　　二、水文气象地质特性……………………192
　　三、施工期水流控制主要进度计划………193
　　四、施工期水流控制及安全渡汛标准
　　　　与规划………………………………193
　　五、施工排水………………………………196
　　六、安全渡汛………………………………202
第八节　某水电站压力钢管制造与安装施工
　　　　组织设计……………………………204
　　一、工程概述………………………………204
　　二、施工重点、难点分析与对策…………205
　　三、施工场地布置…………………………205
　　四、主要施工方案…………………………206
　　五、钢管厂内制作…………………………206
　　六、钢管制作………………………………208
　　七、钢管焊接………………………………209
　　八、钢管安装………………………………209
　　九、安装进度计划…………………………210
　　十、施工人员配置…………………………210
　　十一、主要施工设备投入…………………211
参考文献……………………………………212

第一章 水利水电工程施工组织设计概述

水利水电工程是指为了控制、调节、利用自然界的地表水和地下水，以达到兴利除害目的而兴建的各类工程。水利水电工程建设是国家基本建设的重要组成部分，组织工程施工是实现水利水电工程建设的重要环节。水利水电工程建设项目的施工是一项多工种、多专业的系统工程，要使施工全过程顺利进行，以期达到预定的目标，就必须用科学的方法进行施工管理。

第一节 水利水电工程建设项目

项目是指在一定的限定条件（如限定时间、限定费用及限定质量标准等）下，为实现特定的目标而执行的一次性任务。项目具有一次性（单件性）、目标的明确性和整体性三个特征，只有同时具备这三个特征的任务才能称为项目。

为加强管理和提高完成任务的效果、水平，应对项目进行分类。项目主要有工程项目、科学研究项目、航天项目、维修项目、咨询项目等，在此基础上，还可以根据需要对每一类项目进一步加以分类。

工程项目是项目中数量最大的一类，既可以按专业将其分为水利水电工程、建筑工程、公路工程、港口工程、铁路工程等项目，也可以按设计或施工等管理对象的不同，将其分为建设项目、设计项目、工程咨询项目和施工项目等。

一、建设项目

基本建设项目是指按照一个总体设计进行施工，由一个或若干个单项工程组成，在经济上实行统一核算，在行政上实行统一管理的基本建设工程实体，如一项水利枢纽工程、一条公路等。

基本建设项目，是指由国民经济各部门利用国家预算拨款、自筹资金、国内外基本建设贷款以及其他专项资金，以扩大生产能力（或增加工程效益）为主要目的，所实施的新建、改建、扩建、恢复工程及有关工作。

基本建设项目具有规模大、建设周期长、影响因素复杂等特点。正确进行建设项目划分，不仅是编制基本建设计划、编制概预算、组织材料供应、组织招投标的需要，也是安排施工和控制投资拨付款项、进行质量工期和成本控制、实行经济核算等生产经营管理的需要。基本建设工程通常按项目本身的内部组织，将其划分为单项工程、单位工程、分部工程和分项工程。

建设项目中，往往有多个单项工程，应将属于一个设计文件内、经济上分别核算、行政上分开管理的几个单项工程作为一个建设项目，不能把总体设计内的工程按地区或施工单位划分为几个建设项目。在一个设计任务书范围内规定分期进行建设时，仍为一个建设项目。

1. 单项工程

单项工程是一个建设项目中，具有独立设计文件，可以独立组织施工，建成后能够独立发挥生产能力和使用效益的工程。如水利枢纽工程的厂房、引水工程、泄洪工程、发电站、拦河大坝等。

单项工程是具有独立存在意义的一个完整工程，也是一个极为复杂的综合体，它由许多单位工程所组成，如水利枢纽的引水工程，可以分为进水口、引水隧洞、调压井、压力管道等单位工程。

2. 单位工程

单位工程是单项工程的组成部分，是指具有独立的设计文件，可以独立组织施工，但完工后不能独立发挥效益的工程。

每一个单位工程仍然是一个较大的组合体，其本身仍然是由许多的结构或更小的部分组成的，所以对单位工程还需要进一步划分。如引水隧洞工程，可以细分为土方开挖、石方开挖、混凝土工程、灌浆工程、机械设备安装、电气设备安装等分部工程。

3. 分部工程

分部工程是单位工程的组成部分，是按工程部位、设备种类和型号、使用的材料和工种的不同，对单位工程进行进一步划分，但不能进行独立施工的部分。

分部工程是编制工程造价、组织施工、质量评定、工程结算与成本核算的基本单位，但在分部工程中，由于施工部位不同、施工方法不同、使用设备和材料不同，工程造价和成本自然也不相同。因此，为便于管理，还必须将分部工程按照不同的施工方法、不同的材料、不同的部位等进行进一步划分。如混凝土工程，可以进一步细分为隧洞底板混凝土工程、隧洞边墙混凝土工程、隧洞顶拱混凝土工程等。

4. 分项工程

分项工程是分部工程的组成部分，是根据工程的不同结构，不同材料和不同施工方法等因素划分的，是建筑安装工程的基本构成单位。分项工程又是概预算定额的基本计量单位，故也称为工程定额子目或工程细目。如引水隧洞建筑工程的混凝土工程，可以划分为隧洞底板、隧洞边墙、隧洞顶拱等分项工程。

建设项目划分如图 1-1 所示。

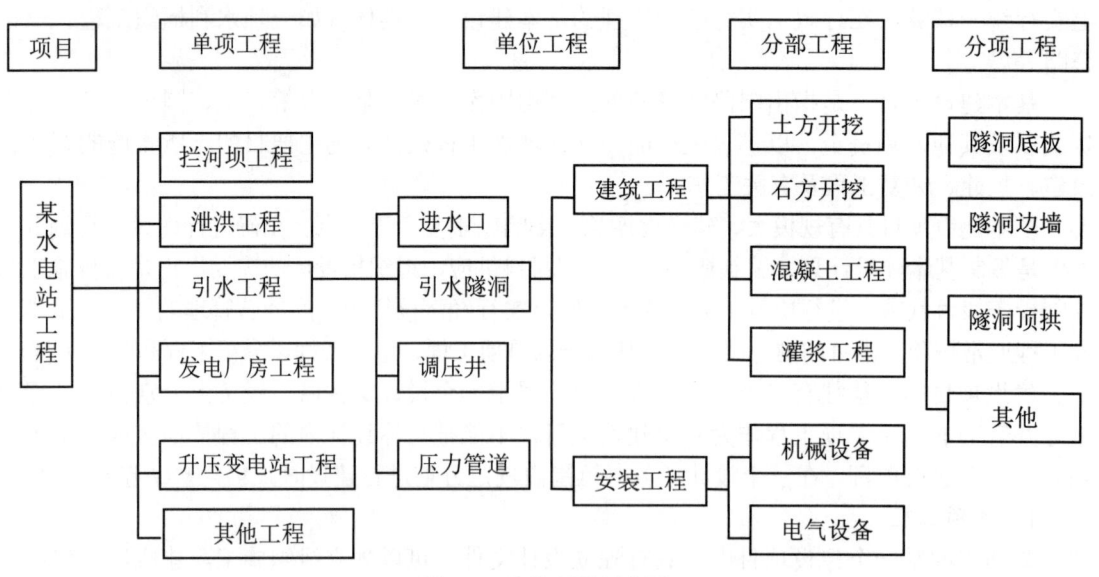

图 1-1 建设项目划分图

二、水利水电工程建设项目

水利水电工程建设项目是指按照经济发展和生产需要提出，经上级主管部门批准，具有一定的规模，按总体进行设计施工，由一个或若干个互相联系的单项工程组成，经济上统一核算，行政上统一管理，建成后能产生社会经济效益的建设单位。

水利水电建设项目常常由建设种类多、涉及面广的多性质水工建筑物构成，例如大中型水利水电工程，除拦河大坝、主副厂房外，还有变电站、开关站、输变电线路、引水系统、泄洪设施、公路、桥涵、给排水系统、供风系统、通信系统、辅助企业、文化福利建筑等，难以严格按单项工程、单位工程确切划分。在编制水利水电工程施工组织设计和概预算时，常按下述方法进行项目划分。

1. 两大类型

水利水电建设项目划分为两大类型：一类是枢纽工程，如水库、水电站和其他大型独立建筑物；另一类是引水工程及河道工程，如供水工程、灌溉工程、河湖整治工程、堤防工程。

2. 五个部分

水利水电枢纽工程和引水工程及河道工程又划分为建筑工程、机电设备及安装工程、金属结构设备及安装工程、施工临时工程和独立费用五大部分。

3. 三级项目

根据水利工程性质，其工程项目分别按枢纽工程、引水工程及河道工程划分，投资估算和设计概算要求每部分从大到小又划分为一级项目、二级项目、三级项目，其中一级项目相当于单项工程，二级项目相当于单位工程，三级项目相当于分部工程。水利工程建设项目划分如图1-2所示。

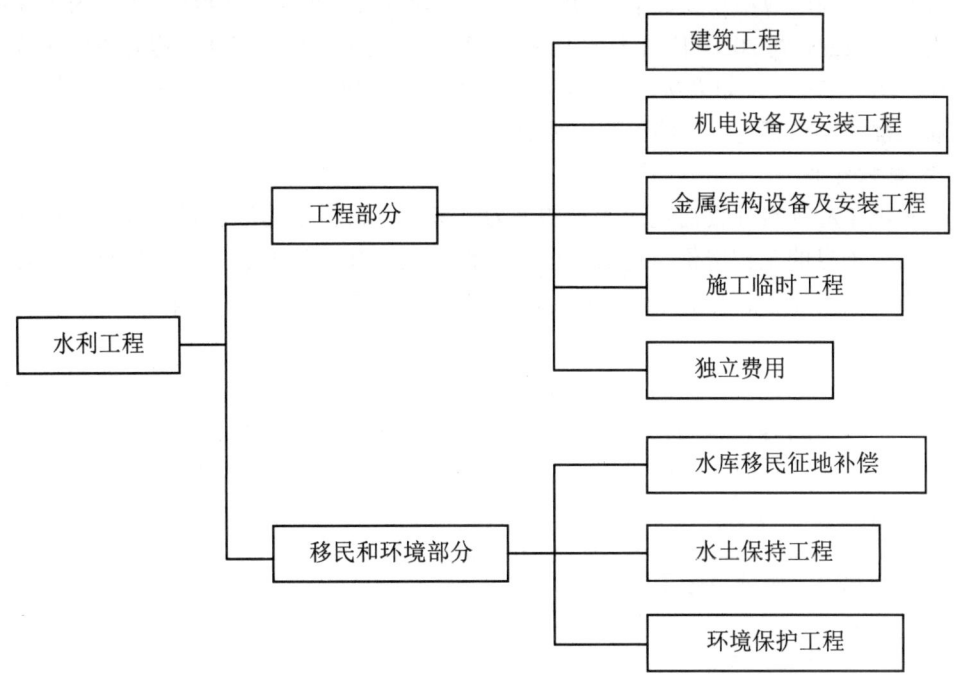

图1-2 水利工程建设项目划分图

第二节　水利水电工程建设的特点

水利水电工程项目往往建设在江河附近，水文、气象、地形、工程地质和水文地质等自然条件对施工过程影响显著。水利水电工程项目工程量大、工期长，需要投入的人力、物力和财力大，涉及的利益部门多、专业工种多、安全隐患多，技术复杂。因此，水利水电工程建设具有与其他建设项目不同的施工特点和建筑物形态，需要统筹兼顾、全面规划，以满足各方面的需求。

一、水利水电工程建设项目的特点

1. 建筑物多样

水利水电工程建筑产品一般由设计单位和施工单位根据建设单位（业主）委托，按照特定要求进行设计和施工。由于对水利水电工程建筑物的功能要求多种多样，因而对每一水利水电工程建筑物都有具体要求。即使功能要求和类型相同，由于地形、地质等自然条件不同，以及交通运输、材料供应等社会条件不同，施工组织、施工方法也存在较大差异。

2. 建筑物体积庞大

水利水电工程建筑物体积庞大，占有广阔的空间，因而对环境的依赖和影响大，必须服从流域规划和环境规划的要求，并合理规划施工场地和进度安排。

3. 项目建设周期长

水利水电工程项目建设周期通常较长，从前期调研、论证到开工建设，再到最后的建成运行，可能需要经历数年甚至数十年的时间。如三峡工程，如果从 1993 年 1 月国务院三峡工程建设委员会成立，到 2020 年 11 月水利部、国家发展改革委公布三峡工程完成整体竣工验收全部程序，历时 28 年；如果从 1919 年孙中山先生在《建国方略之二——实业计划》中提出建设三峡工程的设想算起，三峡工程历时 100 年。

4. 项目投资高

水利水电工程项目建设需耗用大量的人力、机械、材料及其他资源，造价非常高，特大水利水电工程项目的工程造价可达数十亿到数百亿元，甚至几千亿元。产品的高价值性也使其工程造价关系到各方面的重大经济利益，同时会对宏观经济产生重大影响。

5. 临时工程多

水利水电工程除建设必需的永久性工程外，还需建设一些临时性工程，如围堰、导流、减压排水、临时道路等。这些临时工程大多是一次性的，主要是为了永久建筑物的施工和设备的运输安装，因此临时工程的投资占比大。根据不同规模、不同性质，临时工程占总投资的比重一般为 10%～20%。

二、水利水电工程项目施工的特点

1. 建设过程具有综合性

水利水电工程建设首先由勘察单位进行勘测，设计单位进行设计，建设单位进行施工准备，施工单位进行工程施工，最后经过竣工验收才能交付使用。尤其是施工过程，需要业主单位、设计单位、监理单位、施工单位、材料供应单位、分包单位、金融机构等多个单位的相互配合、相互协作，这决定了水利水电工程建设过程具有很强的综合性。

2. 施工环境复杂多变

水利水电工程受地形地质、水文、气象条件的影响大。水利水电工程大多在复杂的地形、地质条件下露天进行，施工区域往往地形起伏大，地质条件复杂，如存在断层、岩溶等不良地质现象，在很大程度上影响着工程施工的难易程度和施工方案的取舍。同时，河流水文特性，工程施工区域降雨、降雪等气象条件也会对施工进度和施工质量产生显著影响。因此在勘测、规划、设计和施工过程中，要特别注意这一问题。

3. 综合利用制约因素多

在河道上修建水利水电枢纽，必须综合考虑施工期间河道的通航、灌溉、发电、供水和防洪等多种因素和多个部门利益，施工组织比较复杂，要求必须从河流综合利用的全局出发，组织好施工导流工作。

4. 工程量巨大

水利水电工程一般涉及土石方开挖、混凝土浇筑、设备安装等多个环节，工程量巨大，修建时需花费大量的资金、材料和劳动力，使用各种类型的施工机械设备才能建成。如2025年7月19日开工建设的雅鲁藏布江下游水电工程（墨脱水电站），预计工期15~20年。因此，应科学组织生产，不断缩短生产周期，尽快提高投资效益。

5. 施工难度大

水利水电工程施工水下作业和爆破作业多。施工中，经常需要进行水下作业，如水下基础处理、水下混凝土浇筑等，这些作业对施工技术和设备的要求极高。爆破作业也是常见的施工方式，常用于石方开挖、围堰修建等，爆破作业存在较大的安全隐患，需要严格控制。

6. 工程质量要求高

在天然河道上修建挡水建筑物，关系着下游千百万人民的生命与财产安全。如果施工质量不高，不但会影响建筑物的寿命和效益，而且有可能造成建筑物失事，带来不可弥补的损失。因此，除在规划设计中保证质量与安全外，在施工中也要加强全面质量管理，注重工程安全。

7. 工程地点偏僻

丰富的水力资源，多蕴藏在荒山峡谷地区。这些地区往往交通不便，人烟稀少，为大规模工程施工组织带来困难。为此，常需建设临时性的施工工厂，修建大量的生活福利设施。水利水电枢纽施工总工期较长，特别是施工准备期较长，均与此有关。

8. 施工组织复杂

水利水电工程涉及多个单项建筑物，如大坝、溢洪道、电站厂房等，这些建筑物布置集中，工程量大，工种多，施工常受地形条件限制，易发生干扰。因此，现场施工的组织管理十分重要，需要运用系统工程学的原理，因时因地选择最优的施工方案。

由上述基本特点可以看出，水利水电工程施工组织与管理工作具有极大的复杂性，它受到国家建设方针、政策、体制以及社会、经济、生态环境、科学技术水平等多方面因素的制约。

第三节 水利水电工程基本建设程序

建设程序是指建设项目从决策、设计、施工到竣工验收整个建设过程中各阶段、各环节、各项工程之间存在和必须遵守的先后顺序与步骤,是工程建设活动客观规律(包括自然规律和经济规律)的反映,是保证工程质量和投资效果的基本要求,是水利水电工程建设项目管理的重要工作。

根据我国基本建设实践,水利水电工程基本建设程序可以分为四个阶段八个环节:

第一阶段是建设项目决策投资阶段,包括根据资源条件和国民经济长远发展规划,进行流域或河段规划,提出项目建议书;进行可行性研究和项目评估,编制可行性研究报告。

第二阶段是项目勘察及初步设计阶段。

第三阶段是项目建设施工阶段,包括建设前期施工准备(包括招标设计)、全面建设施工和生产(投产)准备工作。

第四阶段是项目竣工验收和交付使用,生产运行一定时间后,对建设项目进行后评价。水利水电工程基本建设程序与概预算的关系如图 1-3 所示。

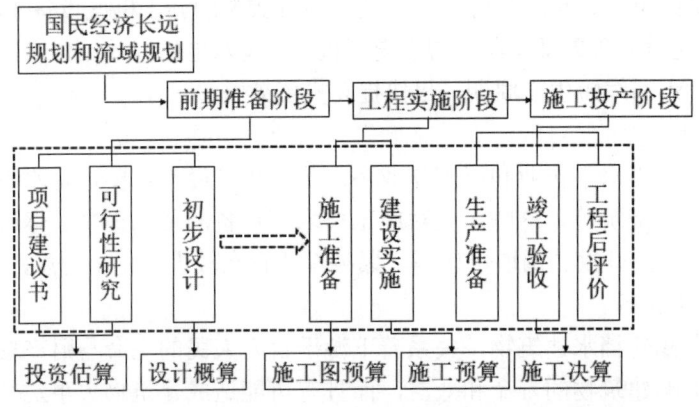

图 1-3 水利水电工程基本建设程序与概预算的关系简图

一、流域规划

流域规划是在对该流域的自然地理、经济状况等进行全面、系统的调查研究后,根据流域内水资源条件、国民经济和社会发展规划,对流域水资源梯级开发和综合利用的方案,包括流域内可能的建设位置,各坝址的建设条件、梯级布置方案、工程规模、工程效益等,进行多方案分析比较,选定最优方案,并推荐近期开发的工程项目。

二、项目建议书

项目建议书是在流域规划的基础上,由建设单位向主管部门提出项目建设的轮廓设想,主要从宏观上分析项目建设的必要性、建设条件的可行性、获利的可能性。即从国家或地区的长远需要出发,分析建设项目是否有必要;从当前的实际情况出发,分析建设条件是否具备;从投入与产出的关系出发,分析是否值得投入资金和人力。

项目建议书一般由政府委托具有相应资质的设计或工程咨询单位进行编制，并按国家现行规定权限，向水利主管部门申报审批。项目建议书获批后，由政府向社会公布，列入国家建设计划。若有投资建设意向，则组建项目法人筹备机构，进行可行性研究工作。

三、可行性研究

可行性研究是综合应用工程技术、经济学和管理学等学科基本理论，对项目建设的各方案进行技术、经济比较分析，对项目建设的必要性、技术的可行性和经济的合理性等进行多方面、全方位的论证。可行性研究报告是项目决策和初步设计的重要依据，一经批准，可作为初步设计的依据，不得随意修改和变更。可行性研究报告的内容一定要做到全面、科学、深入、可靠。

可行性研究报告，由项目法人组织具有相应资质的工程咨询或设计单位编写。项目可行性研究报告，必须同时提出项目法人组建、运行机制、资金筹措方案、资金结构及资金回收办法等，并依照有关规定，附具有管辖权的水行政主管部门或流域机构签署的规划同意书、对取水许可预申请的书面审查意见。

项目可行性报告批准后，应正式成立项目法人，并按项目法人责任制实行项目管理。

四、初步设计

可行性研究报告经批准后，项目法人应择优选择具备相应资质的勘察设计单位进行工程勘测设计，并编制初步设计，进一步阐明拟建工程在技术上的可行性和经济上的合理性，将项目建设计划具体化，作为组织项目实施的依据。

初步设计的具体内容包括：确定项目各建筑工程的等级、标准和规模，工程选址，确定工程总体布置、主要建筑物的组成结构和布置，确定电站或泵站的机组机型、装机容量和布置，选定对外交通方案、施工导流方式、施工总进度和施工总布置、主要建筑物施工方法及主要施工设备、资源需用量及其来源，确定水库淹没、工程占地范围、提出水库淹没处理、移民安置规划和投资概算，提出水土保持、环境保护措施设计、编制初步设计概算，复核经济评价等。

初步设计完成后，按国家现行规定权限向上级主管部门申报，主管部门组织专家进行审查，合格后方可审批。批准后的初步设计文件是项目建设实施的技术文件基础。

五、施工准备

项目在主体工程开工之前，必须完成各项准备工作，其主要工作内容包括：

（1）落实施工用地的征用。

（2）完成施工用水、电、通信、道路和场地平整等工作。

（3）建设生产、生活必需的临时工程。

（4）完成施工招投标工作，择优选定监理单位、施工单位和材料设备供应厂家。

（5）进行技术设计，编制施工总概算和施工详图设计，编制设计预算。

施工准备工作开始前，项目法人或其代理机构，须依照有关规定，向政府主管部门办理报建手续，须同时交验工程建设项目有关批准文件。工程项目经过项目报建后，方可组织施工准备工作。

六、建设实施

建设实施阶段是指主体工程的建设实施,项目法人按照批准的建设文件组织工程建设,保证项目建设目标的实现。项目法人或其代理机构,必须按照审批权限,向主管部门提出主体工程开工申请报告,经批准后,主体工程方可正式开工。

主体工程开工需具备下列条件:

(1) 前期工程各阶段文件已按照规定批准,施工详图设计可以满足初期主体工程施工需要。

(2) 建设项目已列入国家或地方建设投资年度计划,年度建设资金已落实。

(3) 主体工程招标已决标,工程承包合同已签订,并得到主管部门同意。

(4) 现场施工准备和征地移民等建设外部条件能够满足主体工程开工需要。

(5) 建设管理模式已经确定,投资主体与项目主体的管理关系已经理顺。

(6) 项目建设所需全部投资来源已经明确,且投资结构合理。

施工阶段是工程实体形成的主要阶段,建设各方面都要围绕建设总目标的要求,为工程的顺利实施积极努力工作。项目法人要充分发挥建设管理的主导作用,为施工创造良好的建设条件。监理单位要在业主的委托授权范围内,制定切实可行的监理规划,发挥技术和管理方面的优势,独立负责项目的建设工期、质量、投资的控制和现场施工的组织协调。施工单位应严格遵守施工承包合同的要求,建立现场管理机构,合理组织技术力量,加强工序管理,执行施工质量保证制度,服从监理监督,力争工程按质量要求如期完成。

七、生产准备

生产准备是项目投产前,由建设单位进行的一项重要工作,是建设阶段转入生产经营的必要条件。项目法人应按照建管结合和项目法人责任制的要求,适时做好有关生产准备工作,确保项目建成后及时投产,及早发挥效能,主要包括以下内容:

(1) 生产组织准备。建立生产经营的管理机构、配备生产人员、制定相应管理制度。

(2) 招收和培训人员。按照生产运营的要求配备生产管理人员,需要通过多种形式的培训,提高人员素质,使之能满足正常的运营要求。有条件时,应组织生产管理人员要尽早介入工程施工建设,参加设备的安装调试和工作验收,熟悉情况,掌握好生产技术和工艺流程,为顺利衔接基本建设和生产经营阶段做好准备。

(3) 生产技术准备。主要包括技术资料的汇总、运行技术方案的制定、操作规程制定和新技术准备。

(4) 生产物质准备。主要落实投产运营所需要的原材料、协作产品、工器具、备品备件和其他协作配合条件的准备。

(5) 正常生活福利设施准备。

八、竣工验收

竣工验收是工程完成建设目标的标志,是全面考核基本建设成果、检验设计和工程质量的重要步骤,只有竣工验收合格的项目才能投入生产或使用。

当建设项目的建设内容全部完成,并经过单位验收,符合设计要求,在完成竣工报告、竣工决算等必需文件的编制后，项目法人按照有关规定，可向验收主管部门提出申请，根据国家和部颁验收规程，组织验收。

竣工决算编制完成后，须由审计机关组织竣工审计，其审计报告作为竣工验收的基本资料。

验收的程序随工程规模的大小而有所不同，一般为两阶段验收，即初步验收和正式验收。工程规模较大、技术较复杂的建设项目可先进行初步验收，初验工作由监理单位会同设计、施工、质量监督、主管单位代表共同进行，初验的目的是帮助施工单位发现遗漏的质量问题，及时补救；待施工单位对初验的问题做出必要的处理后，再申请有关单位进行验收。验收合格的项目，办理工程正式移交手续，工程即从基本建设转入生产或使用。

九、后评价

建设项目竣工投产并生产运营 1~2 年后，对项目所作的系统综合评价，即项目后评价。建设项目后评价工作必须遵循客观、公正、科学的原则，做到分析合理、评价公正。项目后评价工作一般按三个层次组织实施，即项目法人的自我评价、项目行业的评价、计划部门（或主要投资方）的评价。

项目后评价的目的是总结项目建设的成功经验，发现项目管理中存在的问题，及时吸取教训，不断提高项目决策水平和投资的效果，其主要内容包括：

（1）影响评价。项目投产后对各方面的影响所进行的评价。

（2）经济效益评价。对项目投资、国民经济效益、财务效益、技术进步和规模效益、可行性研究深度等方面进行的评价。

（3）过程评价。对项目的立项、设计施工、建设管理、竣工投产、生产运营等全过程进行的评价。

以上所述基本建设程序的九项内容，是国家对水利水电工程建设程序的基本要求，也基本反映了水利水电工程基本建设工作的全过程。

第四节　施工组织设计的作用与分类

施工组织设计是根据党和国家的方针政策、上级部门的指示，从研究整个工程设施的经济效益出发，分析工程特点和施工条件；从工程施工在时间顺序上的合理安排、施工现场在平面和空间上的布置，以及所需劳动力和资源供应等方面，阐明和论证技术上先进、经济上合理、能确保工期和质量的总体规划布置方案，为保证工程按合理工期组织施工创造前提条件。

一、施工组织设计的作用

水利水电工程建设规模大、涉及专业多、牵涉范围广，除工程力学、工程地质、建筑结构、建筑材料、工程测量、机械设备、施工技术等学科专业知识外，还涉及工程勘测、设计、消防、环境保护等部门的协调配合；同时，不同的工程，由于所处地区不同、季节不同、施工现场条件不同，其施工准备工作、施工工艺和施工方法也不同。因此，施工组织设计工作就显得十分重要。

通过编制施工组织设计，可以全面考虑拟建工程的各种施工条件，拟定合理的施工方案，确定施工顺序、施工方法、劳动组织和技术经济组织措施，合理地统筹安排人力、材料消耗、机械使用及工程进度计划，保证建设工程按质、按期交付使用。

施工组织设计是水利水电工程设计文件的重要组成部分，是优化工程设计、编制工程总概算、编制投标文件、编制施工成本及国家控制工程投资的重要依据，是组织工程建设和优选施工队伍、进行施工管理的指导性文件。在水工建筑物设计初期，施工组织设计能合理选择坝址、坝型，评价水工枢纽布置方案；在导流设计中，施工组织设计配合选择导流方案，对导、截流建筑物的布置，提出指导性建议；在其他各单项工程施工组织设计中，从拟定方案，经过论证、调整、充实和完善，到得出各项综合技术经济指标的整个过程中，组织设计工作始终起着指导、配合、协调和综合平衡的作用。

施工组织设计为拟建工程设计方案在经济合理性、技术先进性和实施可行性三方面的论证提供依据；为建设单位编制基本建设计划，拟定初步设计概算提供依据；为施工企业提供依据，使其提前掌握人力、材料和机械设备的使用先后顺序，全面合理安排材料的供应与消耗。

二、施工组织设计的分类

施工组织设计是一个总概念，由于工作深度和资料条件的限制，不同阶段所研究的施工问题，虽然其内容详略和侧重点不尽相同，但研究的范围大同小异。根据工程项目的编制阶段、编制对象或范围的不同，施工组织设计在编制的深度和广度上也有所不同。

（一）按工程项目编制阶段分类

根据工程项目设计阶段和作用的不同，工程施工组织设计可以分为可行性研究阶段施工组织设计、初步设计阶段施工组织设计、招投标阶段施工组织设计、施工阶段施工组织设计四类。

1. 可行性研究阶段施工组织设计

该阶段要全面分析工程建设条件，初选施工导流方式、导流建筑物的形式与布置；初选主体工程的主要施工方法、施工总布置；基本选定施工场地内外交通运输方案及布置，估算施工占地、库区淹没面积、移民情况，提出控制工期和分期实施方案，估算主要建材和劳动力用量。

可行性研究阶段的施工组织设计，主要从施工条件的角度对工程建设的可行性进行论证。

2. 初步设计阶段施工组织设计

在做初步设计时，采用的设计方案，必然联系到施工方法和施工组织，不同的施工组织，所涉及的施工方案是不一样的，所需投资也就不一样。该阶段主要是选定施工导流方案，说明主要建筑物施工方法及设备，选定施工总布置、总进度及对外交通方案，提出主要建材的需要量及来源，编制设计概算。

该阶段的施工组织设计是整个项目的全面施工安排和组织，涉及范围是整个项目，内容要重点突出，施工方法拟定要经济可行。这一阶段的施工组织设计，是初步设计的重要组成部分，也是编制总概算的依据之一，由设计者编写。

3. 招投标阶段施工组织设计

水利水电工程施工招投标文件一般由技术标和商务标组成，其中的技术标指的就是施工组织设计部分。这一阶段的施工组织设计是投标者以招标文件为主要依据，在初步设计阶段施工组织设计基础上，通过市场调查和施工现场勘查，取得更为翔实的资料，分析施工条件，进一步优化施工方案、施工方法，提出质量、工期、施工布置等方面的要求，并据此对工程投资和造价做出合理的设计。

该阶段的施工组织设计是投标文件的重要组成部分，也是投标报价的基础，以在投标竞争中取胜为主要目的。施工招投标阶段的施工组织设计主要由施工企业技术部门负责编写。

4. 施工阶段施工组织设计

施工企业通过竞争，取得对工程项目的施工建设权，也就承担了对工程项目的建设责任，这个建设责任，主要是在规定时间内，按照双方合同规定的质量、进度、投资、安全等要求完成建设任务。

施工阶段的施工组织设计，主要以分部（分项）工程为编制对象，以指导施工，控制质量、控制进度、控制投资，从而顺利地完成施工任务为主要目的，从技术组织措施上落实施工组织设计要求，保障计划中各项活动的实施。

这一阶段的施工组织设计，是对前一阶段施工组织设计的补充和细化，主要由施工企业项目经理部技术人员负责编写，以项目经理为批准人，并监督执行。

（二）按工程项目编制的对象分类

按照基本建设程序，一般在工程设计阶段要编制施工组织总设计，相对比较宏观、概括和粗略，对工程施工起指导作用，可操作性差；在工程项目招标或施工阶段要编制单项工程施工组织设计或分部分项工程施工组织设计，编制对象具体，内容也比较翔实，具有实施性，可以作为落实施工措施的依据。

按工程项目编制的对象分类，可以分为施工组织总设计、单位工程施工组织设计及分部（分项）施工组织设计。

1. 施工组织总设计

施工组织总设计是以整个水利水电枢纽工程为编制对象，用以指导整个工程项目施工全过程的各项施工活动的全局性、控制性文件。它是对整个建设项目施工的全面规划，涉及范围较广，内容比较概括。它根据国家政策和上级主管部门的指示，分析研究枢纽工程建筑物的特点、施工特性及其施工条件，制定出符合工程实际的施工总体布置、施工总进度计划、施工组织和劳动力、材料、机械设备等技术供应计划，从而确定建设总工期、各单位工程项目开展的顺序及工期、主要工程的施工方案、各种物资的供需计划、全工地暂设工程及准备工作的总体布置、施工现场的布置等工作，用以指导施工。同时，也是施工单位编制年度施工计划和单位工程项目施工组织设计的依据。

2. 单位工程施工组织设计

单位工程施工组织设计是以一个单位工程（一个建筑物或构筑物）为编制对象，用以指导其施工全过程各项施工活动的指导性文件，是施工单位年度施工计划和施工组织总设计的具体化，也是施工单位编制作业计划和制订季、月、旬施工计划的依据。

单位工程施工组织设计一般在施工图设计完成后，根据工程规模、技术复杂程度的不同，其编制内容的深度和广度亦有所不同。对于简单的单位工程，施工组织设计一般只编制施工方案并附以施工进度计划表和施工平面布置图，即"一案、一图、一表"。在拟建工程开工之前，由工程项目的技术负责人负责编制。

3. 分部（分项）工程施工组织设计

分部（分项）工程施工组织设计也称分部（分项）工程施工作业设计。它是以分部（分项）工程为编制对象，用以具体实施其分部（分项）工程施工全过程的各项施工活动的技术、经济和组织的实施性文件。分部（分项）工程施工组织设计一般在单位工程施工组织设计确定了施工方案后，由施工队（组）技术人员负责编制，其内容具体、详细、可操作性强，是直接指导分部（分项）工程施工的依据。

施工组织总设计、单位工程施工组织设计和分部（分项）工程施工组织设计，是同一工程项目，不同广度、深度和作用的三个层次。

第五节　施工组织设计编制原则、依据与要求

一、施工组织设计文件的编制原则

1. 贯彻国家基本建设制度

我国尚未制定一部完整的基本建设法，但有关部门陆续颁发了一系列基本建设单行法规，这些法规共同构成了我国基本建设的管理制度，主要有施工许可制度、从业资格管理制度、工程责任制度、竣工验收制度等。这些制度为建立和完善建筑市场的运行机制、加强建筑活动的实施与管理，提供了重要的法律依据，必须认真贯彻执行。

2. 坚持基本建设程序

实践证明，凡是坚持建设程序，基本建设就能顺利进行，就能充分发挥投资的经济利益。反之，违背建设程序，就会造成施工混乱，影响质量、进度和成本，甚至给建设工作带来严重的危害。因此，坚持建设程序是工程建设顺利进行的有力保证。

3. 以合同为基准按期保质交付使用

对总工期较长的大型建设项目，应根据生产或使用的需要，安排分期分批建设、投产或交付使用，以早日发挥建设投资的经济效益。必须注意使每期交工的项目可以独立地发挥效用，即主要项目和有关的辅助项目应同时完工，可以立即交付使用。

4. 合理安排施工程序和顺序

水利水电工程建筑产品的特点之一是产品的固定性，这使水利水电工程施工各阶段的工作始终要在同一场地上进行。前一阶段的工作如未完成，后一阶段就不能进行，即使它们之间交叉搭接进行，也必须严格遵守一定的程序和顺序，这样有利于组织立体交叉、流水作业，有利于为后续工程创造良好的条件，有利于充分利用空间、争取时间。

5. 尽量采用先进施工技术，科学确定施工方案

先进的施工技术是提高劳动生产率、改善工程测量、加快施工进度、降低工程成本的主要途径。在选择施工方案时，要积极采用新材料、新设备、新工艺和新技术，努力为新结构的推行创造条件。同时，要注意结合工程特点和现场条件，将技术的先进适用性和经济的合理性相结合，还要符合施工验收规范、操作规程的要求，以及遵守有关防火、安保及环卫等规定，确保施工安全和工程质量。

6. 优化施工进度计划

在编制施工进度计划时，应从实际出发，采用流水施工方法组织均衡施工，以达到合理

使用资源、充分利用空间、争取时间的目的。

网络计划技术是当代计划管理的有效方法，采用网络计划技术编制施工进度计划，可使计划逻辑严密、层次清晰、关键问题明确，同时便于对计划方案进行优化、控制和调整，并有利于计算机在计划管理中的应用。

7. 充分发挥机械效能，提高机械化程度

机械化施工可加快工程进度，减轻劳动强度，提高劳动生产率。为此，在选择施工机械时，应充分发挥机械的效能，并使主导工程的大型机械，如土方机械、吊装机械连续作业，以减少机械台班费用。同时，还应使大型机械与中小型机械相结合，机械化与半机械化相结合，扩大机械化施工范围，实现施工综合机械化，以提高机械化施工程度。

8. 确保施工速度，确保全年连续施工

为确保全年连续施工，减少季节性施工的技术措施费用，在组织施工时，应充分了解当地的气象条件和水文地质条件。尽量避免将土方工程、地下工程、水下工程安排在雨季和洪水期施工，尽量避免将混凝土现浇结构安排在冬季施工，高空作业、结构吊装等应避免在风季施工。对必须在冬、雨季施工的项目，应采用相应的技术措施，不仅要确保全年连续施工、均衡施工，更要确保施工安全和工程质量。

9. 合理规划施工现场，尽量减少临时工程

在编制施工组织设计及现场组织施工时，应精心进行施工总平面图的规划，合理部署施工现场，节约施工用地；尽量利用永久工程、原有建筑物及已有设施，以减少各种临时施工；尽量利用当地资源，合理安排运输、装卸，发挥储存作用，减少物资运输量，避免二次搬运。

二、施工组织设计文件的编制依据

施工组织设计要认真贯彻国家经济建设方针，设计工作必须依据以下各项进行：

（1）工程建设有关法律法规及政策。

（2）可行性研究报告及审批意见、设计任务书、上级单位对本工程建设的要求或批件。

（3）工程所在地区有关基本建设的法规或条例、地方政府对本工程建设的要求。

（4）国民经济各有关部门（交通、林业、灌排、旅游、环保、文物、城乡供水等）对本工程建设期间有关要求及协议。

（5）当前水电工程建设的施工装备、管理水平和技术特点。

（6）工程所在地区和河流的自然条件（地形、地质、水文、气象特征和当地建材情况等）、施工电源、水源及水质、交通、环保、旅游、防洪、灌溉排水、航运、过木、供水等现状和近期发展规划。

（7）当地城镇现有修配、加工能力，生活、生产物资和劳动力供应条件，居民生活、卫生习惯等。

（8）施工导流及通航过木等水工模型试验、各种材料试验、混凝土配合比试验、重要结构模型试验、岩土物理力学试验等成果。

（9）工程有关工艺试验或生产性试验成果。

（10）勘测、设计各专业有关成果。

三、施工组织设计文件的编制要求

水利水电工程一般划分为可行性研究、初步设计、招标设计和施工详图阶段。各阶段的施工组织设计的内容、设计深度，应根据其任务要求而定。

1. 可行性研究阶段施工组织设计编制要求

初选施工导流方式、导流标准、导流建筑物形式与布置；初选主体工程的主要施工方法；研究施工总布置，基本选定对外交通运输方案和场内主要交通干线布置，估算施工占地；提出控制性工期和分期实施意见，估列主要建材及劳动力。

2. 初步设计阶段施工组织设计编制要求

选定施工导流方案，说明主要建筑物施工方法及主要施工设备，选定施工总布置、总进度及对外交通方案，提出天然（人工）建筑材料、劳动力、供水和供电需要量及其来源。

设计概算编制要求。正确选用定额、标准、费率和价格，提高概算的准确性，保证概算质量，根据施工总进度计算分年度投资。

3. 招标阶段的施工设计编制要求

在已批准的初步设计文件基础上，根据进一步取得的更为精确的基本资料和市场信息进行优化和加深设计，落实施工方案、施工方法及相应的施工工期。根据项目实施与管理要求，比选并确定工程分标方案。

4. 施工详图阶段的施工组织设计编制要求

在批准的初步设计基础上，根据进一步取得的基本资料和市场信息，进一步优化和加深设计。

第六节　施工组织设计内容

可行性研究阶段施工组织设计、初步设计阶段施工组织设计、招标阶段的施工组织设计、施工详图阶段的施工组织设计等四阶段施工组织设计中，由于初步设计阶段施工组织的内容要求最为全面、各专业之间的设计联系最为密切，因此下面着重说明初步设计阶段的编制步骤和主要内容。

一、编制步骤

（1）根据枢纽布置方案，分析研究坝址施工条件，进行导流设计和施工总进度的安排，编制控制性进度表。

导流与枢纽布置及水工建筑物的结构密切相关，相互影响，相辅相成，因此，往往需经过几个反复，才能取得较好的设计结果。施工总进度是各专业设计工作的重要依据之一，应结合选定的导流方案，尽快编制出控制性进度表。

（2）提出控制性进度之后，各专业根据该进度提供的指标进行设计，并为下一道工序提供相关资料。

例如，有关专业需提供临建工程规模、工程量、施工设备需用量，以便施工布置专业平衡汇总和进行总图规划，需提供施工用电、用风和用水的布置规划和工艺，以便概算专业尽早编制风、水、电单价等。

单项工程进度是施工总进度的组成部分，与施工总进度之间是局部与整体的关系，其进度安排不能脱离总进度的指导，同时它又能检验编制施工总进度是否合理可行，从而为调整、完善施工总进度提供依据。

（3）施工总进度优化后，计算提出分年度的劳动力需要量、最高人数和总劳动力量，计算主要建筑材料总量及分年度供应量、主要施工机械设备需要总量及分年度供应数量。

（4）进行施工方案设计和比选。施工方案是指选择施工方法、施工机械、工艺流程、施工工艺、划分施工段。在编制施工组织设计时，需要经过比选才能确定最终的施工方案。

（5）进行施工布置。施工布置是指对施工现场进行分区设置，确定生产、生活设施、交通线路的布置。

（6）提出技术供应计划。技术供应计划指人员、材料、机械等施工资料的供应计划。计算分年劳动力需要量、最高人数和总劳动量、主要建筑材料需要总量及分年供应数量、主要施工机械设备需要总量及分年供应数量。

（7）编制文字说明。以文字说明的方式对上述各阶段的成果进行说明。

二、主要内容

总体说来，施工组织总设计主要包括施工方案、施工总进度、施工总体布置、技术供应四部分。

施工总进度主要研究合理的施工期限，以及在既定条件下，确定主体工程施工分期及施工程序，在施工安排上使各施工环节协调一致。

施工总体布置根据选定的施工总进度，研究施工区的空间组织问题，是施工总进度的重要保证。施工总进度决定施工总体布置的内容和规模，施工总体布置的规模影响准备工程工期的长短和主体工程施工进度。因此，施工总体布置在一定条件下又起到验证施工总进度的合理性的作用。

在拟定施工总进度的前提下选定施工方案，将施工方案在总体上布置合理。施工方案的合理与否，将影响工程受益时间和工程总工期。

技术供应的总量及分年度供应量，由既定的总进度和总体布置所确定，而技术供应的现实性与可靠性是实现总进度、总体布置的物质保证，从而验证二者的合理性。

具体来说，施工组织文件的主要内容一般包括施工条件分析、施工导流、料源选择与料场开采、主体工程施工、施工交通运输、施工工厂设施、施工总布置、施工总进度、主要技术供应等。

1. 施工条件分析

施工条件包括工程条件、自然条件、物质资源供应条件以及社会经济条件等，主要有：

（1）工程所在地点，对外交通运输，枢纽建筑物及其特征。

（2）地形、地质、水文、气象条件，主要建筑材料来源和供应条件。

（3）当地水源、电源情况，施工期间通航、过木、过鱼、供水、环保等要求。

（4）对工期、分期投产的要求。

（5）施工用地、居民安置以及与工程施工有关的协作条件等。

2. 施工导流

施工导流设计应在综合分析导流条件的基础上，确定导流标准，划分导流时段，明确施工分期，选择导流方案、导流方式和导流建筑物，进行导流建筑物的设计，提出导流建筑物的施工安排，拟定截流、渡汛、拦洪、排冰、通航、过木、下闸封堵、供水、蓄水、发电等措施。

施工导流是水利水电枢纽总体设计的重要组成部分，设计中应依据工程设计标准充分掌握基本资料，全面分析各种因素，做好方案比较，从中选择符合临时工程标准的最优方案，使工程建设达到缩短工期、节省投资的目的。施工导流贯穿施工全过程，导流设计要妥善解决从初期导流到后期导流（包括围堰挡水、坝体临时挡水、封堵导流泄水建筑物和水库蓄水）施工全过程中的挡水、泄水、蓄水与供水、度汛、通航、排冰等问题。对各期导流特点和相互关系应进行系统分析，全面规划，统筹安排，处理洪水与施工的矛盾。

导流泄水建筑物的泄水能力要通过水力计算，以确定断面尺寸和围堰高度，有关的技术问题，通常还要通过水工模型试验分析验证。导流建筑物能与永久建筑物结合的，应尽可能结合。导流底孔布置与水工建筑物关系密切，有时为考虑导流需要，选择永久泄水建筑物的断面尺寸、布置高程时，需结合研究导流要求，以获得经济合理的方案。

大、中型水利水电枢纽工程，一般均优先研究分期导流的可能性和合理性。因枢纽工程量大，工期较长，分期导流有利于提前受益，且对施工期通航影响较小。对于山区性河流，洪枯水位变幅大，可采取过水围堰配合其他泄水建筑物的导流方式。

围堰形式的选择，要安全可靠，结构简单，并能够充分利用当地材料。

截流是大中型水利水电工程施工中的重要环节。设计方案必须稳妥可靠，保证截流成功。选择截流方式应充分分析水力学参数、施工条件和施工难度、抛投物数量和性质，并进行技术经济比较。

3. 料源选择与料场开采

天然建筑材料可作为混凝土骨料、土石坝填筑料和工程回填料等的料源。

料源选择应根据工程建设对各种天然建筑材料的数量、质量及供应强度的要求，在地质勘察和试验的基础上，通过对料源的分布、储量、质量及开采运输条件的综合分析和物料平衡规划，按优质、经济、节能、就近取材等基本原则，经技术经济比较选定，同时应优先利用工程开挖料。混凝土骨料料源的选择应遵从以下原则：

（1）选择工程开挖料、天然砂砾料、石料场的开采料或外购料。

（2）优先选择工程开挖料作为料源。

（3）天然砂砾料储量丰富，剥采比较小，级配和开采条件较好时，也可作为优先选用料源。

（4）无合适的天然砂砾料时，可就近选择石料场开采料。

（5）混凝土人工骨料宜选用膨胀系数小、破碎后粒形好且硬度适中的岩石作为料源，宜优先选用石灰岩质料源。

（6）采用节理裂隙发育，特别是隐节理发育的石料，应进行试验论证。

（7）同一建筑物的混凝土宜采用同一类别的骨料料源，若采用不同类别的骨料料源，应通过试验验证。

（8）混凝土骨料料源应进行骨料碱活性试验。未经专门论证，不应使用碱活性骨料。

料场开采规划应根据工程特性和要求、料场地形和地质等条件，综合分析比较后确定开采、运输、边坡支护及水土保持方案。料场开采规划应遵从以下原则：

(1) 料场选用顺序，应根据工程特点，因地制宜，合理安排。宜先近后远，先水上后水下，先库区内后库区外。

(2) 土料场、天然砂砾料场及石料场应按规划开采量进行开采规划。规划开采量应按设计需要量的 1.05～1.25 倍确定。

(3) 受施工期洪水影响的土料场，应在洪水影响前开采受影响部位。停采期备料量应按需用量的 1.2 倍考虑。

(4) 天然砂砾料场开采时段和开采规划应根据料场水文特性、地形条件、天然级配分布、设计级配要求等因素确定。停采期备料量应按需用量的 1.2 倍考虑。

(5) 有航运要求的河段，应考虑砂砾料开采对通航的影响，并采取相应处理措施。

(6) 石料场开采工作面和出料作业线，应根据各时段供料强度要求确定。开采工作面宜设两个以上。

(7) 石料场开采宜采用梯段爆破法，梯段高度宜为 10～15m。

(8) 混凝土骨料场开采石料最大粒径，应与挖装和破碎设备相适应，坝体堆石料料场开采应根据岩性、风化程度及坝料设计要求分区开采。

(9) 料场开采料运输方案，应根据地形条件、开采方案、物料特性、运输量、运输强度、运距和运输设备配置等因素，经综合比较后确定。料场开挖边坡应保持稳定。

4. 主体工程施工

主体工程包括挡水、泄水、引水、发电、通航等主要建筑物，应根据各自的施工条件，对施工程序、施工方法、施工强度、施工布置、施工进度和施工机械等问题，进行分析比较和选择。

研究主体工程施工是为了正确选择水工枢纽布置和建筑物形式，保证工程质量与施工安全，论证施工总进度的合理性与可行性，并为编制工程概算提供资料。其主要内容有：

(1) 确定主要单项工程施工方案及其施工程序、施工方法、施工布置和施工工艺。

(2) 根据总进度要求，安排主要单项工程施工进度及相应的施工强度。

(3) 计算所需的主要材料、劳动力数量，编制需用计划。

(4) 确定所需的大型施工辅助企业规模、形式和布置。

(5) 协同施工总布置和总进度，平衡整个工程的土石方、施工强度、材料、设备和劳动力。

5. 施工交通运输

施工交通包括对外交通和场内交通两部分。

(1) 对外交通是指联系施工工地与国家或地方公路、铁路车站、水运港口之间的交通，担负着施工期间外来物资的运输任务。主要工作有：

1) 计算外来物资、设备运输总量、分年度运输量与年平均昼夜运输强度。

2) 选择对外交通方式及线路。提出选定方案的线路标准，重大部分施工措施，桥涵、码头、仓库、转运站等主要建筑物的规划与布置，水陆联运及与国家干线的连接方案，对外交通工程进度安排等。

(2) 场内交通是指联系施工工地内部各工区、当地材料产地、堆渣场、各生产区、生活区之间的交通。场内交通须选定场内主要道路及各种设施布置、标准和规模，须与对外交通衔接。原则上对外交通和场内交通干线、码头、转运站等，由建设单位组织建设。至各作业场或工作面的支线,由辖区承包商自行建设。场内外施工道路、专用铁路及航运码头的建设,一般应按照合同提前组织施工,以保证后续工程尽早具备开工条件。

6. 施工工厂设施

为施工服务的施工工厂设施主要有砂石加工、混凝土生产、风水电供应系统、机械修配及加工等。其任务是制备施工所需的建筑材料,提供工程施工所需的水、电及压缩空气,建立工地内外通信联系,维修和保养施工设备,加工制作非标准金属结构件,使工程施工能顺利进行。

施工工厂设施,应根据施工的任务和要求,分别确定各自位置、规模、设备容量、生产工艺、工艺设备、平面布置、占地面积、建筑面积和土建安装工程量,提出土建安装进度和分期投产计划。大型临建工程,要作出专门设计,确定其工程量和施工进度安排。

7. 施工总布置

施工总布置方案应贯彻执行合理利用土地的方针,遵循施工临建与永久利用相结合、因地制宜、因时制宜、有利生产、方便生活、节约用地、易于管理、安全可靠、经济合理的原则,经全面系统比较论证后选定。

施工总布置各分区方案选定后,布置在1:2000地形图上,并提出各类房屋建筑面积施工征地面积等指标。

其主要任务有:

(1) 对施工场地进行分期、分区和分标规划。

(2) 确定分期分区布置方案和各承包单位的场地范围。

(3) 对土石方的开挖、堆料、弃料和填筑进行综合平衡,提出各类房屋分区布置一览表。

(4) 估计用地和施工征地面积,提出用地计划。

(5) 研究施工期间的环境保护和植被恢复的可能性。

8. 施工总进度

编制施工总进度时,应根据国民经济发展需要,采取积极有效的措施,满足主管部门或业主对施工总工期提出的要求;应综合反映工程建设各阶段的主要施工项目及其进度安排,并充分体现总工期的目标要求。

(1) 分析工程规模、导流程序、对外交通、资源供应、临建准备等各项控制因素,拟定整个工程施工总进度。

(2) 确定项目的起迄日期和相互之间的衔接关系。

(3) 对导流截流、拦洪渡汛、封孔蓄水、供水发电等控制环节,工程应达到的进展,需作出专门的论证。

(4) 对土石方、混凝土等主要工程的施工强度,对劳动力、主要建筑材料、主要机械设备的需用量综合平衡。

(5) 分析工期和费用关系,提出合理工期的推荐意见。

施工总进度的表示形式可根据工程情况,绘制横道图或网络计划图。横道图具有简单、直观等优点;网络计划图可从大量工程项目中标出控制总工期的关键路线,便于反馈、优化。

9. 主要技术供应

根据施工总进度的安排和定额资料的分析,对主要建筑材料和主要施工机械设备,列出总需要量和分年需要量计划，必要时还需提出进行试验研究和补充勘测的建议，为进一步深入设计和研究提供依据。在完成上述设计内容时，还应提出相应的附图。

三、施工组织设计的成果

施工总组织设计在各设计阶段有不同的深度要求，其成果组织也有所不同，其中初步设计列入施工总组织设计文件中的主要成果有：

（1）施工准备工程进度表。
（2）施工用地征用范围图。
（3）主要建筑材料需求总量及分年度供应量。
（4）逐年劳动力需用量、最高人数及总工日数。
（5）主要施工机械设备汇总表及分年度供应量。
（6）永久建筑工程和辅助工程建筑安装工程量汇总表。
（7）施工总进度表。
（8）施工总体布置图。
（9）设计报告。

第七节　施工准备工作

施工准备工作的基本任务是为工程项目的设计和施工提供必要的技术和物质条件，它也是工程项目承发包的重要依据。实施准备工作是建设程序中的重要环节，不仅存在于开工之前，而且贯穿在整个施工过程中。全面细致地做好施工准备工作，对调动各方面的积极因素，合理组织人力、物力，加快施工速度，提高工程质量，节约建设资金，提高经济效益，都会起重要的作用。

首先，组织有关专业人员进行现场查勘及收集设计所需的基本资料，并在现场查勘的基础上，组织讨论，形成主要施工方案的设想。对于对外协作工程项目，应同建设单位座谈商定设计原则。收集的基本资料应包括地形、工程地质、水文、气象、当地建筑材料来源、供应条件、当地水源、电源的情况及对外运输条件等方面。

其次，应进行设计的组织工作，制订专业设计工作计划，编写设计大纲。为保证施工组织设计的质量，在安排专业设计总体计划时，部分专业设计与水工设计同时进行，并根据设计的工作量保证施工组织设计必需的设计周期。一般施工组织设计滞后于水工、机电专业设计的时间有 1~2 个月。设计大纲是提高设计质量、加强设计全面质量管理的重要前提，需经专业设计人员充分讨论，并按设计产品分级审核程序，经批准后执行。设计大纲的内容包括基本资料的收集与分析，设计任务、内容及深度的要求，主要方案的拟定，施工新技术的应用，应提交的设计成果与质量要求，设计完成日期，各专业相互协作配合要求等。

一、施工准备工作的任务

（1）取得工程施工的法律依据，包括城市规划、环卫、交通、电力、消防、公用事业等部门批准的法律依据。
（2）通过调查研究，分析掌握工程特点、要求和关键环节。

（3）调查分析施工地区的自然条件、技术经济条件和社会生活条件。

（4）从计划、技术、物质、劳动力、设备、组织、场地等方面为施工创造必备的条件，以保证工程顺利开工和连续进行。

（5）预测可能发生的变化，提出应变措施，做好应变准备。

二、施工准备工作的内容

水利水电工程项目只有在初步设计项目已列入国家或地方投资计划、筹资方案已经确定、项目法人已经建立、已办理报建手续和有关土地使用权已经批准等条件具备后，施工准备工作方可进行。在主体工程开工之前，必须完成各项施工准备工作。

1. 地形、地貌勘察

该调查要求提供水利水电工程的规划图、区域地形图（1:10000~1:25000）、工程位置地形图（1:1000~1:2000）、水准点及控制桩的位置、现场地形地貌特征、勘察高度及高差等。对地形简单的施工现场，一般采用目测和步测；对场地地形复杂的，可用测量仪器进行观测，也可向规划部门、建设单位、勘察单位等进行调查。这些资料可作为选择施工用地、布置施工总平面图、场地平整及土方量计算、了解障碍物及数量的依据。

2. 工程地质勘察

工程地质勘察的目的是查明建设地区的工程地质条件和特征，包括地层构造、土层的类别及厚度、土的性质、承载力及地震级别等。应提供的资料有：钻孔布置图；工程地质剖面图；土层类别、厚度；土壤物理力学指标，包括天然含水量、空隙比、塑性指数、渗透系数、压缩试验及地基土强度等；地层的稳定性、断层滑块、流沙；地基土的处理方法以及基础施工方法。

3. 水文地质勘察

水文地质勘察所提供的资料主要包括以下两方面：

（1）地下水文资料：地下水最高、最低水位及时间，包括水的流速、流向、流量；地下水的水质分析及化学成分分析；地下水对基础有无冲刷、侵蚀影响等。所提供资料有助于选择基础施工方案、选择降水方法以及拟定防止侵蚀性介质的措施。

（2）地面水文资料：临近江河湖泊距工地的距离；洪水、平水、枯水期的水位、流量及航道深度；水质；最大、最小冻结深度及冻结时间等。调查目的在于为确定临时给水方案、施工运输方式提供依据。

4. 气象资料

气象资料一般可向当地气象部门进行调查，调查资料作为确定冬、雨期施工措施的依据。气象资料主要包括：

（1）降雨、降水资料：全年降雨量、降雪量；单日最大降雨量；雨期起止日期；年雷暴日数等。

（2）气温资料：年平均、最高、最低气温；最冷、最热月及逐月的平均温度等。

（3）风向资料：主导风向、风速、风的频率等。

5. 能源调查

能源一般指水源、电源、气源等。能源资料可向当地城建、电力、燃气供应部门及建设单位等进行调查，主要用作选择施工用临时供水、供电和供气的方式，提供经济分析比较依据。调查内容主要有：施工现场用水与当地水源连接的可能性、供水距离、接管距离、地点、水压、水质及消费等资料；利用当地排水设施排水的可能性、排水距离、去向等；可供施工使用的电源位置、引入工地的路径和条件，可以满足的容量、电压及电费；建设单位、施工单位自有的发变电设备、供电能力；冬季施工时附近蒸汽的供应量、接管条件和价格；建设单位自有的供热能力；当地或建设单位可以提供的煤气、压缩空气、氧气的能力以及至工地的距离等。

6. 交通运输调查

交通运输方式一般有铁路、公路、水路、航空等。交通资料可以向当地铁路、交通运输和民航等业务部门进行调查。收集交通运输资料时，调查主要材料及构件运输通道的情况，包括道路、街巷、途经的桥涵宽度、高度、允许载重量和转弯半径限制等资料。有超长、超高、超宽或超重的大型构件、大型起重机械和生产工艺设备需整体运输时，还要调查沿途架空、天桥的高度，并与有关部门商议。

7. 主要材料及地方资源情况调查

其内容包括三大材料（钢材、木材和水泥）的供应能力、质量、价格、运费情况；地方资源如石灰石、石膏石、碎石、卵石、河沙、矿渣、粉煤灰等能否满足水利水电工程建筑施工的要求；开采、运输和利用的可能性及经济合理性。这些资源可向当地计划、经济等部门进行调查，作为确定材料供应计划、加工方式、储存和堆放场地及建造临时设施的依据。

8. 建筑基地情况

建筑基地情况主要调查建设地区附近有无建筑机械基地、机械租赁站及修配厂；有无金属结构及配件加工厂；有无商品混凝土搅拌站和预制构件厂等。这些资料可用作确定构配件、半成品及成品等货源的加工供应方式、运输计划和规划临时设施。

9. 社会劳动力和生活设施情况

该部分主要包括当地能提供的劳动力人数、技术水平、来源和生活安排；建设地区已有的可供施工期间使用的房屋情况；当地主副食、日用品供应、文化教育、消防治安、医疗单位的基本情况以及能为施工提供的支援能力。这些资料是制订劳动力安排计划、建立职工生活基地、确定临时设施的依据。

10. 施工单位调查

该部分主要调查施工企业的资质等级、技术装备、管理水平、施工经验、社会信誉等有关情况。这些可作为了解总、分包单位的技术及管理水平，选择分包单位的依据。

在编制施工组织设计时，为弥补原始资料的不足，有时还可借助一些相关的参考资料来作为编制依据，如冬雨季参考资料、机械台班产量参考指标、施工工期参考指标等。这些参考资料可利用现有的施工定额、施工手册、施工组织设计实例或通过平时的施工实践活动来获得。

第二章 流水施工原理

流水施工是一种科学、有效的施工组织方法之一,它可以充分利用工作时间和操作空间,减少非生产性劳动消耗,提高劳动生产率,保证工程施工连续、均衡、有节奏地进行,从而对提高工程质量、降低工程造价、缩短工期有显著的作用。流水施工组织方法来源于工业生产,是将拟建工程按其工程特点和结构部位划分为若干个施工段,根据规定的施工顺序,组织各施工队(组),依次连续地在各施工段上完成自己的工序,使施工有节奏进行的施工方法。

第一节 流水施工的基本概念

一、施工组织方式

水利水电工程施工可分成若干个施工过程,每个施工过程可以组织一个或多个施工班组来进行施工。如何组织各施工班组的先后顺序和平行搭接施工,是施工组织设计中需要解决的最基本的问题。考虑工程项目的施工特点、工艺流程、资源利用、平面或空间布置等要求,其施工可以采用依次、平行、流水等组织方式。

为说明依次施工、平行施工、流水施工三种施工方式及其特点,现设某基础工程拟建三项结构相同的水工建筑物,其编号分别为Ⅰ、Ⅱ、Ⅲ,各建筑物均可分解为挖土方、浇基础和回填土三个施工过程,分别由相应的专业队工作按施工工艺要求依次完成,每个专业工作队在每项建筑物的施工时间均为5周,各专业工作队的人数分别为10人、16人和8人。不同的施工组织方式如图2-1所示。

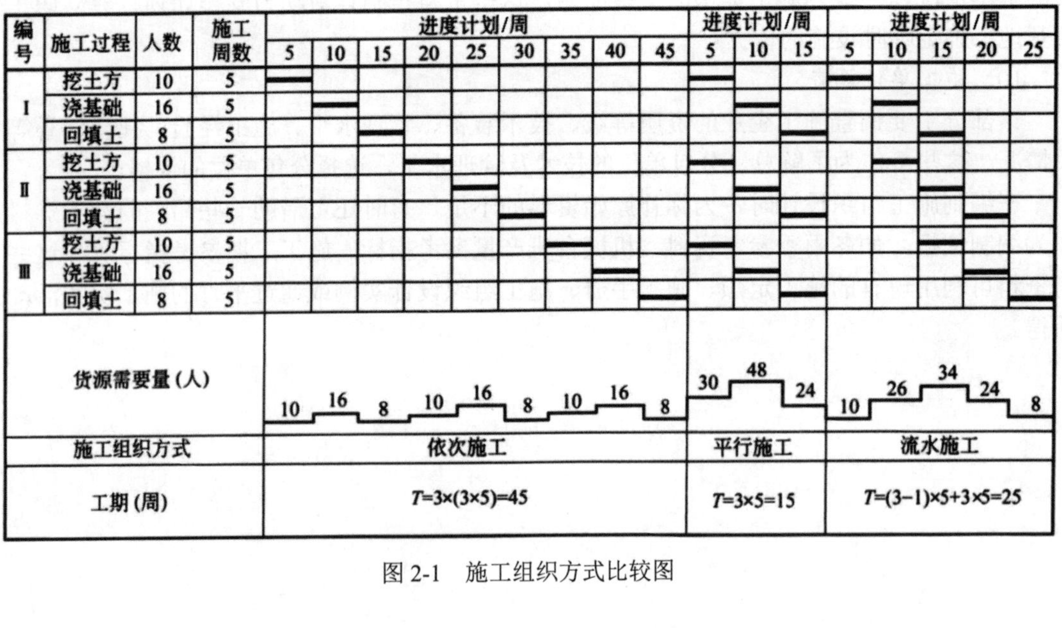

图2-1 施工组织方式比较图

1. 依次施工组织方式

依次施工组织方式是将拟建工程项目中的每一个施工对象分解为若干个施工过程，按施工顺序、施工工艺要求依次完成每一个施工过程，前一个施工过程完成后，再进行后一个施工过程的施工；或者前一个工程完成后，再按同样的顺序完成下一个工程的施工对象，以此类推，直至完成所有施工对象。这种方式的施工进度安排、总工期及劳动力需求曲线如图 2-1 "依次施工" 栏所示。

依次施工组织方式具有以下特点：

（1）没有充分地利用工作面进行施工，工期较长。

（2）如果按专业成立工作队，则各专业工作队不能连续作业，有时间间歇，劳动力及施工机具等资源无法均衡使用。

（3）如果由一个工作队完成全部施工任务，则不能实现专业化施工，不利于提高劳动生产率和工程质量。

（4）单位时间内投入的劳动力、施工机具、材料等资源量较少，有利于资源供应的组织。

（5）施工现场的组织、管理比较简单。

2. 平行施工组织方式

平行施工组织方式，是指几个相同的专业工作队，在同一时间、不同空间同时施工，同时竣工。这种方式的施工进度安排、总工期及劳动力需求曲线如图 2-1 "平行施工" 栏所示。

平行施工组织方式具有以下特点：

（1）充分地利用工作面进行施工，工期较短。

（2）如果每一个施工对象均按专业成立工作队，劳动力及施工机具等资源无法均衡使用。

（3）如果由一个工作队完成一个施工对象的全部施工任务，则不能实现专业化施工，不利于提高劳动生产率。

（4）单位时间内投入的劳动力、施工机具、材料等资源量成倍地增加，不利于资源供应的组织。

（5）施工现场的组织管理比较复杂。

3. 流水施工组织方式

流水施工组织方式是将拟建工程项目分解成若干施工过程，同时将各施工过程根据流水组织的需要，在平面上划分成若干个劳动量大致相等的施工段，只要某一个专业工作队完成了第一个施工段的第一个分项工程后，后一个专业工作队即可进入第一个施工段开始第二个分项工程，以此类推，按顺序进行施工。

流水施工是一种以分工为基础的协作过程，它充分利用了时间和空间，保证了施工作业的连续性和均衡性，既克服了依次施工和平行施工组织方式的缺点，又兼具两者的优点。

流水施工组织方式具有以下特点：

（1）尽可能利用工作面进行施工，争取了时间，有利于缩短施工工期。

（2）各工作队实现了专业化施工，有利于提高技术水平和劳动生产率。

（3）专业工作队能够连续、均衡地施工，同时能使相邻专业工作队的开工时间最大限度地搭接，有利于保证工程质量，提高劳动生产率。

（4）单位时间内投入的劳动力、施工机具、材料等资源量较为均衡，有利于资源供应的组织。

（5）为施工现场的文明施工和科学管理创造了有利条件。

二、流水施工表达方式

流水施工的表达方式除了网络图外，通常还有横道图、垂线图，横道图的表达方式用得较多。

1. 流水施工横道图表示法

某基础工程流水施工的横道图表示法如图 2-2 所示。图中横坐标表示流水施工的持续时间；纵坐标表示施工过程的名称或编号。n 条带有编号的水平线段表示 n 个施工过程或专业工作队的施工进度，其编号①、②、③等表示不同的施工段。

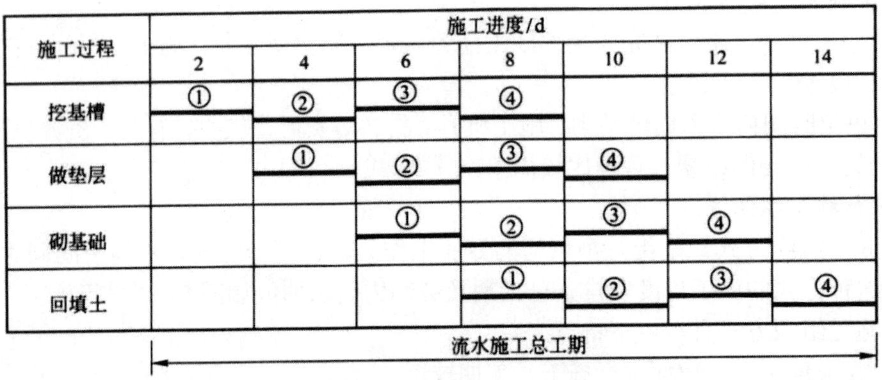

施工过程	施工进度/d						
	2	4	6	8	10	12	14
挖基槽	①	②	③	④			
做垫层		①	②	③	④		
砌基础			①	②	③	④	
回填土				①	②	③	④

图 2-2 流水施工横道图表示法

2. 流水施工的垂线图表示法

某基础工程流水施工的垂线图表示法如图 2-3 所示。图中横坐标表示流水施工的持续时间；纵坐标表示流水施工所处的空间位置，即施工段编号。n 条斜向线段表示 n 个施工过程或专业工作队的施工进度。

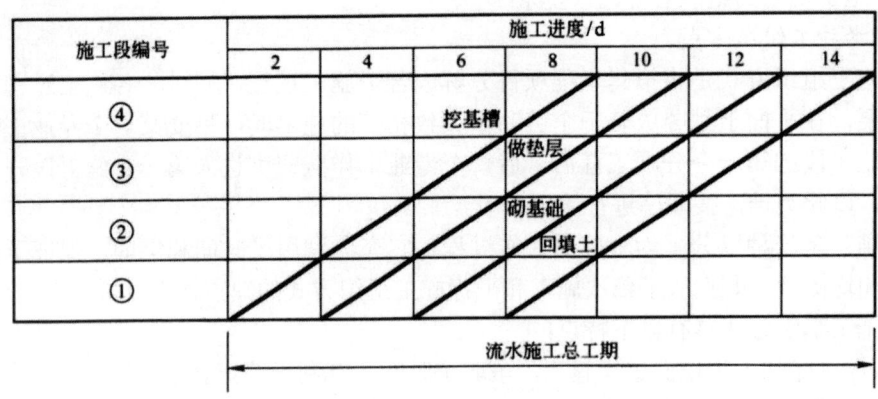

图 2-3 流水施工垂直图表示法

垂线图表示法的优点是：施工过程及其先后顺序表达比较清楚，时间和空间状况形象直观，斜向进度线的斜率可以直观地表示出各施工过程的进展速度，但编制实际工程进度计划不如横道图方便。

三、流水施工参数

在组织工程项目流水施工时,用以表达流水施工在工艺流程、空间布置和时间安排等方面实施的参数,称为流水参数。流水参数主要包括工艺参数、空间参数和时间参数三类。

(一)工艺参数

工艺参数主要是用以表达流水施工在施工工艺方面进展状态的参数,通常包括施工过程和流水强度两个参数。

1. 施工过程

根据施工组织及计划安排,需要将计划任务划分成的子项称为施工过程。施工过程的数目,一般以"n"表示,它是流水施工的主要参数之一。

施工过程划分的粗细程度视实际需要而定。当编制控制性施工进度计划时,组织流水施工的施工过程可以划分得粗一些,施工过程可以是单位工程,也可以是分部工程。当编制实施性施工进度计划时,施工过程可以划分得细一些,施工过程可以是分项工程,甚至可将分项工程按照专业工种的不同,分解成施工工序。施工过程划分的数目、粗细程度一般与下列因素有关。

(1)施工计划的性质和作用。对工程施工控制性计划、长期计划,以及工程项目规模大、结构复杂、施工期长的施工进度计划,其施工过程的划分可粗些,综合程度高些。对中小型单位工程及施工期不长的施工实施性计划,其施工过程的划分可细些、具体些,一般划分至分项工程。对月度作业性计划,有些施工过程还可分解为工序,如安装模板、绑扎钢筋等。

(2)施工方案。施工方案的选择应该根据施工规模及实际情况选定,不同的施工方案,其施工过程的划分是不一样的。如:厂房的柱基础与设备基础土方工程,如同时施工,可合并为一个施工过程,如先后施工,可分为两个施工过程。

(3)劳动组织及劳动量大小。施工过程的划分与施工班组及施工习惯有关。如安装玻璃、油漆施工可合也可分,因为有的是混合班组,有的是单一工种的班组。施工过程的划分还与劳动量有关。劳动量小的施工过程,当组织流水施工有困难时,可与其他施工过程合并。如垫层劳动量较小时可与挖土合并为一个施工过程,这样可以使各个施工过程的劳动量大致相等,便于组织流水施工。

(4)劳动内容和范围。施工过程的划分与其劳动内容和范围有关。如直接在施工现场与工程对象上进行的劳动过程,可以划入流水施工过程,而场外劳动内容(如预制加工、运输等)可以不划入流水施工过程。

2. 流水强度

流水强度是指流水施工的某施工过程(专业工作队)在单位时间内所完成的工程量,也称为流水能力或生产能力。例如,浇筑混凝土施工过程的流水强度是指每工作班浇筑的混凝土立方数。

流水强度可用式(2-1)计算求得:

$$V = \sum_{i=1}^{X} R_i \cdot S_i \tag{2-1}$$

式中，V 为某施工过程（队）的流水强度；R_i 为投入该施工过程中的第 i 种资源（施工机械台数或工人数）；S_i 为投入该施工过程中第 i 种资源的产量定额；X 为投入该施工过程中的资源种类数。

（二）空间参数

在组织流水施工时，用以表达流水施工在空间布置上所处状态的参数，称空间参数。空间参数一般包括工作面、施工段两个参数。

1. 工作面

工作面是指供工人进行操作的地点范围和必须具备的活动空间。它的大小是根据相应工种单位时间的产量定额、建筑安装工程操作规程和安全规程等要求确定的。

在流水施工中，有的施工过程在施工一开始，就在整个操作面上形成了施工工作面，例如人工开挖基槽。但是，也有一些工作面是随着前一个施工过程的结束而形成的。例如：在现浇钢筋混凝土的流水作业中，支模板、绑扎钢筋、浇筑混凝土等都是前一个施工过程的结束，为后一个施工过程提供了工作面。在确定一个施工过程的工作面时，不仅要考虑前一施工过程可能提供的工作面的大小，还要符合安全技术、施工技术规范的规定，以及有利于提高劳动生产率等因素。总之，工作面的确定是否恰当，直接影响到投入的施工人员的数量、采用的施工方法和延续的工期。

2. 施工段

在组织流水施工时，通常把施工对象划分为劳动量大致相等的施工区段，这些施工区段就叫施工段，一般以"m"表示，它是流水施工的主要参数之一。

（1）划分施工段的目的。划分施工段的目的就是组织流水施工。由于建设工程体积庞大，可以将其划分成若干个施工段，从而为组织流水施工提供足够的空间。在组织流水施工时，专业工作队完成一个施工段上的任务后，遵循施工组织顺序及工艺要求又到另一个施工段上作业，产生连续流动施工的效果。组织流水施工时，可以划分足够数量的施工段，充分利用工作面，避免窝工，尽可能缩短工期。

（2）划分施工段的原则。由于施工段内的施工任务由专业工作队依次完成，因而在两个施工段之间容易形成一个施工缝。同时，施工段的数量，将直接影响流水施工的效果。为使施工段划分得合理，一般应遵循下列原则：

1）同一专业工作队在各个施工段上的劳动量应大致相等，相差幅度不宜超过 10%～15%，以保证各施工班组连续、均衡地施工。

2）施工段的数目要满足合理组织流水施工的要求。施工段数目过多，会增加总的施工延续时间，降低施工速度；施工段过少，会导致劳动力、机械和材料供应的过分集中，有时还会造成"断流"的现象，不利于充分利用工作面，可能造成窝工。

3）每个施工段内要有足够的工作面，以保证相应数量的工人、主要施工机械的生产效率，满足合理劳动组织的要求。

4）施工段的界限应尽可能与结构界限（如沉降缝、伸缩缝等）相吻合，以保证建筑结构的整体性。例如：结构上不允许留施工缝的部位，不能作为划分施工段的界限。

5）施工段划分的部位要有利于结构的整体性，应考虑到施工工种对象的轮廓形状、平面组成及结构特点。在满足施工段划分基本要求的前提下，可按下述情况划分施工段的部位：

①设置有伸缩缝、沉降缝的建筑工程可按此缝为界划分施工段。

②道路、护坡、堤防、管线等线性长度延伸的建筑工程，可按一定长度作为一个施工段。

③多个同类型建筑，可以一个建筑作为一个施工段。比如要修20个结构类似的涵洞，可以一个涵洞为一个施工段。

6）对于多层建筑物、构筑物或需要分层施工的工程，应既分施工段，又分施工层，各专业工作队依次完成第一施工层中各施工段任务后，再转入第二施工层的施工段上作业，以此类推。以确保相应专业工作队在施工段与施工层之间，组织连续、均衡、有节奏地流水施工。

施工层是指为满足竖向流水施工的需要，在建筑物施工时垂直方向上划分的施工区段，常用"m'"表示。施工层的划分视工程对象的具体情况而定，一般将建筑物的结构层作为施工层。例如：一个5层砖混结构房屋，其结构层数就是施工层数，即$m'=5$，如果该房屋每层划分为3个施工段，那么总的施工段数$m=5\times3=15$。

当组织楼层结构的流水施工时，为使各施工班组能连续施工，上一层的施工必须在下一层对应部位完成后才开始。即各施工班组做完第一段后，能立即转入第二段；做完第Ⅰ层的最后一段后，能立即转入第Ⅱ层的第一段。因此，第Ⅰ层的施工段数m_0必须大于或等于其施工过程数n，即：

$$m_0 \geq n \tag{2-2}$$

例如：某现浇钢筋混凝土水闸工程，分两层施工，在组织流水施工时，将主体工程划分为3个施工过程，即支模板、绑扎钢筋和浇筑混凝土，即$n=3$；设每个施工过程在各个施工段上施工所需时间均为2d，现分析如下：

①当$m_0=n$时，即每个施工层分3个施工段组织流水施工时，其进度安排如图2-4所示。

施工层	施工过程	施工进度/d							
		2	4	6	8	10	12	14	16
Ⅰ	支模板	①	②	③					
	绑扎钢筋		①	②	③				
	浇筑混凝土			①	②	③			
Ⅱ	支模板				①	②	③		
	绑扎钢筋					①	②	③	
	浇筑混凝土						①	②	③

图2-4 当$m_0=n$时的进度计划表

从图2-4可以看出，各施工班组均能保持连续施工，每施工段上均有施工班组，工作面能充分利用，无停歇现象，不会产生窝工。这是理想化的施工方案，且要求项目部有较高的管理水平。

②当 $m_0>n$ 时，如每层分 4 个施工段组织流水施工时，其进度安排如图 2-5 所示。

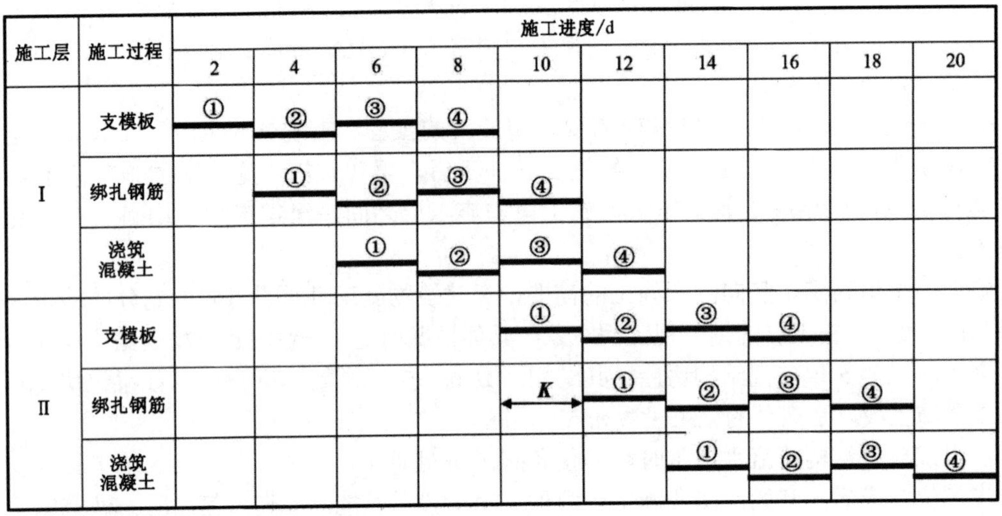

施工层	施工过程	施工进度/d									
		2	4	6	8	10	12	14	16	18	20
Ⅰ	支模板	①	②	③	④						
	绑扎钢筋		①	②	③	④					
	浇筑混凝土			①	②	③	④				
Ⅱ	支模板					①	②	③	④		
	绑扎钢筋					*K*	①	②	③	④	
	浇筑混凝土							①	②	③	④

图 2-5 当 $m_0>n$ 时的进度计划表

从图 2-5 可以看出，施工班组的施工仍是连续的，但施工段有空闲，如图 2-5 中各施工段第Ⅰ层混凝土浇筑完毕后，不能马上转入第Ⅱ层，需空闲 2d。这时，工作面的停歇并不一定有害，有时还是必要的，如可以利用停歇时间做养护、备料、弹线等工作。但施工段数过多，必然使工作面减小，从而减少施工班组的人数，使工期延长。

③当 $m<n$ 时，如每层分 2 个施工段组织流水施工时，其进度安排如图 2-6 所示。

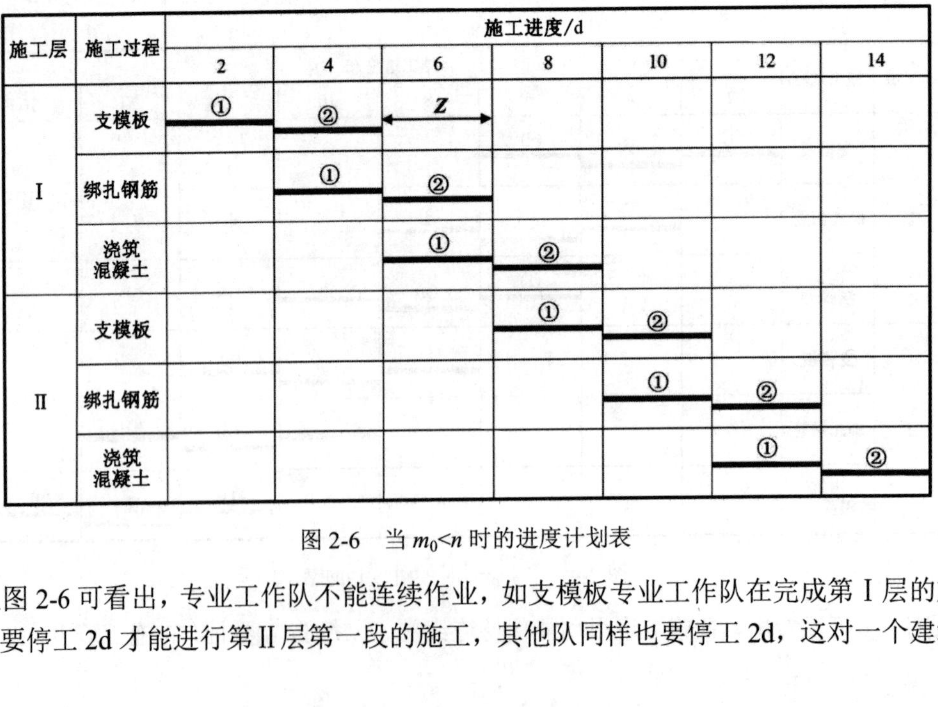

施工层	施工过程	施工进度/d						
		2	4	6	8	10	12	14
Ⅰ	支模板	①	②	*Z*				
	绑扎钢筋		①	②				
	浇筑混凝土			①	②			
Ⅱ	支模板				①	②		
	绑扎钢筋					①	②	
	浇筑混凝土						①	②

图 2-6 当 $m_0<n$ 时的进度计划表

从图 2-6 可看出，专业工作队不能连续作业，如支模板专业工作队在完成第Ⅰ层的施工任务后，要停工 2d 才能进行第Ⅱ层第一段的施工，其他队同样也要停工 2d，这对一个建筑物组织流水施工而言是不适宜的。但若有若干幢同类型建筑物，可组织各建筑物之间的大流水施工，以弥补上述不足。

从上面的三种情况可以看出，施工段划分数量的多少，影响了能否组织连续施工，同时影响工期的长短。

（三）时间参数

在组织流水施工时，用以表达流水施工在时间排列上所处状态的参数，称为时间参数。它包括流水节拍、流水步距、平行搭接时间、技术间歇时间、组织间歇时间、流水施工工期六种。

1. 流水节拍

流水节拍是指在组织流水施工时，每个专业工作队在各个施工段上完成相应的施工任务所需要的工作延续时间。它是流水施工的基本参数之一，通常以 t 表示。第 j 个专业工作队在第 i 个施工段的流水节拍一般用 $t_{j,i}$ 来表示（$j=1,2,…,n$；$i=1,2,…,m$）。

流水节拍的大小，可以反映出流水施工速度的快慢、节奏感的强弱和资源消耗量的多少。流水节拍小，其流水速度快，节奏感强；反之则相反。流水节拍决定着单位时间的资源供应量，同时，流水节拍也是区别流水施工组织方式的特征参数。

同一施工过程的流水节拍，主要由所采用的施工方法、施工机械，以及在工作面允许的前提下，投入施工的工人数、机械台数和采用的工作班次等因素确定。有时，为了均衡施工和减少转移施工段时消耗的工时，可以适当调整流水节拍，其数值最好为半个班的整数倍。

（1）流水节拍可分别按下列方法确定：

1）定额计算法。如果已有定额标准时，可按式（2-3）或式（2-4）确定流水节拍：

$$t_{j,i} = \frac{Q_{j,i}}{S_j R_j N_j} = \frac{P_{j,i}}{R_j N_j} \tag{2-3}$$

或

$$t_{j,i} = \frac{Q_{j,i} H_j}{R_j N_j} = \frac{P_{j,i}}{R_j N_j} \tag{2-4}$$

式中，$t_{j,i}$ 为第 j 个专业工作队在第 i 个施工段的流水节拍；$Q_{j,i}$ 为第 j 个专业工作队在第 i 个施工段要完成的工程量或工作量；S_j 为第 j 个专业工作队的计划产量定额；H_j 为第 j 个专业工作队的计划时间定额；$P_{j,i}$ 为第 j 个专业工作队在第 i 个施工段需要的劳动量或机械台班数量；R_j 为第 j 个专业工作队所投入的人工数或机械台数；N_j 为第 j 个专业工作队的工作班次。

如果根据工期要求采用倒排进度的方法确定流水节拍，可用上式反算出所需要的工人数或机械台班数。但在此时，必须检查劳动力、材料和施工机械供应的可能性，以及工作面是否足够等。

2）经验估算法。它根据以往的施工经验进行估算。为了提高其准确程度，往往先估算出该流水节拍的最长、最短和正常（即最可能）三种时间，然后据此求出期望时间作为某专业工作队在某施工段上的流水节拍。因此，本法也称为三种时间估算法。一般按式（2-5）进行计算：

$$t = \frac{a + 4c + b}{6} \quad (2\text{-}5)$$

式中，t 为某施工过程在某施工段上的流水节拍；a 为某施工过程在某施工段上的最短估算时间；b 为某施工过程在某施工段上的最长估算时间；c 为某施工过程在某施工段上的正常估算时间。

这种方法多适用于采用新工艺、新方法和新材料等没有定额可循的施工过程。

3）工期计算法。对某些施工任务在规定日期内必须完成的工程项目，往往采用倒排工期法。具体步骤如下：

①根据倒排工期，确定某施工过程的工作延续时间。

②确定某施工过程在某施工段上的流水节拍。若同一施工过程的流水节拍不等，则用估算法；若流水节拍相等，则按式（2-6）进行计算：

$$t = \frac{T_{持续时间}}{m} \quad (2\text{-}6)$$

式中，t 为流水节拍；T 为某施工过程的工作持续时间；m 为某施工过程划分的施工段数。

当施工段数确定后，流水节拍大，则工期相应的就长。因此，从理论上讲，总是希望流水节拍越小越好。但实际上，受工作面的限制，每一施工过程在各施工段上都有最小的流水节拍，其数值可按式（2-7）计算：

$$t_{\min} = \frac{A_{\min}\mu}{S} \quad (2\text{-}7)$$

式中，$t_{\min}$ 为某施工过程在某施工段的最小流水节拍；$A_{\min}$ 为每个工人所需最小工作面；μ 为单位工作面工程量含量；S 为产量定额。

按式（2-7）算出的数值，应取整数或半个工日数的倍数；根据工期计算的流水节拍，应大于最小流水节拍。

（2）确定流水节拍主要参照以下因素：

1）施工班组人数应符合该施工过程最少劳动组合人数的要求。例如，现浇钢筋混凝土施工过程，包括上料、搅拌、运输、浇捣等施工操作环节，如果人数太少，是无法组织施工的。

2）要考虑工作面的大小或某种条件的限制。施工班组人数不能太多，每个工人的工作面应符合最小工作面的要求。否则，就不能发挥正常的施工效率或不利于安全生产。

3）要考虑各种机械台班的效率（吊装次数）或机械台班的产量。

4）要考虑各种材料、构件等施工现场堆放量、供应能力及其他有关条件的制约。

5）要考虑施工及技术条件的要求。例如浇筑水闸的底板钢筋混凝土工程，不能留施工缝，必须连续浇筑，需要按三班制工作的条件决定流水节拍，以确保工程质量。

6）确定一个分部工程施工过程的流水节拍时，首先应考虑主要的、工程量大的施工过程的流水节拍（它的节拍值最大，对工程起主要作用），其次确定其他施工过程的流水节拍值。

7）流水节拍值一般取整数，必要时可保留0.5d（台班）的小数值。

2. 流水步距

流水步距是指组织流水施工时，相邻两个施工过程（或专业工作队）相继开始施工的最小间隔时间。流水步距一般用 $K_{i,i+1}$ 来表示，其中，i（i=1,2,…,n–1）为专业工作队或施工过程的编号。它是流水施工的主要参数之一。

流水步距对工期有着较大的影响。一般在施工段不变的条件下，流水步距越大，工期越长；流水步距越小，工期越短。流水步距还与前后两个相邻施工过程的流水节拍、施工工艺技术要求、是否有技术和组织间歇时间、施工段数目、流水施工的组织方式等有关。

流水步距的数目取决于参加流水的施工过程数。如果施工过程数为 n 个，则流水步距的总数为（n–1）个。

在流水施工中，如果同一施工过程在各施工段上的流水节拍相等，则各相邻施工过程之间的流水步距可按式（2-8）计算：

$$K_{i,i+1} = t_i + t_{i,i+1} - C_{i,i+1} \quad (t_i \leqslant t_{i+1})$$
$$K_{i,i+1} = mt_i - (m-1)t_{i,i+1} + Z_{i,i+1} - C_{i,i+1} \quad (t_i \geqslant t_{i+1}) \tag{2-8}$$

式中，t_i 为第 i 个施工过程的流水节拍；t_{i+1} 为第 i+1 个施工过程的流水节拍；Z_{i+1} 为第 i 个施工过程与第 i+1 个施工过程之间的间歇时间；$C_{i,i+1}$ 为第 i 个施工过程与第 i+1 个施工过程之间的平行搭接时间；mt_i 为紧前工作在各施工段上持续时间总和；$(m-1)t_{i,i+1}$ 为紧后工作在各施工段上持续时间总和。

确定流水步距时，一般应满足以下基本要求：

（1）各施工过程按各自流水速度施工，始终保持工艺先后顺序。

（2）各施工过程的专业工作队投入施工后，保持连续作业。

（3）相邻两个施工过程或专业工作队在满足连续施工的条件下，能最大限度地实现合理搭接。

根据以上基本要求，在不同的流水施工组织形式中，可以采用不同的方法确定流水步距。

3. 平行搭接时间

在组织流水施工时，有时为了缩短工期，在工作面允许的条件下，如果前一个专业工作队完成部分施工任务后，能够提前为后一个专业工作队提供工作面，使后一个专业工作队能提前进入前一个施工段，两者在同一施工段上平行搭接施工，这个搭接的时间称为平行搭接时间，通常以 C_{j+1} 表示。

4. 工艺间歇时间

在组织流水施工时，除要考虑相邻专业工作队之间的流水步距外，有时根据建筑材料或现浇构件等的工艺性质，还要考虑合理的工艺等待间歇时间，这个等待时间称为工艺间歇时间，如混凝土浇筑后的养护时间、砂浆抹面和油漆面的干燥时间等。工艺间歇时间以 G_{j+1} 表示。

5. 组织间歇时间

在流水施工中，由于施工技术或施工组织的原因，造成的在流水步距以外增加的间歇时间，称为组织间歇时间，如施工人员、机械转移，回填土前地下管道检查验收等。组织间歇时间以 Z_{j+1} 表示。

在组织流水施工时，项目经理部对技术间歇时间和组织间歇时间，可根据项目施工中的具体情况分别考虑或统一考虑。但二者的概念、作用和内容是不同的，必须结合具体情况灵活处理。

6. 流水施工工期

流水施工工期是指从第一个专业工作队投入流水施工开始，到最后一个专业工作队完成流水施工为止的整个持续时间。由于一项建设工程往往包含许多流水组，故流水施工工期一般不是整个工程的总工期。

流水施工工期一般可按式（2-9）计算：

$$T = \Sigma K_{i,i+1} + T_n \tag{2-9}$$

式中，$\Sigma K_{i,i+1}$ 为流水施工中各流水步距之和；T_n 为流水施工中最后一个施工过程的延续时间。

四、流水施工的基本组织方式

在流水施工中，由于流水节拍的规律不同，流水步距、流水施工工期的计算方法等也不同，甚至各个施工过程的专业工作队数目也不相同。因此，有必要按照流水节拍的特征将流水施工进行分类，其分类情况如图 2-7 所示。

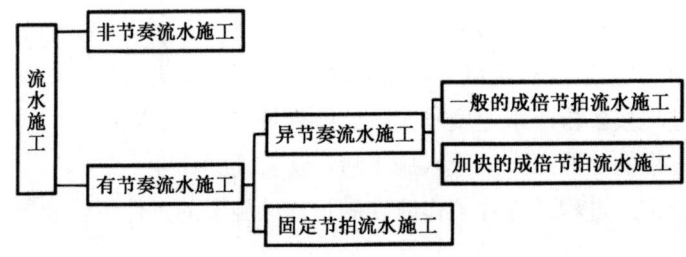

图 2-7　流水施工分类图

（一）有节奏流水施工

有节奏流水施工是指在组织流水施工时，每一个施工过程在各个施工段上的流水节拍都各自相等的流水施工，它分为等节奏流水施工和异节奏流水施工。

1. 等节奏流水施工

等节奏流水施工是指在有节奏流水施工中，各施工过程的流水节拍都相等的流水施工，也称为固定节拍流水施工或全等节拍流水施工。

2. 异节奏流水施工

异节奏流水施工是指在有节奏流水施工中，各施工过程的流水节拍各自相等而不同施工过程之间的流水节拍不尽相等的流水施工。在组织异节奏流水施工时，又可以采用等步距和异步距两种方式。

（1）等步距异节奏流水施工。等步距异节奏流水施工是指在组织异节奏流水施工时，按每个施工过程流水节拍之间的比例关系，成立相应数量的专业工作队而进行的流水施工，也称为加快的成倍节拍流水施工。

（2）异步距异节奏流水施工。异步距异节奏流水施工是指在组织异节奏流水施工时，每个施工过程成立一个专业工作队，由其完成各施工段任务的流水施工，也称为一般的成倍节拍流水施工。

（二）非节奏流水施工

非节奏流水施工是指在组织流水施工时，全部或部分施工过程在各个施工段上的流水节拍不相等的流水施工。这种施工是流水施工中最常见的一种。

第二节 有节奏流水施工

一、等节拍流水施工

1. 等节拍流水施工的特点

等节拍流水施工又称等节奏流水施工或固定节拍流水施工。采用这种组织方式，参与流水施工的各施工过程在各施工段上的流水节拍均相等，能够保证专业工作队连续、有节奏、均衡地施工，因而是最理想的流水施工方式，在可能的情况下，应尽量采用这种流水方式组织流水施工。等节拍流水施工的主要特点如下：

（1）各施工段的工程量基本相等，所有施工过程在各个施工段上的流水节拍均相等，具体实践中可以通过调节投入专业工作队人数的办法做到这一点。

（2）相邻施工过程的流水步距相等，且等于流水节拍。

（3）专业工作队数等于施工过程数，即每一个施工过程成立一个专业工作队，由该队完成相应施工过程所有施工段上的任务。

（4）各个专业工作队在各施工段上能够连续作业，施工段之间没有空闲时间。

2. 等节拍流水施工工期

（1）有间歇时间的等节拍流水施工。间歇时间，是指相邻两个施工过程之间由于工艺或组织安排的需要而增加的额外等待时间，包括工艺间歇时间和组织间歇时间。对于有间歇时间的等节拍流水施工，其流水施工工期 T 可按式（2-10）计算：

$$T = (n-1)t + \Sigma G + \Sigma Z = (m+n-1)t + \Sigma G + \Sigma Z \qquad (2-10)$$

【例 2-1】某分部工程流水施工计划如图 2-8 所示，试求该分部工程流水施工工期。

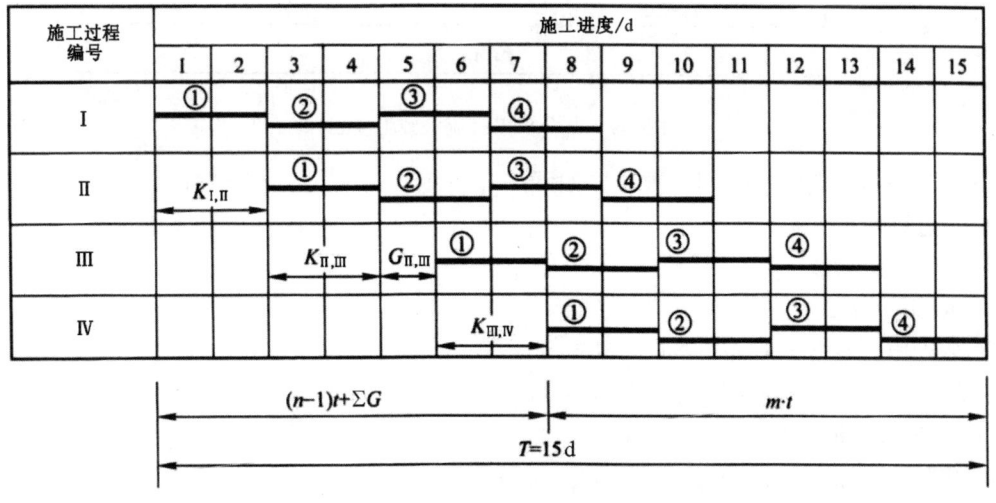

图 2-8 某分部工程流水施工计划

【解】该计划中，时间参数计算如下：

施工过程数：$n=4$；

施工段数：$m=4$；

流水节拍：$t=2$；

流水步距：$K_{\mathrm{I,II}} = K_{\mathrm{II,III}} = K_{\mathrm{III,IV}} = t = 2$；

组织间歇时间：$Z_{\mathrm{I,II}} = Z_{\mathrm{II,III}} = Z_{\mathrm{III,IV}} = 0$；

工艺间歇时间：$G_{\mathrm{I,II}} = G_{\mathrm{III,IV}} = 0$，$G_{\mathrm{II,III}} = 1$。

该分部工程流水施工工期为：
$$T = (m+n-1)t + \Sigma G + \Sigma Z = (4+4-1) \times 2 + 1 + 0 = 15 \text{ (d)}$$

（2）有提前插入时间的等节拍流水施工。提前插入时间，是指相邻两个专业工作队在同一施工段上共同作业的时间。在工作面允许和资源有保证的前提下，专业工作队提前插入施工，可以缩短流水施工工期。对于有提前插入时间的固定节拍流水施工，其流水施工工期 T 可按式（2-11）计算：

$$T = (n-1)t + \Sigma G + \Sigma Z - \Sigma C + m \cdot t = (m+n-1)t + \Sigma G + \Sigma Z - \Sigma C \qquad (2-11)$$

【例2-2】 某分部工程流水施工计划如图2-9所示，试求该分部工程流水施工工期。

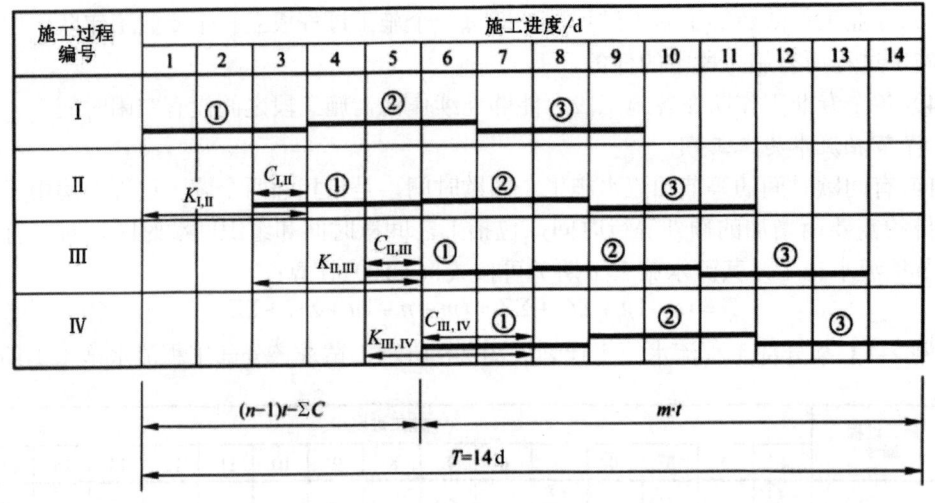

图2-9 某分部工程流水施工计划

【解】 在该计划中，时间参数计算如下：

施工过程数：$n=4$；

施工段数：$m=3$；

流水节拍：$t=3$；

流水步距：$K_{\mathrm{I,II}} = K_{\mathrm{II,III}} = K_{\mathrm{III,IV}} = t = 3$；

组织间歇时间：$Z_{\mathrm{I,II}} = Z_{\mathrm{II,III}} = Z_{\mathrm{III,IV}} = 0$；

工艺间歇时间：$G_{\mathrm{I,II}} = G_{\mathrm{II,III}} = G_{\mathrm{III,IV}} = 0$；

提前插入时间：$C_{\mathrm{I,II}} = C_{\mathrm{II,III}} = 1$；$C_{\mathrm{III,IV}} = 2$。

该分部工程流水施工工期为：

$$T = (m+n-1)t + \Sigma G + \Sigma Z - \Sigma C = (3+4-1)\times 3 + 0 + 0 - (1+1+2) = 14 \text{（d）}$$

3. 等节拍流水施工的组织

等节拍流水施工的组织可参照以下方法：

（1）确定项目施工起点流向，划分施工过程。应将劳动量小的施工过程合并到相邻施工过程中，以使各流水节拍相等。

（2）确定施工顺序，划分施工工序。在有层间流水关系时，划分施工段数应保证专业工作队能连续施工。

（3）确定主要施工过程的施工人数并计算其流水节拍。

（4）确定流水步距。

（5）确定流水施工的工期。

（6）绘制流水施工进度安排表。

【例 2-3】某灌溉渠首工程由 3 座抽水泵站组成，相隔较近。每一座泵站基础的工程量分别为挖土 $210m^3$，砂石垫层 $14.4m^3$，钢筋制安 4.05t，混凝土浇筑 $184.5m^3$，回填土 $144m^3$。以上施工过程的每工产量见表 2-1。在浇筑混凝土后，应养护 3d 才能进行下一工序。

试组织全等节拍流水施工。

表 2-1 各施工过程的流水节拍及施工人数

施工过程	工程量	每工产量	劳动量/工日	施工班组/人数	流水节拍
挖土/m^3	210	3.5	60	20	3
垫层/m^3	14.4	1.2	12	4	
钢筋制安/t	4.05	0.45	9	3	3
混凝土浇筑/m^3	184.5	1.5	123	41	3
回填土/m^3	144	4	36	12	3

【解】（1）划分施工过程。由于垫层工程量小，将其与挖土合并为一个"挖土及垫层"施工过程；钢筋制安为一个施工过程；混凝土浇筑为一个施工过程；回填土为一个施工过程。

（2）确定施工段。根据建筑物的特征，是 3 个独立的抽水灌溉泵站，相隔较近，可将一个泵站划分为一个施工段，采用一班施工。

（3）确定主要施工过程的施工人数并计算其流水节拍。计算成果见表 2-1。主要施工过程为混凝土浇筑，配备施工人数为 41 人：

$$t_i = \frac{Q_i}{S_i R_i N_i} = \frac{P_i}{R_i N_i} = \frac{184.5}{1.5 \times 41} = 3$$

其中：$N_i = 1$。

根据主要施工过程的流水节拍，应用以上公式可计算出其他施工过程的施工班组人数。

（4）确定流水步距。

$$K_{i,i+1} = t_i = 3 \text{（d）}$$

（5）间歇时间。由于在浇筑混凝土后，应养护 3d 才能进入下一道工序，因此，工艺间歇时间为 $\Sigma G_i = 3$；搭接时间为 $\Sigma C = 0$。

（6）计算工期。

施工过程数：$n=4$；

施工段数：$m=3$；

$$T = (m+n-1)t + \Sigma G + \Sigma Z - \Sigma C = (3+4-1) \times 3 + 3 + 0 - 0 = 21 \text{（d）}$$

（7）绘制流水施工进度安排表，如图 2-10 所示。

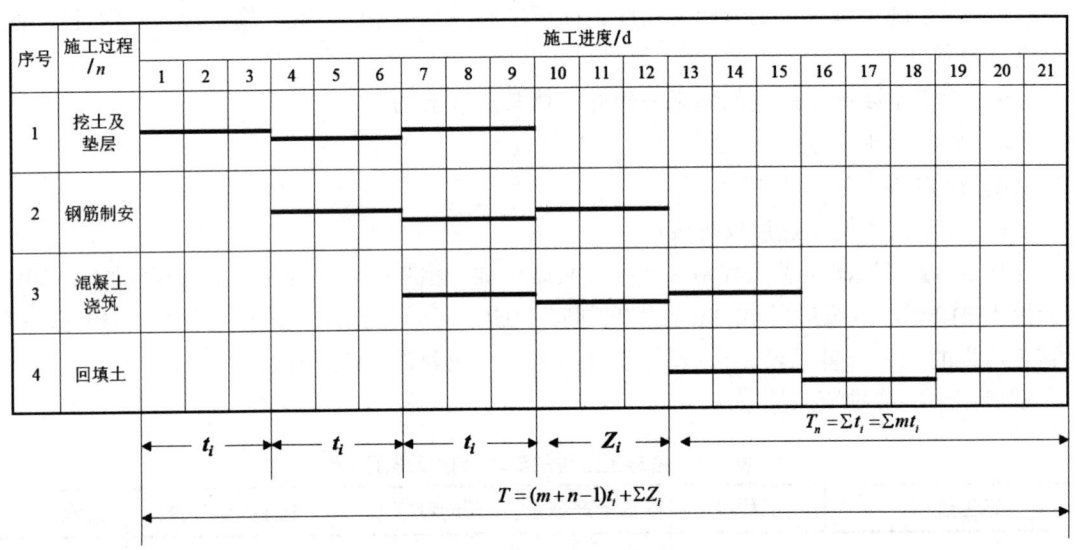

图 2-10　流水施工进度安排表

二、成倍节拍流水施工

成倍节拍流水是指同一施工过程，在各个施工段上的流水节拍都相等，但各施工过程之间彼此的流水节拍全部或部分不相等，流水节拍均为其中最小流水节拍的整数倍。

在通常情况下，组织固定节拍的流水施工是比较困难的。因为在任一施工段上，不同的施工过程，其复杂程度不同，影响流水节拍的因素也各不相同，很难使各个施工过程的流水节拍都彼此相等。但是，如果施工段划分得合适，保持同一施工过程各施工段的流水节拍相等是不难实现的。使某些施工过程的流水节拍成为其他施工过程流水节拍的倍数，即形成成倍节拍流水施工。成倍节拍流水施工包括一般的成倍节拍流水施工和加快的成倍节拍流水施工。为了缩短流水施工工期，一般采用加快的成倍节拍流水施工方式。

1. 成倍节拍流水施工的特点

成倍节拍专业流水在流水施工组织中经常遇到，这是由于各施工过程的性质、复杂程度及所需的劳动量或机械台（班）数不同，导致各施工过程的持续时间不同。由于前后两个施工过程流水节拍的不同，在组织流水施工时，会出现两种情况。

（1）紧前施工过程的流水节拍小于或等于紧后施工过程的流水节拍，即 $t_i \leqslant t_{i+1}$。当相邻两个施工过程，后一个流水节拍大于前一个流水节拍时，若能保证在施工组织时，前一个施工过程任何一个施工段的结束时间都先于或等于后一个施工过程的开始时间，就能保证施工工艺的合理性。

相邻两施工过程的流水步距为:

$$K_{i,i+1} = t_i \qquad (2\text{-}12)$$

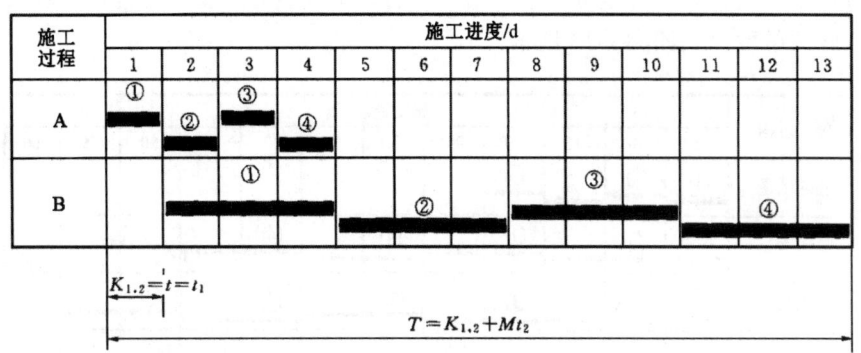

图 2-11 组织成倍节拍流水(当 $t_i \leqslant t_{i+1}$ 时 $K_{i,i+1} = t_i$ 的示意图)

(2)紧前施工过程的流水节拍大于紧后施工过程的流水节拍,即 $t_i > t_{i+1}$。由于 $t_i > t_{i+1}$,如果仍按 $K_{i,i+1} = t_i$ 安排流水,则会出现紧前施工过程尚未结束而后续施工过程已开始施工的情况,这显然是不符合施工工艺的要求,如图 2-12(a)中②、③、④施工段处所示。如果要满足施工工艺的要求,必须将后续施工过程的开始时间后移,如图 2-12(b)所示。

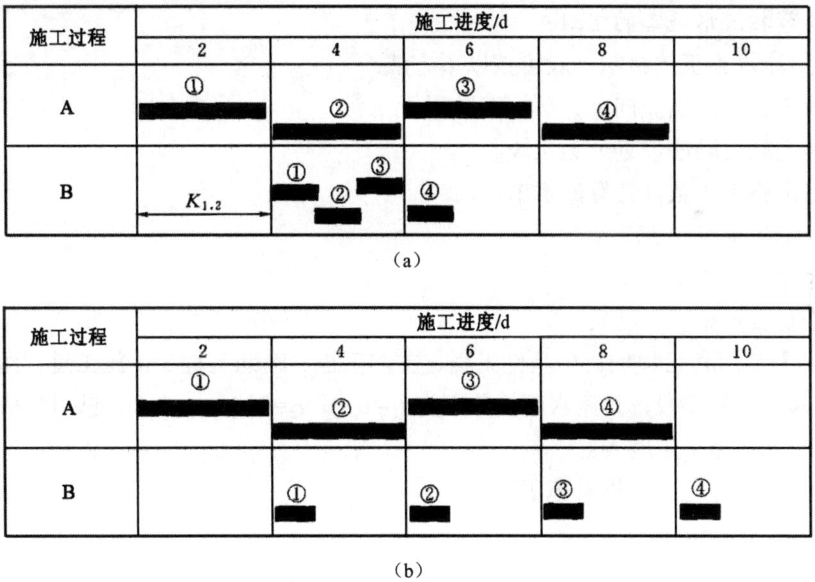

(a)

(b)

图 2-12 组织成倍节拍流水(当 $t_i > t_{i+1}$ 时的示意图)

这样的安排,虽然符合施工工艺要求,但会使施工过程中,专业工作队工人的工作产生间断和窝工,与流水作业的原则相违背。为了确保各施工过程中专业工作队既能连续施工又符合施工工艺的要求,在组织流水施工时,应使上一个施工过程最后一个施工段完工后,下一个施工过程最后一个施工段工程开始,以此来计算出合理的流水步距 $K_{i,i+1}$,如图 2-13 所示。

$$K_{i,i+1} = mt_i - (m-1)t_{i+1} \qquad (2\text{-}13)$$

式中，t_i 为第 i 个施工过程的流水节拍；t_{i+1} 为第 i 个施工过程的紧后施工过程的流水节拍。

（3）成倍节拍流水施工工期的计算。某建设工程由四幢大板结构楼房组成，每幢楼房为一个施工段，施工过程划分为基础工程、结构安装、室内装修和室外工程 4 项，其一般的成倍节拍流水施工进度计划如图 2-13 所示。

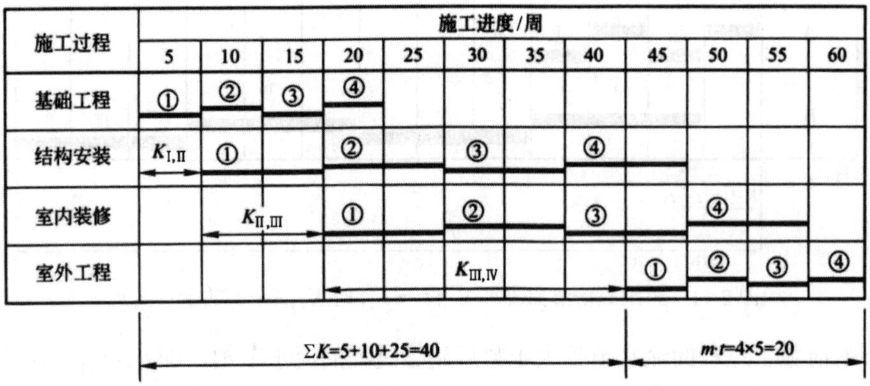

图 2-13 成倍节拍专业流水施工进度计划

由图 2-13 可知，如果按 4 个施工过程成立 4 个专业工作队组织流水施工，其总工期为：
$$T=(5+10+25)+4\times5=60（周）$$

2．成倍节拍流水施工的组织

成倍节拍流水施工的组织一般可按以下方法：

（1）确定施工起点流向，分解施工过程。

（2）确定施工顺序，划分施工段。

（3）确定施工人数，计算流水节拍。

（4）确定流水步距 $K_{i,i+1}$。

（5）计算计划总工期 T。

（6）绘制流水施工进度表。

【例 2-4】某水利工程项目由基础工程、主体工程、辅助工程 3 个施工过程组成，每个施工过程划分为 3 个施工段，其流水节拍分别为 $t_1=1(d)$，$t_2=3(d)$，$t_3=2(d)$。试组织成倍节拍流水施工，并绘制流水施工进度表。

【解】（1）划分施工过程及施工段。

由题意可知：$m=n=3$。

（2）确定流水节拍。
$$t_1=1（d），t_2=3（d），t_3=2（d）$$

（3）确定流水步距。

因为 $t_1<t_2$，所以 $K_{1,2}=1$（d）；

因为 $t_2>t_3$，所以 $K_{2,3}=mt_2-(m-1)t_3=3\times3-(3-1)\times2=5$（d）。

（4）计算总工期。
$$T=\Sigma K_{i,i+1}+T_n=(1+5)+2\times3=12（d）$$

（5）绘制流水施工进度表，如图2-14所示。

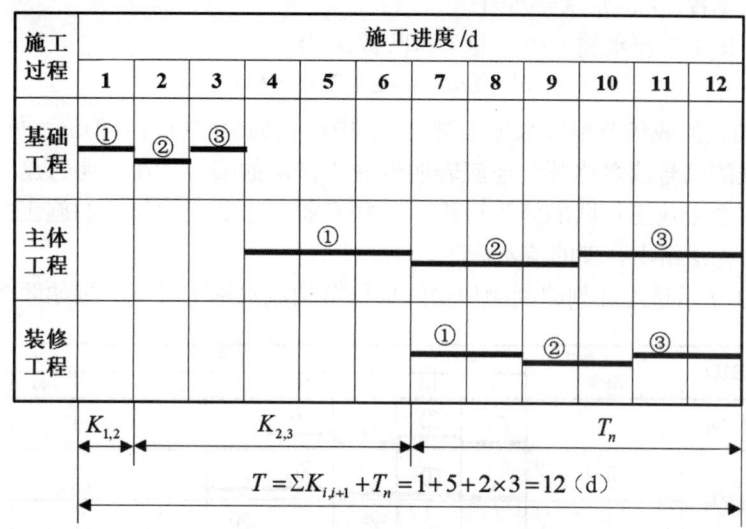

图2-14 流水施工进度表

三、加快的成倍节拍流水施工

1. 加快的成倍节拍流水施工的特点

为了缩短流水施工工期，一般均采用加快的成倍节拍流水施工方式。加快的成倍节拍流水施工的特点如下：

（1）同一施工过程在其各个施工段上的流水节拍均相等；不同施工过程的流水节拍不等，但其值为倍数关系。

（2）相邻专业工作队的流水步距相等，且等于流水节拍的最大公约数（K）。

（3）专业工作队数大于施工过程数，即有的施工过程只成立一个专业工作队，而对于流水节拍大的施工过程，可按其倍数增加相应专业工作队数目。

（4）各个专业工作队在施工段上能够连续作业，施工段之间没有空闲时间。

2. 加快的成倍节拍流水施工的组织

为加快施工进度，可增加专业工作队，组织加快的成倍节拍流水施工。将图2-13对应的示例改为加快的成倍节拍流水施工，步骤如下：

（1）计算流水步距。流水步距等于流水节拍的最大公约数，即：

$$K=[5,10,10,5]=5$$

（2）确定专业工作队数目。每个施工过程成立的专业工作队数目可按式（2-14）计算：

$$b_j = \frac{t_j}{K} \qquad (2-14)$$

式中，b_j 为第 j 个施工过程的专业工作队数目；t_j 为第 j 个施工过程的流水节拍；K 为流水步距。

在本例中，各施工过程的专业工作队数目分别为：

Ⅰ——基础工程：$b_Ⅰ=t_Ⅰ/K=5/5=1$；

Ⅱ——结构安装：$b_Ⅱ=t_Ⅱ/K=10/5=2$；

Ⅲ——室内装修：$b_Ⅲ=t_Ⅲ/K=10/5=2$；

Ⅳ——室外工程：$b_Ⅳ=t_Ⅳ/K=5/5=1$。

所以，参与该工程流水施工的专业工作队数 n' 为：

$$n'=\Sigma b_i=1+2+2+1=6$$

（3）绘制加快的成倍节拍流水施工进度计划图。在加快的成倍节拍流水施工进度计划中，除表明施工过程的编号或名称外，还应表明专业工作队的编号。在表明各施工段的编号时，一定要注意有多个专业工作队的施工过程。某些专业工作队连续作业的施工段编号不应该是连续的，否则，无法组织合理的流水施工。

根据图2-13所示进度计划编制的加快的成倍节拍流水施工进度计划如图2-15所示。

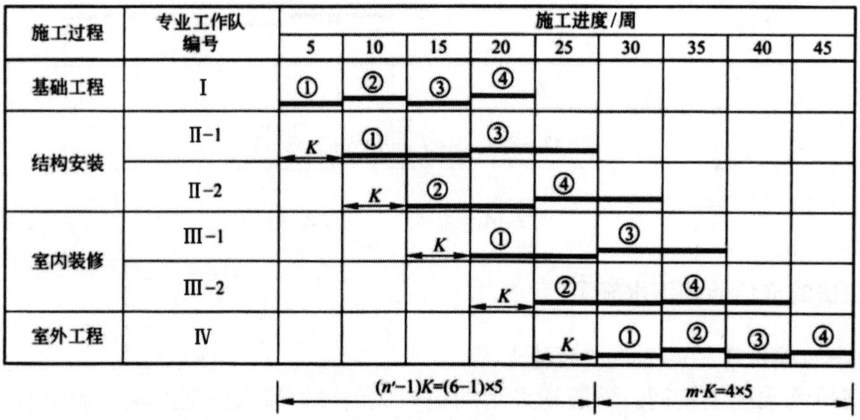

施工过程	专业工作队编号	施工进度/周								
		5	10	15	20	25	30	35	40	45
基础工程	Ⅰ	①	②	③	④					
结构安装	Ⅱ-1	K	①		③					
	Ⅱ-2		K	②		④				
室内装修	Ⅲ-1			K	①		③			
	Ⅲ-2				K	②		④		
室外工程	Ⅳ					K	①	②	③	④

图2-15　加快的成倍节拍专业流水施工进度计划

（4）确定流水施工工期。因本计划中没有组织间歇、工艺间歇及提前插入，故根据式（2-10）算得流水施工工期为：

$$T=(m+n'-1)K=(4+6-1)\times5=45（周）$$

与一般的成倍节拍流水施工进度计划比较，该工程组织加快的成倍节拍流水施工使得总工期缩短了15周。

第三节　无节奏流水施工

在组织流水施工时，经常由于工程结构形式、施工条件不同等，使各施工过程在各施工段上的工程量有较大差异，或因专业工作队的生产效率相差较大，导致各施工过程的流水节拍随施工段的不同而不同，且不同施工过程之间的流水节拍又有很大差异。这时，流水节拍虽无任何规律，但仍可利用流水施工原理组织流水施工，使各专业工作队在满足连续施工的条件下，实现最大搭接。在施工过程中，各专业工作队都能连续施工，但个别施工段可能有空闲。这种无节奏流水施工方式是建设工程流水施工的普遍方式。

一、无节奏流水施工的特点

无节奏流水施工的每个施工过程在各个施工段上的流水节拍不尽相等，具有以下特点：

(1) 各施工过程在各施工段的流水节拍不全相等。
(2) 相邻施工过程的流水步距不尽相等。
(3) 专业工作队数等于施工过程数。
(4) 各专业工作队能够在施工段上连续作业,但有的施工段之间可能有空闲时间。

二、流水步距的确定

无节奏流水施工的流水步距彼此不相等,在确定流水步距时,通常采用累加数列错位相减取大差法计算流水步距。由于这种方法是由潘特考夫斯基(译音)首先提出的,故又称潘特考夫斯基法或潘氏方法。这种方法简捷、准确,便于掌握。

累加数列错位相减取大差法的基本步骤如下:

(1) 累加数列:对每一个施工过程在各施工段上的流水节拍依次累加,求得各施工过程流水节拍的累加数列;

(2) 错位相减:将相邻施工过程流水节拍累加数列中的后者错后一位,相减后求得一个差数列。

(3) 取大差:在差数列中取最大值,即为这两个相邻施工过程的流水步距。

【例 2-5】某工程由 3 个施工过程组成,分为 4 个施工段进行流水施工,其流水节拍见表 2-2,试确定流水步距。

表 2-2 某工程流水节拍　　　　　　　　　　　　　　　单位:d

施工过程	施工段			
	①	②	③	④
Ⅰ	2	3	2	1
Ⅱ	3	2	4	2
Ⅲ	3	4	2	2

【解】(1) 求各施工过程流水节拍的累加数列。

施工过程Ⅰ:2,5,7,8
施工过程Ⅱ:3,5,9,11
施工过程Ⅲ:3,7,9,11

(2) 错位相减求得差数列。

Ⅰ与Ⅱ:

$$\begin{array}{r} 2\ 5\ 7\ 8 \\ -)3\ 5\ 9\ 11 \\ \hline 2\ 2\ 2\ -1\ -11 \end{array}$$

Ⅱ与Ⅲ:

$$\begin{array}{r} 3\ 5\ 9\ 11 \\ -)3\ 7\ 9\ 11 \\ \hline 3\ 2\ 2\ 2\ -11 \end{array}$$

(3) 在差数列中取最大值求得流水步距：

施工过程Ⅰ与Ⅱ之间的流水步距：$K_{1,2}$=max[2,2,2,-1,-11]=2（d）

施工过程Ⅱ与Ⅲ之间的流水步距：$K_{2,3}$=max[3,2,2,-1,-11]=3（d）

三、流水施工工期的确定

流水施工工期可按式（2-15）计算。

$$T = \Sigma K + \Sigma t_n + \Sigma Z + \Sigma G - \Sigma C \tag{2-15}$$

式中，T 为流水施工工期；ΣK 为各施工过程（或专业工作队）之间流水步距之和；Σt_n 为最后一个施工过程（或专业工作队）在各施工段流水节拍之和；ΣZ 为组织间歇时间之和；ΣG 为工艺间歇时间之和；ΣC 为提前插入时间之和。

【例 2-6】某分项工程包含依次进行的甲、乙、丙三个施工过程，每个施工过程划分成四个施工段组织流水施工，三个施工过程的流水节拍见表 2-3。

表 2-3　某分项工程流水节拍　　　　　　　　　　　　　　单位：d

施工过程	施工段			
	1	2	3	4
甲过程	2	4	3	2
乙过程	3	2	3	3
丙过程	4	2	1	3

为了缩短工期，施工项目经理部的进度控制部门安排乙施工过程提前 1 天开工，按施工质量验收规范的规定，乙施工过程的每个施工段完成后至少要养护 2 天，才能进行丙施工过程的相应施工段施工。

【问题】（1）该分项工程应采用哪种流水施工的类型组织施工？说明理由。

（2）甲、乙、丙三个施工过程之间的流水步距分别为多少天？

（3）试计算该分项工程的流水工期。

（4）绘制该分项工程的流水施工横道图。

【解】（1）该分项工程应用无节奏流水施工的类型组织施工。

理由：因为该分项工程的同一个施工过程流水节拍不相等，不同施工过程的流水节拍也不相等，流水节拍没有规律可循。

（2）甲、乙两个施工过程的流水步距为：

$$\begin{array}{r} 2\ 6\ 9\ 11 \\ -)\ \ 3\ 5\ 8\ 11 \\ \hline 2\ 3\ 4\ 3\ -11 \end{array}$$

$K_{甲、乙}$=4（d）

实际 $K_{甲、乙}$=4–1=3（d）

乙、丙两个施工过程的流水步距为：

$$\begin{array}{r} 3\quad 5\quad 8\quad 11 \\ -)\quad\ \ 4\quad 6\quad 7\quad 10 \\ \hline 3\quad 1\quad 2\quad 4\ -10 \end{array}$$

$K_{乙、丙}=4$（d）

实际 $K_{乙、丙}=4+2=6$（d）

（3）该分项工程的流水工期为：

$$T = \Sigma K + \Sigma t_n + \Sigma G - \Sigma C = (4+4)+(4+2+1+3)+2-1=19\text{（d）}$$

（4）绘制该分项工程的流水施工横道图（图2-16）。

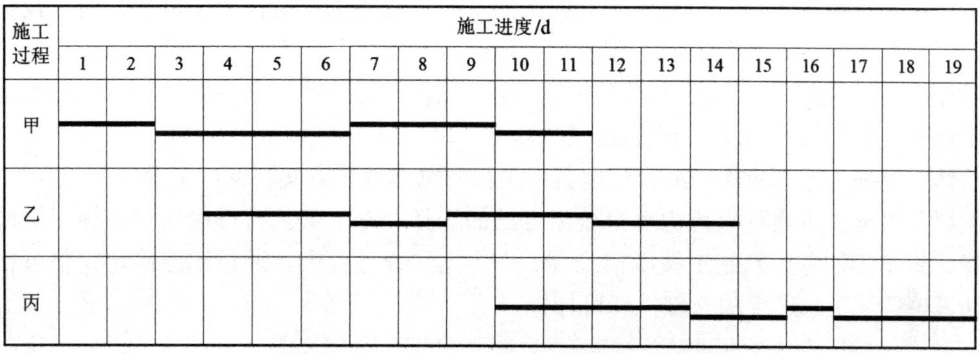

施工过程	施工进度/d																		
	1	2	3	4	5	6	7	8	9	10	11	12	13	14	15	16	17	18	19
甲																			
乙																			
丙																			

图2-16 该分项工程的流水施工横道图

第三章 施 工 方 案

施工方案是对整个建设项目进行全局统筹规划和全面安排，主要解决影响建设项目全局的重大战略问题。施工方案是施工组织设计的中心环节，是对整个建设项目带有全局性的总体规划，主要包括施工导流和主体工程施工的方案。主体工程是指控制进度、所占投资比重较大、影响施工质量和安全、施工难度大、施工技术复杂、工期长、对整个建设项目的完成起关键作用的工程项目，主要包括土石方开挖工程、地基处理、土石坝施工、混凝土施工、地下工程施工和金属结构及机电设备安装等。

主体工程施工方法应能经济合理地实现工程的总体设计方案，保证工程质量与施工安全。拟定主要项目施工方案的重点内容是施工方法的选择、施工工艺流程的确定、施工机械设备的选择、施工段的划分及施工技术措施等。在方案选择过程中，通过比选确定完整可行的施工方法，论证施工总进度的合理性和可行性。

第一节 拟定施工方案的原则

施工方法的确定要兼顾技术工艺的先进性和经济的合理性；施工工艺流程的确定，要符合施工的技术规律；对施工机械的选择，应使主要施工机械的性能满足工程的需要，辅助配套机械的性能应与主导施工机械相适应，并能充分发挥主导施工机械的工作效率。

在现代化施工条件下，施工方法与施工机械关系极为密切，一旦确定施工方法，施工机械也就随之而定。施工方法的选择随工种的不同而不同，例如，土石方工程中，确定土石方开挖方法或爆破方法；钢筋混凝土工程中，确定模板类型及支撑方法，选择混凝土的搅拌、运输和浇筑方法等。选择的机械化施工方案，不仅在技术上先进、适用，而且在经济上是合理的。

一、拟定施工方案的原则

1. 分期分批施工，确保工程工期

对于大中型、总工期较长的工程建设项目，一般应当在保证总工期的前提下，根据生产工艺要求、工程规模大小、施工难易程度、建设单位要求、资金和技术资源情况等，实行分期分批建设，这样既可使各具体项目迅速建成，及早发挥工程效益，又可在全局上实现施工的连续性和均衡性，减少临时工程数量，降低工程成本。

2. 统筹安排工程施工项目

在安排施工项目先后顺序时，应按照各工程项目的重要程度，优先安排以下工程：

（1）先期投入生产或起主导性作用的工程项目。

（2）工程量大、施工难度大、施工工期长的工程项目。

（3）生产需先期使用的机修、车床、办公楼及部分宿舍等。

（4）供施工使用的项目，如钢筋加工厂、木材加工厂、各种预制构件加工厂、混凝土搅拌站、采砂（石）场等附属企业及其他为施工服务的临时设施。

3. 合理安排施工顺序

施工顺序应遵循施工工艺和合理的施工组织关系，并使人力、物力、财力等资源需求均衡。

（1）先地下后地上：先完成基础工程、土方工程等地下部分，再进行地面结构施工；即使是单纯的地下工程，也应执行先深后浅的程序。

（2）先主体后围护：先对主体框架进行施工，再对围护结构进行施工。

（3）先土建后设备安装：先对土建部分进行施工，再进行机电金属结构设备等的安装。

4. 确保全年连续施工

不同季节对施工有很大影响，它不仅影响施工进度，还影响工程质量和投资效益，在确定工程开展程序时，施工技术、施工措施在确保工程质量和安全的前提下，力求全年连续施工。

二、施工方案的评价

通过对施工方案进行比较，选择工期短、质量好、成本低的最佳方案。评价施工方案的方法主要有两种。

1. 定量分析评价

定量分析评价是通过计算各方案的主要技术经济指标，进行综合比较分析，从中选出综合指标较佳的方案的一种方法。主要技术经济指标包括工期指标、劳动量指标、主要材料消耗指标和成本指标。

2. 定性分析评价

定性分析评价指结合施工经验，对多个施工方案的优缺点进行分析比较，最后选定较优方案的评价方法。

第二节 施 工 导 流

在河道上修建水利水电工程时，为了使水工建筑物能在干地上进行施工，需要用围堰围护基坑，并将河水引向预定的泄水建筑物往下游宣泄，这就是施工导流。施工导流是水利水电枢纽总体设计的重要组成部分，是选定枢纽布置、永久建筑物型式、施工程序和确定施工总进度的重要因素。

施工导流贯穿工程施工全过程，导流设计时，应充分掌握基本资料，全面分析各种因素，选择技术可行、安全可靠、经济合理，并使工程尽早发挥效益的导流方案；应妥善解决从初期导流到后期导流施工全过程中的挡水、泄水、蓄水与供水、度汛、通航、排冰等问题；对各期导流特点和相互关系应进行系统分析，全面规划，统筹安排，运用风险度分析的方法，处理洪水与施工的矛盾，务求导流方案经济合理，安全可靠。大型工程以及水力条件复杂或有通航、引水、冲沙、排冰等综合运用要求的中型工程，宜进行导流水工模型试验。

施工导流设计包括导流标准选择、导流方式选择及导流布置、导流泄水建筑物设计、围堰设计、截流设计、基坑排水、下闸蓄水措施，以及施工期通航、过木、排冰及供水等。

最优的导流方案表现在：

（1）适应水工布置及河流水文特征和地形、地质条件，因地制宜地选择导流方式。

（2）选定的导流方式应使整个枢纽施工进度最快、施工强度均衡、工期短、造价最低、发挥效益快。

（3）应使整个工程有足够的安全度和灵活性。

（4）尽可能满足施工期国民经济各部门的综合要求。

（5）施工方便，干扰小，符合国情，技术可靠。

一、影响导流方案的因素

1. 地形、地质条件

坝址河谷地形、地质，往往是决定导流方案的主要因素，各种导流方式都必须充分利用有利地形，但还必须结合地质条件。

2. 水文特征

径流量的大小、洪枯流量变化、洪枯水时段的长短、洪水峰量及出现的规律等都直接影响导流方案。

3. 主体工程的形式与布置

水工建筑物的结构形式、总体布置、主体工程量等，是导流方案选择的主要依据之一。导流需要尽量利用永久建筑物，坝址、坝型选择及枢纽布置也必须考虑施工导流，两者互相影响。

4. 施工因素

导流方案与施工总进度的关系甚为密切，不同的导流方案有不同的施工程序，而不同的施工程序又影响导流的分期和导流建筑物的布置，施工程序的合理性将影响工程受益时间和工程总工期。因此，在选择导流方案时，必须考虑施工方法、施工程序、施工强度和施工进度，土石方的平衡和利用，场内外交通和施工布置。

5. 综合利用因素

施工期间的综合利用主要有通航、过木、上下游有梯级电站的发电、灌溉、供水等。在拟定和选择导流方案时，应综合考虑，使各期导流泄水建筑物尽量满足上述要求。

二、施工导流设计所需资料

1. 水文、气象资料

水文、气象资料主要包括坝址附近的气温、风速、风向，历年、分月、多年平均年降水量，历年最大暴雨强度等。

2. 堤坝地形、地质资料

坝址地形、地质资料主要包括以下内容：

（1）坝区1:500～1:2000地形图、1:2000～1:5000施工场地地形图，其比例尺大小根据地形开阔程度及设计阶段确定。

（2）坝址地质平面图、纵横剖面图及基岩等值线图。

（3）围堰地基地质剖面图，并提供河床覆盖层钻孔资料、深度变化、组成成分、颗粒级配、渗透系数、摩擦系数、允许承载力等资料。

（4）导流隧洞、涵洞、明渠的地质剖面图，并提供开挖边坡和岩石 f、k 值及地应力等物理力学指标。

（5）当地砂砾、石、土料料场分布位置、蕴藏量、开采、运输条件、颗粒级配、物理力学性能指标，勘探部门对选择料场的意见。

（6）坝址河床软基或岩基的抗冲允许流速。

（7）水文地质资料。

3. 规划设计资料

规划设计资料主要包括以下内容：

（1）水工枢纽总体布置图，大坝、泄洪、引水、厂房等水工建筑物结构图，泄流能力曲线。

（2）水工建筑物分项、分部位的工程数量。

（3）水库特性水位及主要水能指标。

（4）水库蓄水分析计算资料。

（5）施工期坝址上游各种壅水工程（围堰挡水、过水最高水位，大坝度汛拦洪、蓄水等）的水库淹没资料。

4. 试验资料

试验资料包括以下内容：

（1）导流、截流、度汛、施工通航、放木及水工模型试验报告。

（2）挡水、泄水建筑物结构模型等试验报告。

（3）材料、施工工艺、基础防渗等试验报告。

5. 其他资料

其他资料包括以下内容：

（1）国家对工程施工、投产、完建期的规定及要求。

（2）国民经济各部门对工程施工期间河道综合利用的要求（防洪、通航、过木、供水、灌溉等）。

（3）建筑材料的来源，材料、设备的定额、单价，工程概算、预算、发包、承包、招标、投标等技术经济资料。

（4）当地运输情况及施工期对外交通方案。

（5）当地竹、木等建筑用材及劳动力状况。

各设计阶段资料的收集，应根据工程的具体条件，遵照勘测设计有关规程、规范及各阶段设计方案的需要，统筹安排，分批解决。

三、施工导流设计的步骤和主要内容

水利水电工程的施工过程是与洪水作斗争，并选择最佳方案战胜洪水的过程，通常需要进行施工导流，这是与其他工业与民用建筑工程施工的最大区别。施工导流设计是水利水电

工程施工组织设计比较重要的环节之一，其内容是编制施工总进度计划的主要依据。正确选择施工导流方案，不仅对降低工程造价、控制施工工期、提高工程质量、保证施工安全具有重大的影响，也影响到坝址、坝型和枢纽布置方案的选择。

施工导流设计的步骤和主要内容包括：

1. **设计资料的分析与整理**

设计资料包括自然资料、施工条件、社会经济资料等。自然资料包括地形、地质、水文、气象等资料；施工条件包括施工场地、对外交通、施工期通航等；社会经济资料包括主要材料价格、人力资源情况等。

2. **施工导流标准的选择**

（1）施工导流标准。施工导流设计洪水标准的合理选择，对工程施工的顺利进行及工程的经济效益具有重大影响。导流标准的选择方法，一般按频率法计算，也可采用典型年法。当水文实测系列较长时，可用实测系列的最大值或系列中某一典型值。在实际应用中，往往两者结合考虑。当按规定选某一频率标准时，常对照实测资料，分析其安全性；采用典型年计算时，也需对照相应的频率标准进行计算。

施工初期导流标准，按《水利水电工程施工组织设计规范》（SL 303—2017）及《水利水电工程等级划分及洪水标准》（SL 252—2017）的规定，首先需根据导流建筑物的保护对象、失事后果、使用年限和围堰工程规模划分为3～5级，见表3-1；再根据导流建筑物的级别和类型，在规范规定的幅度内选定相应的洪水重现期作为初期导流标准，见表3-2。

表 3-1 导流建筑物级别划分表

级别	保护对象	失事后果	使用年限/年	临时性挡水建筑物规模	
				围堰高度/m	库容/亿 m³
3	有特殊要求的1级永久性水工建筑物	淹没重要城市、工矿企业、交通干线或推迟工程总工期及第一台（批）机组发电，造成重大灾害和损失	>3	>50	>1.0
4	1、2级永久建筑物	淹没一般城镇、工矿企业或推迟工程总工期及第一台（批）机组发电，造成重大灾害和损失	≤3，≥1.5	≤50，≥15	≤1.0，≥0.1
5	3、4级永久建筑物	淹没基坑，但对总工期及第一台（批）机组发电影响不大，对工程发挥效益影响不大，经济损失较小	<1.5	<15	<0.1

注：1. 导流建筑物包括挡水和泄水建筑物，两者级别相同。
2. 表中所列四项指标均按导流分期划分。
3. 有、无特殊要求的永久建筑物均系针对施工期而言，有特殊要求的1级永久建筑物是指施工期不允许过水的土坝及其他有特殊要求的永久建筑物。
4. 使用年限是指导流建筑物每一施工阶段的工作年限，两个或两个以上施工阶段共用的导流建筑物，如导流一期、二期共用的纵向围堰，其使用年限不能叠加计算。
5. "临时性挡水建筑物规模"一栏中，围堰高度指挡水围堰最大高度，库容指堰前设计水位所拦蓄的水量，两者必须同时满足。
6. 当临时性水工建筑物根据表3-1中指标分属不同级别时，应取其中最高级别，但列为3级临时性水工建筑物时，符合该级别规定的指标不得少于两项。

表 3-2 临时性水工建筑物洪水标准

建筑物结构类型	临时性水工建筑物级别		
	3	4	5
土石结构/[重现期（年）]	50～20	20～10	10～5
混凝土、浆砌石坝结构/[重现期（年）]	20～10	10～5	5～3

注：1. 临时性水工建筑物用于挡水发电、通航，其级别提高为2级时，其洪水标准应综合分析确定。
　　2. 封堵工程出口临时挡水设施在施工期内的导流设计洪水标准，可根据工程重要性、失事后果等因素，在该时段5～20重现期范围内选定；封堵施工期临近或跨入汛期时应适当提高标准。
　　3. 临时性水工建筑物失事后果严重时，应考虑发生超标准洪水时的应急措施。

坝体施工期临时渡汛的导流标准，由于水库已拦蓄一定水量，应和初期有所不同，视坝型和拦洪库容的大小而定；当水库大坝施工高程超过临时性挡水建筑物顶部高程时，坝体施工期临时度汛的洪水标准，应根据坝型及坝前拦洪库容而定，见表3-3。

表 3-3 水库大坝施工期洪水标准

坝型	拦洪库容/亿 m³			
	≥10	<10，≥1.0	<1.0，≥0.1	<0.1
土石结构/[重现期（年）]	≥200	200～100	100～50	50～20
混凝土、浆砌石坝结构/[重现期（年）]	≥100	100～50	50～20	20～10

注：根据失事后对下游的影响，其洪水标准可适当提高或降低。

水库工程导流泄水建筑物封堵期间，进口临时挡水设施的洪水标准应与相应时段的大坝施工期洪水标准一致。水库工程导流泄水建筑物封堵后，如永久泄洪建筑物尚未具备设计泄洪能力，坝体洪水标准应分析坝体施工和运行要求确定，见表3-4。

表 3-4 水库工程导流泄水建筑物封堵后坝体洪水标准

坝型		大坝级别		
		1	2	3
土石结构/[重现期（年）]	设计	500～200	200～100	100～50
	校核	1000～500	500～200	200～100
混凝土、浆砌石坝结构/[重现期（年）]	设计	200～100	100～50	50～20
	校核	500～200	200～100	100～50

注：帷幕灌浆及接缝灌浆高程应能满足蓄水要求。

（2）施工导流方式。不同的导流方式、不同的导流方案的拟订及规划，主要包括：方案的规划布置；河床水工建筑物的施工控制性进度；导流建筑物形式、轮廓尺寸、工程造价估算等。比较各方案的技术经济指标及主要优点与缺点，权衡其优缺点并最终选定方案。

按河床断流条件的不同，常用的导流方式可分为一次断流围堰和分期围堰两类：一次断流围堰导流方式包括隧洞导流、涵洞导流、明渠导流、渡槽导流等；分期围堰导流方式包括束窄河床导流、底孔导流、梳齿或缺口导流、利用永久水工建筑物（泄洪孔、排砂、引水管道等）导流。

施工导流方式选择应遵循下列原则：

1）适应河流水文特性和地形、地质条件。
2）工程施工期短，投资省，发挥工程效益快。
3）工程施工安全、灵活、方便。
4）合理利用永久建筑物，减少导流工程量和投资。
5）适应通航、供水、排冰等要求。
6）河道截流、围堰挡水、坝体度汛、封堵导流孔洞、蓄水和供水等各阶段能够合理衔接。

3. 选定方案设计

选择施工导流方案时，必须根据工程的具体施工条件，拟定几种基本可行的导流方案，进行全面的分析比较，不仅对前期导流，对中、后期导流也要作全面分析。由于施工导流在整个工程施工过程中属于全局性和战略性的决策，分析导流方案时，不能仅仅从导流工程造价来衡量，还必须从施工总进度、施工交通与布置，主体工程量与造价及其他国民经济的要求等进行全面的技术经济比较，既作定性分析，也作定量比较，最后选择技术上可靠、经济上合理的实施方案。在比较选择过程中，切忌主观臆断，轻率地确定方案。

选定方案设计主要内容包括：导流程序及控制性施工总进度编制，各期导流规划布置，水力学计算和调洪演算，工程量计算，度汛、拦洪、排水、水库初期蓄水设计等。

选择导流方案时，一般需提出以下条件：

（1）导流标准、施工时段及导流流量的选择。
（2）各方案的导流工程量与造价，主要技术经济指标，水力学指标。
（3）导流方案的布置，挡水泄水建筑物的形式与尺寸，施工程序与进度分析。
（4）截流、基坑排水的主要指标和措施。
（5）坝体施工期度汛及封堵蓄水的主要指标和措施。
（6）施工总进度的主要指标包括总工期、第一台机组发电日期、河道截流、断航、施工强度、劳动力等。
（7）通航等综合利用措施。
（8）主要方案的水力学模型试验结果。

4. 导流建筑物设计

导流建筑物设计的内容包括：导流工程挡水、泄水建筑物形式的比较选择，选定方案的布置，断面结构尺寸、主要高程的确定；围堰接头，堰基处理及防渗、防冲设计；稳定和应力分析；泄洪消能设计；工程量计算；主要导流建筑物施工设计。

5. 截流设计

截流设计主要内容包括：截流时间，设计流量，方案比选，选定方案的施工布置、设备、材料的设计。

6. 基坑排水设计

基坑排水设计根据水文地质条件分析各期排水量，计算排水设备的选型与需求量，各期基坑排水规划布置。

7. 施工期河道通航、过木规划设计

施工期河道通航、过木规划设计主要内容包括：施工期通航、方案的比较选择；研究与永久建筑物结合的可能性和合理性；选定方案的形式与布置、主要结构尺寸、工程量及相应设备的设计。

8. 下闸蓄水设计

下闸蓄水设计主要内容包括：导流泄水建筑物的封堵日期确定，初期水库蓄水设计，下游工业、农业、生活供水方案的比较选择。

第三节　料源选择与料场开采

水利水电工程中常用的材料主要包括混凝土、钢材、水泥及土壤等，这些材料在水利水电工程中承担着重要的结构和功能作用。

料场作为工程的粮仓，在水利水电工程中起着举足轻重的作用，选择经济可行、安全可靠的料场，不仅能保证工程的质量、进度，还能在一定程度上降低工程投资，因此，针对料源进行技术、经济指标比选，提出安全可靠的料场开采方案，意义重大。

天然建筑材料可作为混凝土骨料、土石坝填筑料和工程回填料等的料源。料源选择决定了工程所使用材料的质量、性能和数量，直接影响到工程的质量和成本；料源选择不合理可能会导致所使用的材料性能不达标，进而影响工程的安全和稳定；料源的选择与环境息息相关，如果选择不当，有可能会对环境造成影响；料源的选择往往还涉及法律责任和合规性，可能会面临法律责任和监管风险。因此，料源选择是水利水电工程中非常重要的一环，需要充分考虑各种因素，进行科学、合理的选择。

一、天然建筑材料勘察

水利水电工程天然建筑材料勘察的基本任务是查明料场区的基本地质条件和工程设计所需要的各类天然建筑材料的分布、储量、质量，调查料场的开采和运输条件，评价其适用性以及料场开采对周围地质环境的影响。天然建筑材料勘察应依据勘察任务书或合同进行，勘察任务书或合同中应明确工程设计方案、材料种类、用途、数量、勘察级别等。

开展野外工作前应全面搜集、分析已有的地质资料，进行现场踏勘，了解料场分布情况、土地利用现状、自然环境条件、勘察工作条件等。

1. 天然建筑材料勘察大纲

天然建筑材料勘察大纲主要包括下列内容：

（1）工程概况、建筑物类型及设计要求的材料种类、需要量。

（2）勘察级别及执行的技术标准。

（3）前阶段的勘察成果。

（4）料场分布、地质概况、环境条件及工作条件。

（5）勘察内容、勘察方法、计划工作量。

（6）计划进度。

（7）人员和设备安排。

（8）质量、安全、环境保护措施。

（9）勘察成果。

2. 天然建筑材料料场选择

天然建筑材料料场选择应符合下列基本要求：

（1）在考虑环境保护、经济合理、材料质量和储量的前提下，宜由近至远，先集中后分散。

（2）不影响水工建筑物布置和安全，避免或减轻料场开采对工程施工的干扰。

（3）避开可能发生崩塌、滑坡、泥石流等地质灾害及其影响的地段。

（4）充分利用工程开挖料。

（5）不占或少占耕地、林地。

（6）避免因料场开采引发环境地质问题。

3. 天然建筑材料勘察工作布置

天然建筑材料勘察工作的布置应符合下列基本要求：

（1）应在地质调查与测绘的基础上布置其他勘察工作。

（2）物探方法应根据探测目的，结合地形地质条件和岩土物性条件选择。

（3）钻探、洞探、井探、坑探等勘探方法应根据料场的地形条件、材料的地质特性和分布情况选择。

（4）勘探剖面宜根据料场类型，沿岩相和岩性变化大的方向布置。勘探点宜先疏后密，逐步增加，呈网格状或三角形布置。

（5）取样组数和试验项目应根据料场储量、材料种类、用途、分布特征及其工程地质特性和勘察级别等确定。

（6）社会、环境因素对料场选择和开采有较大影响的工程，料场确定前勘察工作可适当简化，施工开采前应进一步勘察，并达到详查要求。

4. 天然建筑材料的调查

天然建筑材料的调查宜在工程规划场址 40km 范围内进行，引调水、堤防等线状工程宜在线路两侧 20km 范围内进行，普查应包括下列主要内容：

（1）调查、了解料场的地理位置、地形地貌、地层岩性、环境地质条件及开采条件。

（2）调查、了解天然建筑材料的种类、分布、质量、储量。

初查应在普查的基础上进行，包括下列主要内容：

（1）初步查明料场的地层岩性、地下水位、环境地质条件及开采条件。

（2）初步查明砂砾石料和土料的成因、分布、厚度、结构特征、颗粒组成、级配特征、物理力学性质，上覆剥离层及无用夹层、有害夹层的岩性、分布、厚度等。

（3）初步查明石料的分布、厚度、地层岩性与结构、地质构造、风化情况、物理力学性质、矿物成分、化学成分，上覆剥离层及无用夹层的分布、厚度等。可溶岩区应初步查明岩溶的类型、分布、发育特征和充填情况。

（4）初步查明可利用开挖料、抬填料、吹填料等其他料源的分布、埋藏条件、岩性、物质组成、物理性质和结构特征等。

（5）初步查明各类天然建筑材料的储量，初查储量应不少于设计需要量的 2.5 倍。

（6）初步评价各类天然建筑材料的适用性，进行料场比选，提出料场推荐初步意见和开采方式初步建议。

详查应在初查的基础上进行，包括下列主要内容：

（1）查明料场的地下水分布特征、环境地质条件及开采条件。

（2）查明砂砾石料和土料的分布、厚度、结构特征、颗粒组成及级配特征、物理力学性质，上覆剥离层及无用夹层、有害夹层的分布、厚度等。

（3）查明石料的分布、厚度、岩性、结构、地质构造、风化程度、物理力学性质，上覆剥离层及无用夹层的分布、厚度等。可溶岩区应查明岩溶的类型、分布、发育特征和充填情况。

（4）查明可利用开挖料、抬填料、吹填料等其他料源的分布、岩性、物质组成、物理性质和结构特征等。

（5）查明各类天然建筑材料的储量，详查储量应不少于设计需要量的 1.5 倍。

（6）评价各类天然建筑材料的适用性，提出料场推荐意见和开采方式建议。

二、料源选择

料源选择应根据工程建设对各种天然建筑材料的数量、质量及供应强度要求，在地质勘察和试验的基础上，通过对料源的分布、储量、质量及开采运输条件的综合分析和物料平衡规划，按优质、经济、节能、就近取材等基本原则，经技术经济比较选定，同时应优先利用工程开挖料。

物料平衡规划应根据施工进度计划，统筹安排各种料源的开采进度和开采强度，合理安排物料流向，宜减少物料堆存和中转。必要时可采用计算机动态仿真方法进行分析。

1. 混凝土骨料料源选择

混凝土骨料料源可选择工程开挖料、天然砂砾料、石料场的开采料或外购料。应优先选择工程开挖料作为料源；天然砂砾料储量丰富，剥采比较小，级配和开采条件较好时，也可作为优先选用料源；无合适的天然砂砾料时，可就近选择石料场开采料。

当天然骨料储量大、运距合适、级配完整时，应优先采用。当天然料运距太远，成本太高时，才考虑采用人工骨料方案。而组合骨料，则需确定天然和人工骨料的最佳搭配方案。通常对天然料场中的超径石，通过加工补充短缺级配，形成生产系统的闭路循环，这是减少弃料、降低成本的好办法。

混凝土人工骨料级配易于达到设计要求，其表面粗糙，结合力强。随着大型、高效骨料加工机械的发展、管理水平的提高，人工骨料质量趋于稳定，管理相对集中，受自然因素影响小，有利于均衡生产，减少设备用量，减少堆料场地，同时尚可利用有效开挖料。因此，采用人工骨料的工程越来越多。混凝土人工骨料宜选用线膨胀系数小、破碎后粒形好且硬度适中的岩石作为料源，宜优先选用石灰岩质料源。采用节理裂隙发育，特别是隐节理发育的石料，应进行试验论证。沥青混凝土骨料应级配良好、质地坚硬，且不因加热而引起性质变化。人工骨料宜采用碱性岩石破碎而成，当采用天然砂砾石或酸性岩石破碎料时，应进行试验研究论证。

同一建筑物的混凝土宜采用同一类别的骨料料源，若采用不同类别的骨料料源，应通过试验验证。

混凝土骨料料源应进行骨料碱活性试验，未经专门论证，不应使用碱活性骨料。骨料碱活性试验方法的选择与判定标准见表 3-5。

表 3-5 骨料碱活性试验方法的适用范围与判定标准

试验方法	适用范围	判定标准
岩相法	适用于初步确定含碱活性成分的岩石种类；室内镜鉴岩石是否含有碱活性成分	无碱活性矿物成分时判定为非碱活性骨料，有碱活性矿物成分时可判定为可能具有潜在碱活性危害反应，应进行其他试验进一步鉴定
化学法	适用于含有不定形活性二氧化硅成分的骨料；不适用于含碳酸盐的骨料，也不能鉴定由于微晶石英或变形石英导致缓慢膨胀的骨料	当 R_c>70 并 S_c>R_c，或者 R_c<70 并 S_c>(35+R_c/2) 时，可判定为可能具有潜在碱活性危害反应，应进行其他试验进一步鉴定
砂浆棒快速法	适用于潜在有害的碱-硅酸反应，尤其适用于检验反应缓慢或只在后期才产生膨胀的骨料	当 14d 膨胀率小于 0.1%时，判定为非碱活性骨料；当 14d 膨胀率大于 0.2%时，判定为具有潜在危害性反应的碱活性骨料；14d 膨胀率介于 0.1%～0.2%，应延长观测时间至 28d，如果膨胀率小于 0.2%，判定为不具有潜在危害性反应的碱活性骨料，如果 28d 膨胀率大于 0.2%，应进行其他试验进一步鉴定
砂浆长度法	适用于碱骨料反应较快的碱-硅酸反应，不适用于碱-碳酸盐反应	当 180d 膨胀率大于 0.1或 90d 膨胀率大于 0.05%（无 180d 膨胀率资料时使用）判定为具有潜在危害性反应的碱活性骨料
岩石圆柱体法	适用于碱-碳酸盐岩反应	当试件浸泡 84d 膨胀率大于 0.1%时，判定为具有潜在危害性反应的碱活性骨料，不宜作为混凝土骨料。必要时应以混凝土试验作最后评定
混凝土棱柱体法	适用于碱-硅酸反应和碱-碳酸盐反应	当试件 360d 的膨胀率大于或等于 0.04%时，判定为具有潜在危害性反应的碱活性骨料；膨胀率小于 0.04%时，判定为非碱活性骨料

注：1. R_c——溶液的碱度降低值，mmol/L；S_c——滤液中的二氧化硅浓度，mmol/L。

2. 该表依据《水利水电工程施工组织设计规范》（SL 303—2017）第 3.2.5 条：混凝土骨料料源应进行骨料碱活性试验。骨料碱活性试验方法的选择与判定标准应符合 SL 251 的规定。未经专门论证，不应使用碱活性骨料。

混凝土原材料选择应遵守下列原则：

（1）混凝土原材料的选择应根据工程区的天然建筑材料和水文气象条件、环境条件、胶凝材料供应条件、混凝土性能要求、施工条件等因素，经技术经济比较后确定。

（2）选用的水泥强度等级应与混凝土设计强度等级相适应，对于大体积混凝土宜选用中热硅酸盐水泥。根据工程特殊需要，可对水泥的化学成分、矿物组成、细度等指标提出专门要求。

（3）水工混凝土中宜掺入适量的掺合料和外加剂，以改善性能、提高质量、节约成本。

（4）掺合料品种和掺量应根据工程的技术要求、掺合料品质和资源条件，经试验确定。粉煤灰宜选用Ⅰ级或Ⅱ级粉煤灰。外加剂品种和掺量应根据工程的技术要求、环境条件，经试验确定。

2. 其他料源的选择

（1）天然砂砾料。天然砂砾料场宜选择料场分布集中、级配良好、质量均一、有良好的开采条件、开采对航道和取水影响小的河滩料场。

（2）土料。土料场宜选择土质均一、土层较厚、质量易于控制、出料率高、土料天然含水率与填筑最优含水率接近的料源。宜优先选择工程开挖区和水库淹没区范围内的土料场。

(3) 堆石料。堆石料料源应优先利用工程开挖料，不足部分可就近选择料场开采。

(4) 过渡料。过渡料宜优先利用工程洞室开挖料。反滤料或垫层料料源宜选用天然砂砾料，当工程附近缺乏合格的天然砂砾料时，可采用人工制备料。

三、料场开采规划

料场的合理规划与使用不仅关系到坝体的施工质量、工期和工程投资，还影响到工程的生态环境和国民经济其他部门。施工前应从空间、时间、质量与数量等方面进行全面规划。

空间规划是对料场位置、高程进行恰当选择，合理布置。上坝距离尽量短，高程上有利于载重车辆下坡，原则上高料高用、低料低用。时间规划是充分考虑施工强度和坝体填筑部位的变化。随着季节及坝前蓄水情况的变化，料场的工作条件也在变化。在料场规划使用中，还应保留一部分近料场供合龙段填筑和拦洪度汛高峰强度时使用。

料场质量的规划是料场选择的最基本要求，也是决定性因素。对料场的地质成因、产状、埋深、储量以及各种物理力学指标进行全面勘探和实验。做到料尽其用，充分利用永久和临时建筑物开挖渣料是土石坝料场规划的重要原则。不但应使料场的总储量满足坝体总方量的要求，而且应满足施工各个阶段最大上坝强度的要求。

1. 一般规定

料场开采规划应根据工程特性和要求、料场地形和地质等条件，综合分析比较后确定开采、运输、边坡支护及水土保持方案。主要包括以下内容：

(1) 料场选用顺序，应根据工程特点，因地制宜，合理安排。宜先近后远，先水上后水下，先库区内后库区外。

(2) 土料场、天然砂砾料场及石料场应按规划开采量进行开采规划。规划开采量应按设计需要量的 1.05～1.25 倍确定。

(3) 受施工期洪水影响的土料场，应在洪水影响前开采受影响部位。停采期备料量应按需用量的 1.2 倍考虑。

(4) 天然砂砾料场开采时段和开采规划应根据料场水文特性、地形条件、天然级配分布、设计级配要求等因素确定。停采期备料量应按需用量的 1.2 倍考虑。

(5) 有航运要求的河段应考虑砂砾料开采对通航的影响，并采取相应处理措施。

(6) 石料场开采工作面和出料作业线应根据各时段供料强度要求确定。开采工作面宜设两个以上。石料场开采宜采用梯段爆破法，梯段高度宜为 10～15m。

(7) 混凝土骨料料场开采石料最大粒径应与挖装和破碎设备相适应，坝体堆石料料场开采应根据岩性、风化程度及坝料设计要求分区开采。

(8) 料场开采料运输方案，应根据地形条件、开采方案、物料特性、运输量、运输强度、运距和运输设备配置等因素，经综合比较后确定。

(9) 料场开挖边坡应保持稳定。边坡级别、抗滑稳定分析的最小安全系数标准、安全监测应按照《水利水电工程边坡设计规范》执行。

2. 混凝土骨料场的规划

骨料料场规划应根据料场的分布、开采条件、可利用料的质量、储量、天然级配、加工要求、弃料多少、运输方式、运距远近、生产成本等因素综合考虑，并结合工程实际进行综合技术经济论证,采用最优方案。

骨料开采量的确定以主体工程混凝土设计用量与附加工程(地质缺陷处理、超挖回填、临建工程等,规划时可按照 5%～8%考虑)方量的总和为计算依据。骨料开采量取决于混凝土中各种粒径料的需要量。若第 i 组骨料所需的净料量为 q_i,则要求开采天然骨料的总量 Q 可按下式计算:

$$Q = (1+k)\frac{q_i}{P_i} \tag{3-1}$$

式中,k 为骨料生产过程的损失系数,为各生产环节损失系数的总和;P_i 为天然骨料中第 i 种骨料粒径含量的百分数。

第 i 种骨料净料需要量 q_i 与第 j 种标号混凝土的工程量 V_j 有关,也与该标号混凝土中第 i 种粒径骨料的单位用量 e_{ij} 有关。于是第 i 组骨料的净料需要量 q_i 可表达为:

$$q_i = (1+k_c)\sum_j e_{ij} V_j \tag{3-2}$$

式中,k_c 为混凝土出机后运输、浇筑中的损失系数,为 1%～2%。

第四节 地基处理

水工建筑物一般建于天然地基上,但天然地基往往不能完全满足建筑物对地基的要求,由于天然地基存在缺陷,地基的整体性、抗渗性、稳定性和足够的强度很难得到保证,必须进行处理。水工建筑物地基应具有足够的强度,能够承担上部结构传递的应力;应具有足够的整体性和均一性,能够防止基础的滑动和不均匀沉陷;应具有足够的抗渗性,以免发生严重的渗漏和渗透破坏;应具有足够的耐久性,以防在地下水长期作用下发生侵蚀破坏。

对于浅基础可采用开挖处理;对于深基础,根据基础情况不同可采用灌浆、防渗墙、振动沉桩、高压旋喷灌浆、振冲置换等方法,可以对地基进行加固、防渗处理。

一、坝基开挖

1. 开挖程序

坝基开挖一般自上而下进行,在截流之前完成坝肩岸坡开挖,河床基坑部分开挖在截流后进行。坝基开挖应遵循下列程序:

(1)一般是自上而下,先岸坡后河床。

(2)坝肩岸坡的开挖清理工作,宜在坝体填筑前完成;对高坝如有困难,可按年度分段进行。

(3)坝基开挖料凡是可以用于坝体填筑的,应安排好填筑部位,尽量做到同时开挖同时填筑。不能直接上坝填筑时,应考虑挖方的运距和装卸,临时堆放在不妨碍施工的场地。

(4)要考虑水文气象条件对开挖施工的影响。

2. 开挖要求

(1)坝基及岸坡表层的粉土、淤泥、细砂、腐殖土、泥炭等均应按设计要求清除干净。

(2)清理坝基、岸坡及铺盖地基时,应将树木、草皮、树根、乱石、坟墓及各种杂物等全部清除。

(3) 在坝区范围内的水井、泉眼、地道、洞穴以及勘探孔、竖井、平洞、试坑等均应彻底处理，经验收合格并记录备查。

(4) 防渗体、反滤层、均质坝体的岩石岸坡必须开挖成大致平顺的斜面，不得有台阶、急剧变坡、反坡等现象发生；非黏性土料坝壳的岩石岸坡开挖，不得形成反坡。

3. 坝基保护层开挖

常规坝基开挖：对坝基保护层土类的开挖主要采用常规方式开挖。土方指人工填土、表土、黄土、砂土、淤泥、黏土、砾质土、砂砾石、松散坍塌体及软弱的全风化岩石，以及小于 $0.7m^3$ 的孤石或岩块等，无须采用爆破或土方机械开挖的地质体。土类开挖级别划分见表3-6。对坝基保护层以上的岩体开挖，国内广泛运用以毫秒爆破技术为主的深孔台阶爆破方法，主要有齐发爆破、微差爆破、微差顺序爆破、微差挤压爆破和最小抵抗线、宽孔距爆破等。常用的深孔台阶爆破参数，见表3-7。

表 3-6　土类开挖级别划分

土类级别	土类名称	天然湿度下平均容重/(kN/m³)	外型特征	开挖方式
Ⅰ	1. 砂土 2. 种植土	16.5～17.5	疏松，黏着力差或易透水，略有黏性	用锹或略加脚踩开挖
Ⅱ	1. 壤土 2. 淤泥 3. 含壤种植土	17.5～18.5	开挖时能成块，并易打碎	用锹需用脚踩开挖
Ⅲ	1. 黏土 2. 干燥黄土 3. 干淤泥 4. 含少量砾石黏土	18.0～19.5	粘手，看不见砂砾或干硬	用镐、三齿耙开挖或用锹需用力加脚踩开挖
Ⅳ	1. 坚硬黏土 2. 砾质黏土 3. 含卵石黏土	19.0～21.0	壤土结构坚硬，将土分裂后成块状或含黏粒、砾石较多	用镐、三齿耙工具开挖

表 3-7　主体建筑物部位的深孔台阶爆破参数

炮孔类型	孔径/mm	装药直径/mm	台阶高度/m	孔深/m	超钻深度/m
主爆孔	80～100	70～80	8.0～12.0	8.5～13.0	0.5～1.0
缓冲孔	80～100	32～70	8.0～12.0	8.5～13.0	0.5～1.0
炮孔类型	抵抗线/m	排距/m	孔间距/m	堵塞长度/m	炸药单耗/(kg/m³)
主爆孔	3.0～5.0	2.0～3.5	2.5～6.5	2.0～3.0	0.35～0.80
缓冲孔	1.5～2.5	1.5～2.5	1.5～2.5	1.0～2.0	0.30～0.70

坝基保护层开挖：坝基保护层的开挖是控制坝基质量的关键。只有不具备现场试验的条件，才允许使用工程类比法确定。用工程类比法确定保护层厚度时的参考值，见表3-8。

表 3-8 保护层厚度

岩体特性	节理裂隙不发育和坚硬的岩体	节理裂隙较发育、发育和中等坚硬的岩体	节理裂隙极发育和软弱的岩体
H/D	25	30	40

注：H 是保护层厚度，D 是梯段炮孔底部的装药直径。

对岩体保护层的开挖，按照现有规定，一般分三层开挖：

（1）炮孔不得穿入建基面 1.5m 的范围，装药直径不得大于 40mm，控制单响药量不超过 300kg。

（2）对节理裂隙极发育和软弱的岩体，炮孔不得穿入建基面 0.7m 的范围，其余岩体不得超过 0.5m 范围，且炮孔与水平建基面的夹角不应大于 60°，装药直径不应大于 32mm，须采用单孔起爆方法。

（3）对节理裂隙极发育和软弱岩体，须留 0.2m 厚岩体进行撬挖，其余岩体炮孔不得穿过建基面。

二、灌浆处理

1. 岩基灌浆

岩基灌浆是把一定配比的某种具有流动性和胶凝性的浆液，通过钻孔压入岩层裂隙中去，经过胶结硬化以后，以提高岩基的强度，改善岩基的整体性和抗渗性。岩基灌浆按目的不同，有固结灌浆、帷幕灌浆和接触灌浆。

固结灌浆有提高地基承载力和使地基承载力均匀的作用，防止地基过大沉降和不均匀沉降。视地基地质结构和承载力情况，可在坝基部分或全面进行灌浆。

帷幕灌浆的主要用于坝基防渗，在上游迎水面坝基形成一道连续的防渗墙。一般在水库蓄水之前有一定的压重下，通过两岸的分层灌浆平洞连通坝体灌浆廊道进行灌浆。

接触灌浆目的是提高坝体和基础（两岸、坝基）的结合力，提高坝体的抗拉能力。应在坝体混凝土达到稳定温度后进行，以防混凝土收缩产生裂缝，可结合固结灌浆同时进行，或通过混凝土钻孔和其他通道进行。

同一地段的基岩灌浆应按照先固结灌浆、后帷幕灌浆的顺序进行。固结灌浆可在基岩表层或岩面有混凝土盖重的情况下进行，盖重混凝土的厚度可为 1.5～3.0m，在有盖重混凝土的条件下灌浆，盖重混凝土应达到 50%设计强度后，钻孔灌浆方可开始。帷幕灌浆应分序逐渐加密，先灌下游排，后上游排，最后中间排。

灌浆应按分序加密的原则进行。根据不同的地质条件和工程要求，基岩灌浆方法可采用全孔一次灌浆法、自上而下分段灌浆法、自下而上分段灌浆法、综合灌浆法、套管灌浆法和打管灌浆法。

灌浆施工中，对灌浆材料、孔距孔深、钻孔、冲洗、压水实验、钻孔灌浆次序、灌浆方式、灌浆压力及升级、浆液稠度、灌浆的质量检查等进行设计，确保灌浆质量。

高压喷射灌浆应根据工程需要和地层条件，分别采用单管法、双管法和三管法。旋喷和大角度摆喷适用于淤泥质土、粉质黏土、粉土、砂土、卵砾石土，定喷和小角度摆喷适用于粉土和砂土地层。高压水泥浆压力应大于 25MPa，高压水的压力应大于 35MPa。

2. 砂砾地层灌浆

根据砂砾石地层的可灌性确定灌浆材料，根据地层情况选择钻灌方法，钻灌方法有打管灌浆、套管灌浆、循环灌浆、埋花管灌浆等。

三、防渗墙施工

防渗墙是修建在挡水建筑物和透水地层中防止渗透的地下连续墙，它的实际应用远远超过了防渗的范围，除了用来控制闸坝基础的渗流外，还用于坝体的防渗加固，泄水建筑物下游基础的防冲，水工建筑物基础的承重，地下水库的修筑等，是一种垂直防渗技术。

合理设计防渗墙的型式、结构、尺寸，施工中做好造孔准备、泥浆系统、造孔成槽、终孔验收、清孔换浆、墙体浇筑等施工环节，墙体浇筑不允许泥浆和混凝土掺混，形成泥浆夹层，混凝土浇筑要连续、上升要均衡，确保混凝土与基岩面及一、二期混凝土间结合面的质量。

防渗墙槽段划分应综合考虑施工工期要求、地基的工程地质和水文地质条件、施工部位、造孔方法、机具性能、造孔深度和混凝土供应强度等因素确定。防渗墙混凝土的拌和及运输能力，应不小于最大浇筑槽孔强度的1.5倍，并能保证浇筑连续进行。混凝土的浇筑宜在泥浆槽中采用直升导管法施工。

防渗墙造孔工艺应根据地层情况、墙深和墙厚及其他施工条件选择钻劈法、钻抓法或抓取法、铣削法等。防渗墙施工所用固壁土料应根据施工条件、造孔工艺、经济技术指标等因素选择，宜优先选用膨润土。

黏土混凝土防渗墙的混凝土浇筑和一般混凝土浇筑不同，是在泥浆液面下进行的。造孔后浇筑前，要做好终孔验收和清孔换浆工作。泥浆下浇筑混凝土常用直升导管法。利用导管输送混凝土并使之与环境水隔离，依靠管中混凝土的自重，压管口周围的混凝土在已浇筑的混凝土内部流动、扩散，以完成混凝土的浇筑工作。

导管法浇筑水下混凝土的关键：一是保证混凝土的供应量应大于导管内混凝土必须保持的高度、必须保持开始浇筑时导管埋入混凝土堆内必须的埋置深度所要求的混凝土量；二是严格控制导管提升高度，且只能上下升降，不能左右移动，以避免造成管内返水事故。

水下浇筑的混凝土必须具有较大的流动性和黏聚性以及良好的流动性保持能力，能依靠其自重和自身的流动能力来实现摊平和密实，有足够的抵抗泌水和离析的能力，以保证混凝土在堆内扩散过程中不离析，且在一定时间内其原有的流动性不降低。因此，要求水下浇筑混凝土中水泥用量及砂率宜适当增加，泌水率控制在2%～3%；粗骨料粒径不得大于导管的1/5或钢筋间距的1/4，并不宜超过40mm；坍落度为150～180mm。施工开始时，采用低坍落度，正常施工则用较大的坍落度，且维持坍落度的时间不得少于1h，以便混凝土能在一较长时间内靠自身的流动能力实现其密实成型。

第五节 土石坝施工

土石坝施工主要包括料场规划、土石料挖运和坝体施工，其中坝体施工的程序包括铺土、平土、洒水、压实、刨毛、质检等工序。坝体施工的特点是作业面狭窄、工种多、工序多，必须有流水作业的施工组织。

一、土石坝材料要求

1. 防渗料

防渗料的防渗性要求渗透系数不大于 1×10^{-5}cm/s，施工性要求土料天然含水量在最优含水量附近，无影响压实的超径材料，压实后坝面有较高承载力；力学性上要有一定的抗剪强度，较好的渗流稳定性，有适应坝体变形的塑性，低压缩性，具有一定抗管涌能力和抗冲刷能力的渗流稳定性。无过量的可溶盐（5%）和有机物（2%）含量等。

2. 坝壳料

堆石、砂砾石及风化料等均可作为坝壳料。按其材料及来源可分为玄武岩、变质安山岩、砂岩、砾岩、采石场花岗岩、片麻岩、石灰岩、冲击的漂卵石、石渣料等。堆石是最好的筑坝材料，现广泛用作高土石坝的坝壳料。

3. 反滤料和过渡料

反滤料一般要满足坚固度要求，级配严格，通常采取混凝土砂石料生产系统生产，但不要去冲洗。也可以采取天然冲积层砂砾石经筛分生产，应尽量避免用纯砂做反滤料。反滤料通常能达到过渡的性能，但过渡料不一定能满足反滤的要求。

二、土石料的开挖与运输

1. 土料的开采

土料开采一般有立面开采方法（立采）和平面开采方法（平采）两种。立面开采方法适用于土层较厚，天然含水量接近填筑含水量，土料层次较多，各层土质差异较大的情况。平面开采方法适用于土层较薄，土料层次少，且相对均质、天然含水量偏高需翻晒减水的情况。规划中应将料场划分成数区，进行流水作业。

2. 砂砾石料和堆石料开采

砂砾石料开采有陆上开采和水下开采两种方式。堆石料开采应结合建筑物开挖或由石料场开采，开采的布置要形成多工作面流水作业方式，一般采用深孔梯段爆破，特定目的使用洞室爆破。

3. 开挖运输方案

水利水电工程中挖运机械设备有正铲挖掘机、反铲挖掘机、索铲挖掘机、抓铲挖掘机、斗轮式挖掘机、推土机、采砂船、铲运机、装载机、自卸汽车、有轨机车、带式运输机等，其组合可以形成多种开挖运输方案。

坝料的开挖运输方案有很多，但无论采用何种方案，都应结合工程施工的具体条件，提高机械利用率，减少坝料的转运次数。各种坝料铺筑方法及设备应尽量一致，减少辅助设施。应充分利用地形条件，统筹规划和布置。

常用的开挖运输方案如下：

（1）正铲挖掘机开挖，自卸汽车运输上坝。正向铲开挖、装载，自卸汽车运输直接上坝，通常运距小于 10km。在施工布置上，正向铲一般采用立面开采，汽车运输道路可布置成循环路线，装料时停在挖掘机一侧的同一平面上，即汽车鱼贯式地装料与行驶，可减少汽车的倒车时间。正向铲采用 60°～90°的转角侧向卸料，回转角度小，生产率高，能充分发挥正向铲与汽车的效率，在高土石坝施工中得到了广泛的应用。

（2）正铲挖掘机开挖，胶带机运输。胶带机的爬坡能力强，架设简单，运输费用较低，比自卸汽车可降低运输费用 1/3～1/2，运输能力也较强。胶带机合理运距小于 10km，可直接从料场运输上坝；也可与自卸汽车配合，做长距离运输。

（3）斗轮式挖掘机开挖，胶带机运输，转自卸汽车上坝。对于填筑方量大、上坝强度高的土石坝，若料场储量大而集中，可采用斗轮式挖掘机开挖，其生产率高，具有连续挖掘、装料的特点。这种布置方案可使挖、装、运连续进行，简化了施工工艺，提高了机械化水平和生产率。

（4）采砂船开挖，有轨机车运输，转胶带机（或自卸汽车）上坝。有轨机车具有机械结构简单、修配容易的优点。当料场集中，运输量大，运距较远（大于 10 km）时，可用有轨机车进行水平运输。有轨机车运输的临建工程量大，设备投资较高，对线路坡度、转弯半径等的要求也较高。

运输方式应根据建筑物型式、施工区地形条件、运输量、开采方式、运输设备型号、运距等因素，通过技术经济比较后确定，并符合下列规定：

- 应满足填筑强度要求。
- 运输过程中，不应掺混、污染和降低物料的物理力学性能。
- 各种填筑料宜采用相同的运输方式；采用多种运输方式时，应统筹规划、合理布置，做好各运输方式之间的衔接。
- 运输中转环节少，运输费用较低，临时设施简易，准备工程量小。

三、坝体施工

1. 防渗体施工

土料防渗体坝面填筑施工包括基本作业和辅助作业。基本作业有铺土、平土、压实和质量检查；辅助作业有洒水、刨毛、清理坝面和接缝处理等。防渗体填筑工序多、工作面狭窄，施工应严密组织，统一管理，保证工序衔接。

（1）土料铺填。土料铺填应注意铺土层厚度均匀，对已压实合格的土层不会产生剪力破坏。心墙、斜墙防渗体土料铺填，多采用自卸汽车或铲运机卸料铺土，推土机平土。防渗体土料宜采用进占法铺填、平料，碾压方向应平行于建筑物轴线。土料含水率与最优含水率差别较大时应进行调整。接缝削坡坡度应根据选用的施工机械设备确定。

土料宜安排在少雨季节施工，一定要在雨季施工时，应选用适合的施工方案，采取可靠的防雨措施。土料在低温季节施工，应研究土料场的保温和防冻措施。

（2）石料铺填。堆石料宜选用进占法铺料，级配较好的石料、砂砾（卵）石料等宜选用后退法铺料，铺料层厚度大于 1.0m 的堆石料应选用混合法铺料；碾压方向应沿建筑物轴线方向进行，碾压宜采用进退错距法作业，碾压前宜适当加水。

石料在负温条件下填筑时不应加水，并应减小铺料厚度和增加碾压遍数。当日平均气温低于 0℃时，土料应按低温季节施工考虑；当日平均气温低于-10℃时，不宜填筑土料，否则应进行技术经济论证。

（3）结合部位的施工。

1）坝基结合面土料填筑。对非黏性土坝基应先压实，然后铺第一层土，铺土厚度适当减薄，土料含水量调至施工含水量的上限，采用轻型机械压实，压实后的干容重可略低于设计要求；对黏性土坝基应将其表层含水量调至施工含水量的上限范围，用与防渗体相同的碾压参数压实,然后刨毛 3~5cm,再铺土压实;对软弱岩基,当饱和抗压强度小于 9.81MPa 时,表层第一层填土必须用轻型机械压实,填筑至 1m 以上时,方可用羊足碾、气胎碾压实。不论何种坝基,当填筑厚度达 2m 后,方可用夯板夯实。

2)防渗体与岸坡或混凝土建筑物结合部位的土料填筑。靠近岸坡或与混凝土建造物结合部位土料的压实方法,可根据岸坡的陡、缓情况选用重型或小型机械碾压。如岸坡较陡(一般大于 1:2),机械不易到达,可用人工薄层夯实。

3)分段接头的处理。为避免在坝体内形成漏水通道,施工分段接头处在层与层之间应错开一定距离,填筑压实。分段条带宜顺着坝轴线方向布置,各填筑段之间不宜形成过大的高差。各段之间的横向接缝应削坡、刨毛(黏性土)处理,接缝坡面不宜陡于 1:2,反滤料应铺成阶梯状接头。

4)土料与反滤料接坡的施工。土料与反滤料的压实方法不同,压实参数也不同,在碾压土料时,因砂砾料是松料甚至还未填筑,所以土料边沿不能一次碾压合格。为保证碾压质量,施工中可采取先砂后土、先土后砂两种施工方法。

先砂后土法较先土后砂法优点要多一些,但无论何种方法,土料边沿仍有一定宽度未碾合格,故每填 3 层土料就需用打夯机夯实一次土砂边。在继续铺土料前,要对土砂混合料进行清理。要保证土料与反滤料松料接坡平起施工,会形成土砂"犬牙交错"的现象。为保证反滤层的设计厚度,须将其加宽。

(4)压实参数的选定。初步选定压实机械类型后,尚需进一步确定影响压实效果、施工进度、工程成本的各种压实参数,作为指导现场施工的依据。如已经初步确定使用碾压机械,则需确定碾重、铺土厚度、碾压遍数。这些压实参数是相互制约、相互依存的。要使土料达到压实标准,同时各项参数的综合技术经济指标在合理范围内,最好是通过工地的压实试验。

2. 坝壳填筑施工

坝壳料铺填包括卸料、平料、压实等工序。铺料要求层厚均匀、表面平整,防止粗细颗粒分离。铺层厚度大,石料不均匀,粗细分离就严重。在铺填石料时,应边卸料、边平整,尽量使粗细料掺和均匀。填筑施工方案的选择应分析工程所在地区气象台(站)的长期观测资料。宜统计降水、气温、蒸发、大风和冰冻等各种气象要素不同量级出现的天数,确定对各种填筑料的施工影响程度。对坝高 200m 以上的高土石坝施工方案应做专题研究。

(1)坝面作业分区原则。

1)心墙上下游坝壳各为独立的作业区,在作业区内各工序进行流水作业。

2)在坝体底部,坝壳施工面积大,需将坝壳按平行坝轴线划分为几个工作条带。

3)施工分段及流水作业方向,应结合坝面道路进行布置,尽量减轻不同工序施工机械的互相干扰。

(2)坝壳铺料方法。坝壳砂石料方量大,运输多采用自卸汽车直接运料上坝。坝壳铺料有 3 种方法,即进占法、后退法和综合法。

1)进占法铺料。进占法铺料易控制,表面平整,压实设备工作条件好,多用推土机平料。

2)后退法铺料。后退法铺料消除粗细料分离效果好,推土机平料不方便,多用于砂砾料和砾质土,层厚不大于 1.0m。

3)综合法铺料。综合法铺料适用于厚度大的堆石料(1.0~2.0m),可改善粗细料分离的情况。

铺料应保证随卸即平，确保设计的铺料厚度，并使粗细料掺和均应。

3. 坝壳料压实

坝壳压实是填筑的最关键工序，压实设备主要有振动碾、气胎碾、夯板、尖齿碾等。振动碾适用于堆石与含有较大粒径的砂卵石、砂砾石和砾质土的压实。气胎碾适用于压实砂料、砂砾料、砾质土、黏性土等。夯板由于移动不便，生产效率低，不易压实大粒径石料。尖齿碾仅适用于软弱风化石料的压实。

压实方法应以便于施工，便于质量控制，避免或减少欠碾和超碾为原则，多采用进退错距法和进退搭接法。

堆石洒水的作用，一是把细粒料从大块石的接触处冲进空隙中；二是软滑石块接触点，造成石块尖端破坏，减少坝体沉陷。对于砂砾料或细粒含量多的堆石，宜在压实前洒水一次，然后边加水边碾压，加水力求均匀。对细料含量少的堆石宜在碾压后加水，以冲掉填料面上的细粒料，改善层间结合。填料的最大粒径为铺料层厚的 1/2~2/3，超径石料尽可能在料场内处理。个别已运至坝面的超径石料，应在铺料过程中予以处理。

4. 反滤料、过滤料施工

反滤料、过滤料一般方量不大，但质量要求较高，铺料不能分离，各层不能混淆，一般与防渗体和一定宽度的大体积坝壳石料平起上升，压实标准高，分区线的误差有一定的控制范围。当填料宽度较大时，铺料可用装载机辅以人工进行。填筑方法多采用土、砂松坡接触平起填筑，确保均衡施工。压实工作常用振动碾碾压，边角处碾压不到的部位可辅以人工夯实或用平板振动器压实。

5. 护坡施工

坝体上下游均应进行护坡，护坡前应对坡面进行整修。整修的目的是按设计线将坡面修整平顺，并把坡面填料压实。

（1）上游坝面护坡。

1）干（浆）砌石护坡。砌石护坡工期安排和现场布置比较灵活，主要为人工操作，效率较低。分层按设计线砌筑，块石大面朝上，空隙用碎石填塞密实。

2）混凝土及钢筋混凝土护坡。分预制板块砌筑和现场浇筑两种。现场浇筑分块尺寸多为 2m×3m×0.2m，平板振动器振捣，缝面涂刷沥青。排水孔间距 1m，孔径 6cm，排水孔可用预埋竹管，也可用风钻打孔。混凝土预制板块一般为 0.5m×0.75m×0.2m，人工砌筑。

3）砌石护坡。堆石护坡层厚大，施工工艺简单，便于机械操作，在使用机械施工时，需配备人力进行局部修整工作。

4）水泥土护坡。水泥土是用填料、水泥、水，经过良好压实的混合物。用于均匀坝上游护坡，一般尺寸为 2m×0.8m×0.2m。水泥土护坡压实后要养护至少一周，表面用湿土覆盖，底部垫透水土料。

5）沥青护坡。此种护坡为热施工，需专用设备，施工工艺要求较高。沥青混凝土护坡分有盖面层和无盖面层两种。有盖面层抗风浪能力较强。

（2）下游坝面护坡。

1）草坡护坡。适用于温暖潮湿地区，主要为人工施工。草皮成活后要经常浇水养护。

2）卵石、碎石护坡。能充分利用工程开挖料及筑坝弃料，施工工艺简单。

第六节 混凝土施工

混凝土坝在我国大中型水利工程中占有很大的比重。20世纪80年代以来，我国相继修建了一批混凝土高坝，规模不断打破纪录，施工工艺不断完善，创造了具有我国特色的施工技术和建设经验。

水利水电工程中混凝土工程的特点是工程量大、施工环节多、质量要求高、与施工导流关系密切、施工季节性强、浇筑强度大、温度控制严格、施工条件复杂等。混凝土坝的施工方法有现场浇筑和预制法，但基本采用现场浇筑法。

混凝土浇筑程序、各期浇筑部位和高程划分应与供料线路、起吊设备布置和机电安装进度相协调，并符合相邻块高差及温度控制等有关规定。各期工程形象进度应能适应截流、度汛、下闸、封堵、蓄水等要求。

混凝土工程施工包括料场规划、骨料开采及加工、模板工程、钢筋工程、混凝土制备、混凝土运输、混凝土浇筑养护等工艺。在选择混凝土施工方案时，应遵循以下原则：

（1）混凝土生产、运输、浇筑和养护各施工环节应衔接合理，并制定合理的全过程温度控制措施。

（2）应满足施工强度、进度要求，选择施工工艺先进、设备配套合理、综合生产效率高的施工方案。

（3）运输过程的中转环节少、运距短，温度控制措施简易、可靠。

（4）初期、中期、后期浇筑强度宜协调平衡。

（5）混凝土施工应对金属结构、机电设备安装干扰少。

（6）混凝土施工方案宜通过比较选定。

混凝土原材料选择应遵守下列原则：

（1）混凝土原材料的选择，应根据工程区的天然建筑材料和水文气象条件、环境条件、胶凝材料供应条件、混凝土性能要求、施工条件等因素，经技术经济比较后确定。

（2）选用的水泥强度等级应与混凝土设计强度等级相适应，对大体积混凝土宜选用中热硅酸盐水泥。根据工程特殊需要，可对水泥的化学成分、矿物组成、细度等指标提出专门要求。

（3）水工混凝土中，宜掺入适量的掺合料和外加剂，以改善性能、提高质量、节约成本。

（4）掺合料品种和掺量应根据工程的技术要求、掺合料品质和资源条件，经试验确定。粉煤灰宜选用Ⅰ级或Ⅱ级粉煤灰。外加剂品种和掺量应根据工程的技术要求、环境条件，经试验确定。

混凝土坝施工条件复杂，经常受到水文、地质、地形、气候以及外来材料供应等条件的影响和干扰。坝体除承受一般建筑所承受的荷载之外，还要承受水的机械的、物理的和化学的破坏作用，因而坝体混凝土应有必要的整体性、耐久性和强度。大体积混凝土还存在温度裂缝，严重危害坝体的整体性。因此，在混凝土的施工过程中，应遵循以下原则：

（1）水泥、钢材的来料质量应符合规格要求并妥善保存；砂石骨料制备工艺良好，产品质量合格。

（2）混凝土各种材料的配合称料准确，拌和均匀；在运输、浇筑中无分离现象；浇筑时充分振捣密实并养护良好。

(3) 模板制作、安装准确，架立牢固，无漏浆现象；钢筋加工形状、尺寸和安装部位准确。

(4) 混凝土分部、分块浇筑时，所有接缝要慎重处理，以满足整体性要求。

(5) 大体积混凝土必须要有适当的温度控制措施，防止产生温度裂缝。

(6) 气候季节变化对混凝土施工和质量影响较大，须有相应的措施。

一、骨料开采及加工

1. 骨料的开采

天然骨料的开采有陆地和水下两种开采方式。陆地开采与土料开采类似，水下开采可用采砂船、液压反铲等设备开采。人工骨料的开采宜采用深孔微差挤压爆破，控制其级配大小以满足生产要求。

水工混凝土砂石骨料级配有四级：5~20mm、20~40mm、40~80mm、80~120mm，其来源有天然骨料（包括陆地料场、河滩料场和河床料场）、人工骨料（含工程弃渣）和混合骨料（以天然骨料为主，人工骨料补给其级配不足）。

2. 骨料的加工

骨料加工生产能力必须满足混凝土高峰时段月平均浇筑强度的要求，还必须满足骨料月最大开采强度的要求，加工生产量累计曲线必须适度包括需求量累计曲线，且最大储量不大于成品堆放容积，最小储量保证生产不均衡需要的10~15天用料要求。

天然骨料直接经过筛选分级，即能满足生产要求。人工骨料必须经过破碎、筛分、冲洗等加工工艺，然后在堆料场集中按要求堆放。

适应骨料级配的要求，破碎分为粗碎（将原石料破碎到70~300mm）、中碎（破碎到20~70mm）和细碎（破碎到1~20mm）三种。水利水电工程工地常用的有颚式破碎机（粗碎）、圆锥破碎机（中碎、细碎、制砂）、反击式破碎机（中碎、细碎）。

筛分方法有水力筛分和机械筛分两种。前者利用骨料颗料大小不同、水力粗度各异的特点进行分级，适用于细骨料。后者利用机械力作用经不同孔眼尺寸的筛网对骨料进行分级，适用于粗骨料（筛孔边长分别为112mm、75mm、38mm、19mm、5mm，分别用以筛分120mm、80mm、40mm、20mm、5mm各级骨料）。偏心振动筛适于筛分粗、中骨料，常用来完成第一道筛分任务；惯性振动筛适用于中、细颗粒筛分，常用来完成第二道筛分任务；常用螺旋洗砂机完成洗砂任务。

3. 骨料的堆放

加工好的骨料根据实际情况通过自卸汽车、皮带机或堆料机，集中分级堆放在选定的堆料场，堆料场根据地形可采用台阶式或栈桥式。

骨料堆放质量应符合以下要求：

(1) 成品料仓各级骨料的堆存，必须设置可靠的隔墙，以防止骨料混级。隔墙高度按骨料自然休止角（34°~37°）确定，并超高0.8m以上。

(2) 防止跌碎和分离是骨料堆存质量控制的首要任务。因此，应该控制卸料的跌落高度（3m以内），避免转运过多、堆料过高等。堆料应分层堆料，逐层上升。

(3) 在进入拌和机以前，砂料的含水量应控制在5%以内，但又需要保持一定的湿度。

由于水利水电工程骨料需求量大,生产强度高,骨料加工一般采用筛分楼,将破碎(粗中细)、筛分、冲洗、堆料等集中为一体,形成自动化流水生产线,以提高生产能力和生产强度。

二、模板和钢筋工程

1. 模板工程

为确保模板及其支撑系统,必须满足成型准确、表面光整、结构坚固、型式简单、拆卸方便、经济适用、使用率高的要求。模板工程应符合以下要求:

(1) 模板选用应与混凝土结构的特征、施工条件和浇筑方法相适应。
(2) 宜优先选用钢模,少用木模。
(3) 结构型式宜做到标准化、系列化。
(4) 便于制作、安装、拆卸和提升。
(5) 有利于机械化操作和提高周转次数。
(6) 模板还应具有足够的承载能力、刚度和稳定性,以保证施工安全。
(7) 与混凝土的接触面应涂隔离剂脱模,严禁脱模剂玷污钢筋。
(8) 接缝不应漏浆。

模板设计的荷载分基本荷载和特殊荷载两类。稳定力矩应包括模板及支架的自重,其折减系数为 0.8;如同时安装钢筋,应包括钢筋的重量。抗倾稳定系数要大于 1.4,模板的跨度大于 4m,设计起拱值为跨度的 0.3%,当高度大于 10m 时应考虑风载荷。模板制作的允许偏差见表 3-9。

表 3-9 模板制作的允许偏差　　　　　　　　　　　　单位:mm

项次	偏差名称	允许偏差
一、钢模、胶合模及竹胶合模板		
1	小型模板:长和宽	±2
2	大型模板(长、宽大于3m):长和宽	+1,-2
3	大型模板对角线	±3
4	相邻两板面高差	1
5	两块模板间的拼接宽度	1
6	模板侧面不平整度	1.5
7	模板局部不平(用2m直尺检查)	2
8	连接配件的孔眼位置	±1
二、木模		
1	小型模板:长和宽	±3
2	大型模板(长、宽大于3m):长和宽	±5
3	大型模板对角线	±5
4	相邻两板面高差	1
5	局部不平(用2m直尺检查)	5
6	板面缝隙	2

注:异形模板(蜗壳、尾水管等)、滑动模板、移置模板、永久性模板等特种模板,其制作允许偏差按有关规定和要求执行。

模板安装前，应按设计图纸测量放样，重要结构应多设控制点，以利检查校正。支架应支承在坚实的地基或老混凝土上，并应有足够的支承面积，斜撑应防止滑动。竖向模板和支架安装在基土上时应加设垫板，且基土应坚实并有排水措施。湿陷性黄土应有防水措施；冻胀性土应有防冻融措施。现浇钢筋混凝土梁、板和孔洞顶部模板，跨度不小于4m时，模板应设置预拱；当结构设计无具体要求时，预拱高度宜为全跨长度的1/1000～3/1000。

模板拆除要求：

（1）非承重侧面模板，混凝土强度应在2.5MPa以上，其表面和棱角不因拆模而损坏时方可拆除。一般需2～7d，夏天2～4d，冬天5～7d。

（2）悬臂板、梁，跨度≤2m时，强度必须达到设计强度的70%；跨度>2m时，强度必须达到设计强度的100%。

（3）其他梁、板、拱，跨度≤2m时，强度必须达到设计强度的50%；跨度为2～8m时，强度必须达到设计强度的70%；跨度>8m时，强度必须达到设计强度的100%。

（4）在同一浇筑仓的模板，按"先装的后拆，后装的先拆"的原则，按次序、有步骤地进行，不能乱撬。

（5）尽量高温拆模、低温浇筑。

2．钢筋工程

钢筋的加工包括调直、去锈、切断、弯曲和连接等工序。加工后钢筋的允许偏差见表3-10。

表3-10　加工后钢筋的允许偏差

序号	偏差名称		允许偏差值
1	受力钢筋全长净尺寸的偏差		±10mm
2	箍筋各部分的长度的偏差		±5mm
3	钢筋弯起点位置的偏差	厂房构件	±20mm
		大体积混凝土	±30mm
4	钢筋转角的偏差		3°

钢筋安装的误差应控制在表3-11规定的范围内。

表3-11　钢筋安装的允许偏差

序号	偏差名称	允许偏差
1	钢筋长度方面的偏差	±1/2 净保护层厚
2	同一排受力钢筋间距的局部偏差 1）柱及梁中 2）板、墙中	 ±0.5 间距 ±0.1 间距
3	同一排中分布钢筋间距的偏差	±0.1 间距
4	双排钢筋，其排与排间的局部偏差	±0.1 排
5	梁与柱中钢箍间距的偏差	0.1 箍筋间距
6	保护层厚度的局部偏差	±1/4 净保护层厚

三、混凝土生产场地选择与布置

混凝土生产系统占地面积大，又是直接为混凝土主体工程服务的主要生产系统。在大坝附近布置各施工设施时，应优先考虑混凝土生产系统。选择和布置混凝土系统场地时，应注意占地面积、高程位置和运输道路等。

1. 占地面积

混凝土生产系统各组成部分中，骨料堆场占地最多，水泥和骨料预冷一级拌和楼等占地其次。其他还有外加剂车间及运输线路等。

2. 高程位置

各项设施平面上要彼此协调，各得其所，在高程位置上也要适当。一般拌和出料高程应大体上相当于坝体重心的高程，如果使用栈桥和起重机浇筑，则常与栈桥高程相一致，必要时也可以分高程设置拌和楼。另外，应注意施工期洪水的威胁，充分利用山坡地形。

3. 运输道路

从拌和楼到混凝土浇筑现场的运输距离要短，且能照顾到各个高程、各个部位和左右岸的混凝土需要，以防止混凝土运输时间过长而造成离析、灰浆流失、泌水和有害的温度变化。因此，当混凝土浇筑对象较分散时，混凝土系统应靠近工程量最大的建筑物，或按场内运费最小的原则确定其位置。当地形狭窄，坝址附近没有适当地块安置混凝土系统的全部设施时，则应将拌和楼放近些，其他设施放远些。拌和楼离混凝土浇筑现场最远范围对汽车运输约为 2km，对有轨运输约为 3km，通常不大于 500m。

混凝土工程的拌和楼布置方式在多数情况下采用集中布置。这样水泥系统、料堆和辅助设施可以共用，有利于降低临时建筑费用，简化施工组织，且便于管理。当混凝土浇筑现场很高（在 200m 以上）时，为减少混凝土垂直运输，并便于布置水平运输道路，也采用高程布置方式。当地形开阔，混凝土浇筑时间较长，交通不便，混凝土量很大时，也常采用两岸分别布置拌和楼的方式。

总之，混凝土系统的布置主要应根据工程特点（坝型、坝高、坝长、浇筑量和地形条件），结合骨料来源、运输设备和浇筑地点，因时因地制宜，用优先法选择最优布置方案。

四、混凝土制备

混凝土制备的过程包括贮料、供料、配料和拌和。其中配料、拌和是主要生产环节，也是质量控制的关键。

1. 混凝土配料

配料是按混凝土配合比要求，称准每次拌和的各种材料用量。配料的精度直接影响混凝土质量，混凝土质量控制的关键就在于准确配料，水工混凝土一般在拌和楼中的配料都是通过自动化配料器进行的。施工规范对配料误差（按重量百分比计）的要求是：水泥掺合料、水、外加剂溶液为±1%以内，砂石骨料为±2%以内，水及外加剂溶液可按重量折算成体积。

混凝土配合比选择应符合下列规定：

（1）混凝土配合比应根据工程要求、结构型式、设计指标、施工条件和原材料状况，通过试验确定。

(2) 大体积内部常态混凝土的总胶凝材料用量不宜低于 140kg/m³,水泥熟料含量不宜低于 70kg/m³。大体积内部碾压混凝土的总胶凝材料用量不宜低于 130kg/m³,最大骨料粒径宜不大于 80mm,粉煤灰或其他活性掺合料掺量宜控制在 30%~65%范围内,掺量超过 65%时,应进行专题试验论证。

(3) 常态混凝土水胶比最大允许值宜不大于 0.65,碾压混凝土水胶比宜小于 0.7。

(4) 碾压混凝土拌和物稠度 VC 值宜通过现场试验确定。

2. 混凝土拌和

(1) 拌和设备。混凝土拌和设备有强制式、自落式和涡流式三种。强制式拌和机对水灰比和稠度的适应范围广,当拌和大骨料、多级配、低坍落度碾压混凝土时,搅拌机叶片、衬板磨损快、耗量大、维修困难。自落式拌和机适于拌制骨料粒径较大的混凝土。涡流式拌和机由于拌和混凝土不够均匀,不适合搅拌大骨料,因此未广泛使用。

自落式拌和机应用很普遍,按其外形又分为鼓形和双锥形两种。鼓形拌和机多用于中小型工程,或大型工程施工初期;双锥形拌和机拌和效果好、间歇时间短、生产率高,多用于大、中型工程。

(2) 拌和时间和投料顺序。拌和时间过短不能均匀拌和;时间过长,一方面影响生产率,另一方面水分蒸发,骨料磨碎,反而无益强度提高,影响质量。一般根据机型、骨料颗粒、坍落度确定,见表 3-12。

表 3-12 拌和设备拌和时间

拌和机的进料容量/m³	最大骨料粒径/mm	坍落度/cm		
		2~5	5~8	>8
1.0	80	—	2.5	2
1.6	150 或 120	2.5	2	2
2.4	150	2.5	2	2
5.0	150	3.5	3	2.5

拌和过程中骨料的投料顺序有一次投料法和两次投料法。一次投料法是按砂(石子)—水泥—石子(砂)的次序投料,并在搅拌的同时加入全部拌和水进行搅拌,施工工艺简单,但不利于强度的提高;两次投料法是先将部分骨料和胶凝材料投入拌和筒,并加入部分水进行搅拌,然后将剩余的骨料、胶凝材料和水投入搅拌筒内继续拌和,目的是提高强度。

五、混凝土运输

1. 运输过程要求

混凝土在运输过程中应保持原有的均匀性及和易性,不发生离析现象;要尽量减少振动和转运次数,不能使混凝土料从 2m 以上的高度自由跌落;不漏浆、不初凝;无大的温度变化;无标号错误;混凝土运输、转运、入仓、浇筑的总时间不宜超过表 3-13、表 3-14 中规定的数值。

表 3-13　混凝土运输时间

气温/℃	混凝土运输时间/min
20～30	30
10～20	45
5～10	60

表 3-14　混凝土从出料到浇完时间

混凝土强度	温度	
	≤25℃	≥25℃
≤C30	120min	90min
≥C30	90min	60min

2. 运输方式

选用的运输设备，应使混凝土在运输过程中不发生泄漏、分离、漏浆、严重泌水，并减少温度回升和坍落度损失等。不论采用何种运输设备，混凝土自由下落高度不宜大于 2m，超过时，应采取缓降或其他措施，防止骨料分离。混凝土运输包括两个运输过程：从拌和机前到浇筑仓前，主要是水平运输；从浇筑仓前到仓内，主要是垂直运输。

水平运输方式有无轨运输、有轨运输、皮带机运输等，垂直运输方式有履带式起重机运输、门式起重机（门机）、塔式起重机（塔机）、缆式起重机（缆机）运输等，能同时完成水平与垂直运输方式的有混凝土泵、塔带机、塔吊式布料机等。

（1）混凝土运输方案选择原则。

1）运输效率高，成本低，运输次数少，不易分离，容易保证质量。

2）起重设备能够控制整个建筑物的浇筑部位。

3）主要设备型号单一，性能优良，配套设备能使主要设备的生产能力得到充分发挥。

4）在保证工程质量的前提下能满足高峰浇筑强度的要求。

5）除满足混凝土浇筑外，同时能最大限度地承担模板、钢筋、金属结构及仓面的小型机具的吊运工作。

6）在工作范围内，设备利用率高，不压浇筑块，或不因压块而延误浇筑工期。

（2）混凝土的运输方案的选择。随着工程形象进展的变化，运输浇筑方案不是一成不变的，其中建筑物尺寸、工程规模起主导作用。一般而言，高度较大的建筑物，其工程规模和混凝土浇筑强度较大，混凝土垂直运输占主要地位，常以门机、塔机—栈桥、缆机、专用皮带机为主要方案，以履带式起重机及其他较小机械设备为辅助措施；在较宽河谷上的高坝施工，常采用缆机与门、塔机（或塔带机）相结合的混凝土运输浇筑方案。高度较低的建筑物，如低坝、水闸、船闸、厂房、护坦及各种导墙等，可选用门机、塔机、履带式起重机、皮带机等作为主要方案。

（3）常用的混凝土的运输方案。

1）自卸汽车—履带式起重机运输浇筑方案。混凝土由自卸汽车卸入卧罐，再由履带式起重机吊运入仓。这种方案机动灵活，适应工地狭窄的地形。履带式起重机多由挖掘机改装而成，自卸汽车在工地使用较多，所以能及早投产使用，充分发挥机械的利用率。但履带式起重机在负荷下不能变幅，兼受工作面与供料线路的影响，常须随工作面而移动机身，控制高度不大。该方案适用于岸边溢洪道、护坦、厂房基础、低坝等混凝土工程。

2）起重机—栈桥运输浇筑方案。采用门机和塔机吊运混凝土浇筑方案，常在平行于坝轴线方向架设栈桥，并在栈桥上安设门机、塔机。混凝土水平运输车辆常与门机、塔机共用一个栈桥桥面，以便于向门机、塔机供料。

施工栈桥是临时性建筑物，一般由桥墩、梁跨结构和桥面系统三部分组成，桥上行驶起重机（门机或塔机），运输车辆（机车或汽车）。设置栈桥的目的有两个：一是扩大起重机的控制范围，增加浇筑高度；二是为起重机和混凝土运输提供开行线路，使之与浇筑工作面分开，避免相互干扰。

3）缆机运输浇筑方案。在河床狭窄的地段上修建混凝土坝多采用缆机。缆机布置主要是根据枢纽建筑物外形尺寸和河谷两岸地形地质条件，确定缆机跨度和塔架顶部高程。尽量缩小缆机跨度和塔架高度，控制范围尽量覆盖所有坝块；缆机平台工程量尽量小，双层缆机布置要使低缆浇筑范围不低于初期发电水位；供料平台要平直且尽量少压或不压坝块，根据坝宽有辐射式、矩形式、固定式布置。

4）皮带机运输混凝土。采用皮带机运输方案，常用自卸汽车运料到浇筑地点，卸入转料储料斗后，再经皮带机转运入仓，每次浇筑的高度约10m。该方案适用于基础部位的混凝土运输浇筑，如水闸底板、护坦等。

因故停歇过久，混凝土拌和物产生初凝、塑性降低较多已无法振捣、被雨水淋湿严重或混凝土失水过多、混凝土中含有冻块或遭受冰冻，严重影响混凝土质量等情形，应按不合格料处理。

六、混凝土浇筑

对于大体积混凝土的浇筑，由于混凝土生产和浇筑能力限制，同时考虑大体积混凝土的温度控制，混凝土的浇筑方式根据实际情况有竖缝分块浇筑、斜缝分块浇筑、错缝分块浇筑和通仓浇筑等。混凝土浇筑包括入仓铺料、平仓、振捣和养护。大体积混凝土温度控制基本参数的选择和确定、温度控制标准及计算要求和温度控制防裂措施可按表3-15选用。低温季节混凝土施工必要性应根据总进度及技术经济比较论证后确定，在低温季节进行混凝土施工时，应采取保温防冻措施，其气温标准、保温防冻措施按表3-16执行。

表3-15 混凝土温度控制参数、标准及要求和措施

序号	项目		内容
1	基本参数的选择和确定	水文、气象资料	（1）地区的多年各月（旬）平均气温、水温和地温 （2）气温骤降（日平均气温降低值）统计资料（降温幅度和次数等） （3）其他有关日照、风速等的气象资料
		混凝土原材料	（1）水泥物理力学性能、水化热及化学分析试验资料 （2）粉煤灰来源、掺量及指标 （3）外加剂来源、掺量及指标 （4）砂石骨料来源及物理力学指标
		混凝土及基岩热力学指标	（1）混凝土标号及主要热力学指标 （2）基岩岩性及主要热力学指标
2	温度控制标准及计算要求		（1）确定混凝土出机口温度、坝体混凝土浇筑温度 （2）确定拌制每方混凝土所需加冰或加冷水的数量、时间及相应措施的混凝土数量 （3）确定混凝土骨料预冷的方式，预冷时间与温度 （4）确定坝体基础温差及最高容许温度 （5）确定坝体内外温差、上下层温差和冷却水温差

续表

序号	项目	内容
2	温度控制标准及计算要求	(6) 进行坝体温度场和温度应力场计算，确定坝体的稳定设计温度 (7) 确定坝体各月混凝土浇筑温度 (8) 确定坝体混凝土初、中、后期通低温水的时间、流量、冷水温度及通水区域 (9) 确定坝体接缝灌浆的时间 (10) 确定各制冷或冷冻系统的工艺流程，配置设备的名称、规格、型号、数量和制冷剂消耗指标等 (11) 确定混凝土表面保护的方式，保护材料的品种、规格
3	温度控制防裂措施	(1) 原材料和配合比优化，降低水化热温升 (2) 合理分缝、分块 (3) 合理安排混凝土施工程序和施工进度，控制坝体最高温度 (4) 控制相邻坝块、坝段高差 (5) 确定合理的混凝土浇筑层厚和间歇期 (6) 采用骨料预冷（必要时采用二次风冷或水冷加风冷）、加冰、加冷水拌和混凝土等措施，控制混凝土出机口温度 (7) 减少运输途中和仓面的温度回升 (8) 坝内初、中、后期通水冷却 (9) 混凝土表面保温与养护 (10) 温控综合管理

表 3-16 低温季节混凝土施工气温标准和保温防冻措施

序号	项目	施工要求
1	气温标准	当日平均气温连续 5d 稳定在 5℃以下或最低气温连续 5d 稳定在-3℃以下时，应按低温季节进行混凝土施工
2	保温防冻措施	(1) 混凝土浇筑温度：大坝不宜低于 5℃，厂房不宜低于 10℃ (2) 在负温的基岩或老混凝土面上浇筑时，应将基岩或老混凝土加热至正温，加热深度应不小于 10cm，并要求上下温差不超过 15～20℃ (3) 采用保温模板，且在整个低温期间不拆除 (4) 掺引气剂，掺量通过试验确定 (5) 混凝土拌和时间应较常温季节适当延长，具体延长时间值宜经试验确定 (6) 当日平均气温低于-10℃时，应在暖棚内浇筑 (7) 混凝土允许受冻的成熟度不应小于 1800℃/h

1. 入仓铺料

混凝土浇筑之前，可在基岩面或老混凝土面上先铺一层水泥砂浆，一般厚度为 1～3cm。铺浆应均匀，以保证结合面的质量。

由于逐层水平铺筑混凝土施工工艺简单、质量可靠，施工时应优先采用。施工中保证各层之间的相隔时间不超过规定，不产生冷缝，通常铺料厚度为 30cm，当采用振捣器组振捣时，厚度为 70～80cm。当仓面面积较大、供料能力不足时，也可采用阶梯浇筑或斜层浇筑。阶梯浇筑层数不宜多于 3～5 层，阶梯长度不宜小于 2～3m。斜层浇筑由于平仓和振捣易使砂浆流动和分离，所以斜度以不大于 10°为宜。这两种浇筑法的浇筑块高度一般不大于 1.5～2m。当浇筑块较薄且混凝土预冷时，常用斜层浇筑，在浇筑过程中混凝土吸收的热量较少。

混凝土铺料层厚度 h 按下式确定：

$$h \leqslant \frac{Q(t_2-t_1)}{A} \cdot k \tag{3-3}$$

式中，A 为混凝土仓面面积，m^2；k 为时间延误系数，可取 0.8～0.85；Q 为所浇仓位混凝土的实际生产能力，m^3/h；t_2 为混凝土初凝时间，h；t_1 为混凝土运输、浇筑所占的时间，h。

2. 平仓

平仓就是把卸入仓内成堆的混凝土铺平到要求的均匀厚度。对于一般混凝土浇筑可采用振捣器平仓，先斜插入料堆下部，再一次次地插向上部，使流态混凝土在振捣器作用下自行摊平。但须注意，使用振捣器平仓，不能代替下一个工序的振捣密实，在平仓振捣时不能造成砂浆与骨料分离。

近年来，在大型水利水电工程的混凝土施工中，已逐渐推广使用推土机或平仓机进行混凝土平仓作业，进而大大提高了工作效率，减轻了劳动强度；但使用推土机或平仓机要求仓面大，仓内无拉条，带压力小。

3. 振捣

常用的振捣器分插入式和表面式。大体积混凝土多用插入式，护坦、路面多用表面式。表面式振捣器是直接放在混凝土表面上，振捣器产生的振动波通过与之固定的振捣底板传给混凝土。采用插入式振捣大体积混凝土时，应把振捣器垂直或略斜地插入混凝土中，振捣 15～20s 后，缓慢拔出。混凝土振捣好的表征是：表面下沉停下，起泡不再冒出，表面平坦并有少许水泥浆。振捣时间不够，则密实度不足；过振则骨料下沉，砂浆上翻，造成人为的分离。

振捣器离模板的距离应不小于有效半径的一半，且不大于有效半径。过近会引起模板变形，过远易产生麻面。振捣器不应触及钢筋和预埋件，否则会引起钢筋变位，损坏预埋件。

振捣标准是以混凝土表面不再显著下沉、不出现气泡，并在表面出现一层薄而均匀的水泥浆为止。

4. 养护

养护是保证混凝土强度增长，不发生开裂的必要措施。通常采用洒水养护；或安管喷雾，效果更好。模板对混凝土表面有保护作用，故确定拆模时间应考虑养护的要求。养护时间与浇筑结构特征和水泥发热特性有关。正常养护（自然养护）为 2～3 周，有时更长。对于已经拆模的混凝土表面，应用草垫或锯末覆盖。近年来，国外也有在混凝土表面喷洒一层化学防护膜进行养护的，效果较好。混凝土的冬夏季作业，还应制定专门的养护措施计划。

第七节　地下工程施工

地下工程施工，施工场地狭窄、干扰大；受地质、水文地质、建筑物型式及施工条件的影响，围岩安全问题尤为突出；通风、采光、除尘等施工条件差，其施工方法与露天作业有很大的差别。

一、隧洞开挖方法

隧洞开挖方法有全断面开挖法和断面分部开挖法。全断面开挖法适用于围岩坚固稳定，有大型开挖衬砌设备,设备能力与断面大小相适应,平洞轴线不宜过长的情况。断面分部开挖法适于围岩岩质较差、洞径过大的平洞开挖,隧洞高度大于8m、断面面积大于130m²的情况。

断面分部开挖法根据实际情况又分为正台阶法、反台阶法和导洞扩大法。

正台阶法适用于松软破碎的岩层,反台阶法适用于岩质较坚硬、完整的地层中开挖隧洞。导洞扩大法适用于大型地下厂房或隧洞断面极大的情况,除具有分部开挖的特点外,还可通过导洞的开挖,进一步探明地质情况,利用导洞解决排水问题。导洞挖通后,还可改善洞内通风条件。

按导洞和扩大部分的开挖次序,导洞扩大法分为上导洞开挖法、下导洞开挖法、中导洞开挖法和双导洞开挖法。

上导洞开挖法适用于地质条件较差,但地下水不严重、机械化程度不高的情况。下导洞开挖法适用于地质条件好、洞线较长、断面不大、机械化程度不高的场合。中导洞开挖法适用于岩石坚硬,不需临时支撑,洞径大于5m,且具有柱架式钻机的场合。双导洞开挖法有双侧导洞法和上下导洞法。前者适用于岩层松软破碎、地下水较严重、断面较大,需要边开挖边衬砌的情况。后者适用于断面很大,缺少大型开挖设备,地下水严重的情况,其上导洞用来扩大,下导洞用来出渣和排水,上下导洞用斜洞或直井连通。

二、地下厂房开挖方法

地下厂房的特点是跨度大、边墙高,相邻洞室距离近,交叉洞口多,因此开挖原则一般考虑变高洞为低洞,变大跨度为小跨度的原则,采取先拱部后底部,先外缘后核心,由上而下,上下结合,留岩墙岩柱,跳格开挖,跳格衬砌支护等方式施工。其施工方法有:

1. 先拱后墙分层施工法

如图3-1所示,先拱后墙分层施工法适用于围岩稳定性较好和有条件采用大型机械的情况。施工时先开挖顶拱,挖好拱座,待顶拱支护后,再开挖中下部,衬砌边墙和底板。

2. 先墙后拱预留核心岩柱施工法

如图3-2所示,先墙后拱预留核心岩柱施工法适用于围岩稳定性比较差的情况。施工时先利用导洞开挖两侧边墙,依靠中部岩柱支撑顶拱;衬砌完边墙后开挖、衬砌顶拱,中部岩体最后挖除。

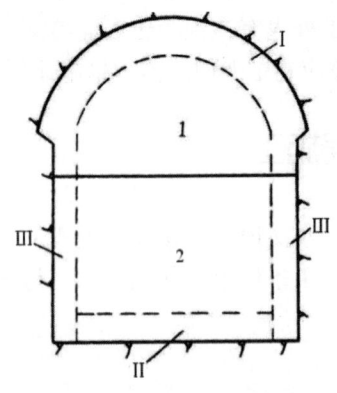

1、2为开挖次序,Ⅰ、Ⅱ、Ⅲ为衬砌次序

图3-1 先拱后墙分层施工法

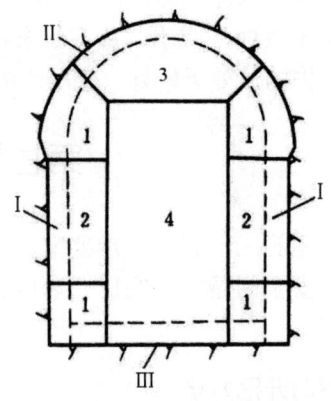

1、2、3、4为开挖次序;Ⅰ、Ⅱ、Ⅲ为衬砌次序

图3-2 先墙后拱预留核心岩柱施工法

3. 肋拱肋墙法施工法

如图 3-3 所示，肋拱肋墙法施工法适用于围岩稳定性差，以上两种方法都不能解决施工过程中的围岩稳定问题的情况。施工时先开挖上下侧壁导洞，沿导洞跳仓开挖并衬砌顶拱称肋墙；然后利用上部侧壁导洞，跳格开挖并衬砌顶拱，称为肋拱；最后开挖除肋拱肋墙间岩体。

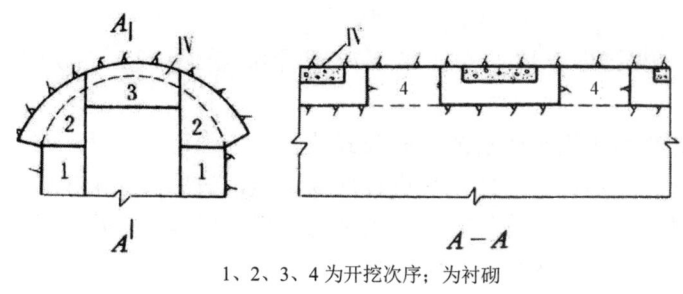

1、2、3、4 为开挖次序；为衬砌

图 3-3 肋拱肋墙法施工法

三、钻孔爆破设计

1. 循环作业制度

循环作业制度由劳动法规及施工具体情况决定。设备情况决定施工进度，由工期和进度决定作业制度。作业制度有"三班制""四班制""两班制"等。循环时间视开挖断面的大小、围岩稳定程度和钻孔出渣设备能力等因素确定。当围岩稳定性较好，有钻架台车或多臂钻车钻孔，短臂挖掘进机或装载机配自卸汽车出渣时，宜采用深孔少循环的方式，以节省辅助工作的时间。若围岩的稳定性较差，用风钻钻孔、斗车或矿车出渣，宜采用浅孔多循环的方式，以保证围岩稳定。

2. 钻孔作业

炮孔直径对凿岩生产率、炮孔数目、单位体积耗药量、洞壁的平整程度等均有影响。必须根据岩性、凿岩设备（钻机）和工具、炸药性能等综合分析，合理选用孔径。一般隧洞掘进开挖爆破的炮孔直径在 32~50mm。

合适的炮孔深度有助于提高掘进速度和炮孔利用率。随着凿岩、装渣运输设备的改进，目前普遍有加长炮孔深度以减少循环次数的趋势。炮孔深度一般根据下列因素确定：

- 围岩的岩性。
- 凿岩机的允许钻孔长度、操作技术条件和钻孔技术水平。
- 掘进循环的作业安排。

一般可根据经验和工程类比确定钻孔深度。对于大中断面水工隧洞的开挖，一个工作循环进尺深度可参照下列原则确定：当围岩为Ⅰ~Ⅲ类时，风钻钻孔可取 1.2m，钻孔台车钻孔可取 2.5~4m；当围岩为Ⅳ~Ⅴ类时，不宜超过 1.5m。

钻孔爆破是平洞掘进的主要工序。钻孔爆破的质量，对平洞的开挖规格、爆破效率和施工安全影响极大，因此钻爆作业应保证钻爆设计的要求。钻孔作业所花时间占循环时间的1/4~1/2，因此选用高效率的钻孔机械是加快平洞掘进进尺的一项重要措施。钻孔时，应控制孔位、孔深和孔的斜度。掏槽孔和周边孔的孔位偏差应不大于 50mm，其他炮孔则不得超过 100mm；掏槽孔的深度应比崩落孔深 10~20cm，其他炮孔的孔底应落在设计规定的平面上；周边孔的最大斜度值应小于20cm，以控制径向超挖过大。

3. 炮孔数目

对于炮孔数目，由于影响因素多，精确计算尚有困难，施工前可采用以下经验公式估算，在爆破过程中再加以检验和修正。一次掘进循环中开挖面上的炮孔总数 N 为：

$$N = n\sqrt{fS} \tag{3-4}$$

式中，n 为临空面影响系数，一个临空面取 2.7，两个临空面取 2.0；f 为岩石的坚固系数；S 为开挖断面面积，m^2。

在实际工作中，也可采用类比法或经验公式法，初步确定单位耗药量和掘进深度，估算炮孔数量和炮孔间距，然后结合具体工程进行现场试验，最后研究确定较合理的炮孔数量和各种炮孔类型的炮孔间距。初步计算时，可用装药量平衡原理计算炮孔数量，即一次爆破的炸药用量，刚好能装入该次爆破的全部炮孔中。常用计算公式为：

$$N = Q/\gamma\alpha W = KS/\gamma\alpha \tag{3-5}$$

$$W = (0.5\sim 0.8)B \tag{3-6}$$

$$\gamma = 100d^2\Delta k(\pi/4) \tag{3-7}$$

式中，Q 为一次爆破的炸药用量，kg；γ 为单个炮孔每米装药量，kg/m，见表3-17；d 为药卷直径，cm；Δ 为炸药密度，kg/cm^3；k 为装药压紧系数，通常对硝铵炸药取 1.0，对硝化甘油炸药取 1.2；α 为炮孔的装药系数，见表3-18；W 为最小抵抗线，m；B 为开挖断面宽度，m；K 为单位耗药量，kg/m^3，见表3-19。

表3-17　2号岩石铵锑单个炮孔每米装药量

药卷直径/mm	32	35	38	40	45	50
γ 值/(kg/m)	0.78	0.96	1.10	1.25	1.59	1.90

表3-18　炮孔的装药系数值

岩石坚固系数 f	炸药威力/mm		
	低级（猛度10～12）	中级（猛度10～12）	高级（猛度10～12）
掏槽孔			
12～15	0.72～0.75	0.70～0.72	0.68～0.70
8～10	0.70～0.72	0.68～0.70	0.66～0.68
5～7	0.68～0.70	0.65～0.68	0.62～0.66
3～4	0.65～0.68	0.63～0.65	0.60～0.62
1.5～2.0	0.63～0.65	0.60～0.63	0.58～0.60
崩落孔与周边孔			
12～15	0.64～0.65	0.62～0.64	0.60～0.62
8～10	0.62～0.64	0.60～0.62	0.58～0.60
5～7	0.60～0.62	0.58～0.60	0.56～0.58
3～4	0.54～0.56	0.52～0.54	0.50～0.52
1.5～2.0	0.52～0.54	0.50～0.52	0.50～0.50

表 3-19 单位耗药量值

炸药	部位	开挖断面 /m²	岩石级别									
			<Ⅵ	Ⅶ	Ⅷ	Ⅸ	Ⅹ	Ⅺ	Ⅻ	ⅩⅢ	ⅩⅣ	ⅩⅤ
硝铵炸药	导洞	4～6	0.99	1.53	1.63	1.83	2.01	2.32	2.66	2.84	3.06	3.28
		6～9	0.81	1.24	1.33	1.49	1.63	1.89	2.11	2.30	2.51	2.67
		9～12	0.76	1.08	1.15	1.29	1.42	1.63	1.83	2.01	2.26	2.31
	扩大		0.55	0.62	0.66	0.71	0.78	0.83	0.90	0.99	1.05	1.17
	挖底		0.49	0.54	0.58	0.61	0.64	0.69	0.70	0.73	0.80	0.86

4. 每一循环总装药量的计算

隧洞开挖，装药量的多少直接影响开挖断面的轮廓、掘进速度、爆落岩体的块度、围岩稳定和爆破安全。施工前可按下式估算炸药用量，并在施工中加以修正。

$$Q=KLS \tag{3-8}$$

式中，L 为崩落炮孔深度。

5. 装药和起爆

炮孔应严格按设计要求的装药方式进行装药，炮孔的装药深度随炮孔类型而异。通常掏槽孔的装药深度为炮孔孔深的 60%～67%，药卷直径为炮孔直径的 3/4；崩落孔和周边孔的装药深度为炮孔深度的 40%～55%，崩落孔药卷直径为孔径的 3/4，周边孔为 1/2。炮孔其余长度用黏土和砂的混合物（比例为 1:3）堵塞。

爆破顺序依次为掏槽孔、崩落孔、周边孔。起爆一般采用秒延发或毫秒延发电雷管起爆，相邻毫秒延发电雷管延时控制在 130ms 以内。隧洞开挖轮廓控制应采用光面爆破技术，以保证开挖面的光滑平整，尽量减少超、欠挖。

6. 通风及安全检查

在通风散烟后，应检查隧洞周围特别是拱顶是否有粘连在围岩母体上的危石。对这些危石以前常采用长撬棍处理，但不安全；条件许可时，可以采用轻型的长臂挖掘机进行危石的安全处理。

7. 临时（初期）支护

洞室开挖后，围岩形成新的应力状态，在围岩稳定性较差的洞室，容易发生坍塌或岩块松动跌落，产生安全事故，所以应根据地层条件、洞室断面、开挖方式和围岩裸露时间等因素，进行必要的临时支护。

临时支护的时间，取决于地质条件和施工方法，一般要求在开挖后，围岩变形松动到足以破坏之前支护完毕，尽可能做到随开挖随支护，只有当岩层坚硬完整，经地质鉴定后，才可以布设临时支护。

临时支护应具有足够的强度和稳定性，能适应围岩松动变形、爆破振动、机具碰撞等情况，此外，临时支护还要求结构简单，便于安装和拆除，不过分占用空间。

临时支护可分为喷锚支护和构架支护两类。喷锚支护是一种临时性和永久性相结合的支护形式，应优先采用。构架支护的形式，按使用材料不同分为木支撑、钢支撑、预制混凝土或钢筋混凝土支撑等。

8. 出渣运输

出渣运输是平洞开挖中最费时费力的工作，一般占循环时间的 1/3～1/2，同钻孔作业一样，是控制掘进速度的关键。因此必须做好以下工作：合理选择配套的装渣运输设备和数量；规划好洞内外运输线路和弃渣场地；制定可靠的施工组织措施和安全运行措施。

出渣运输设备应配套，运输道路布置应与出渣运输设备一致。常见的配套方式有架漏斗装渣，机车牵引斗车出渣；人工装斗车出渣；装岩机装渣、机车牵引斗车或矿车出渣；装载机或挖掘机装车，自卸汽车出渣等形式，施工中应根据施工机械和隧洞断面及围岩情况合理选定。

9. 编制循环作业施工组织图

循环进尺是循环作业计划的核心。在确定循环进尺时，通常要根据围岩条件、钻孔出渣设备的能力，初步选定掘进深度，计算钻孔、装药爆破、出渣、临时支护等工序的时间，然后按班或日循环次数为整数的原则，再修改初选进尺，直到满足正常班次的循环作业。

根据各工序作业时间绘制开挖循环作业图如图 3-4 所示。

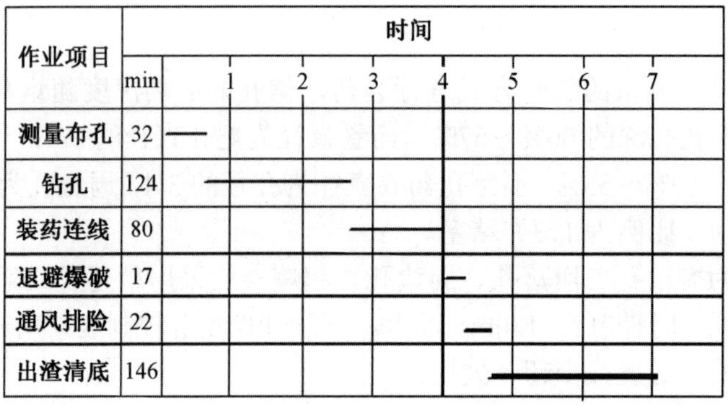

作业项目	时间 min	1	2	3	4	5	6	7
测量布孔	32	—						
钻孔	124		———	———				
装药连线	80				——			
退避爆破	17					—		
通风排险	22					—		
出渣清底	146					——	———	—

图 3-4 隧洞爆破作业施工组织循环图

四、隧洞衬砌施工

衬砌类型有现浇混凝土或钢筋混凝土衬砌、混凝土预制块或条石衬砌、预填骨料压浆衬砌等，但多采用现浇的方式。

1. 平洞衬砌的分缝分块及浇筑顺序

平洞衬砌的分缝分块在纵向上采取分段、横向上采取分层的方式。

纵向上水工隧洞较长，纵向需要分段进行浇筑，分段长度根据围岩约束特性、隧洞断面大小、混凝土浇筑能力和模板结构型式等因素确定，一般分段长度以 4～15m 为宜，在最大浇筑能力及模板允许变形中权衡。当结构上设有永久伸缩缝时，可利用结构永久缝分段；当结构永久缝间距过大或无永久缝时，可设施工缝分段，并做好施工缝的处理。纵向分段浇筑的顺序有跳仓浇筑、分段流水浇筑和分段留空档浇筑等方式。

横向上的分层一般分为顶拱、边墙、底板。

2. 隧洞衬砌模板

水工隧洞衬砌一般采用钢模台车，由底拱模板、边墙和顶拱模板组成，具有快速立模和托模、施工质量高等优点。

3. 衬砌的浇筑

由于洞内工作面狭小，大型机械设备难以采用，所以混凝土的入仓运输一般以混凝土泵为主。隧洞衬砌多采用二级配混凝土。对中小型隧洞，一般采用斗车或轨式混凝土搅拌运输车将混凝土运至浇筑部位；对大中型隧洞，则多采用 $3\sim6m^3$ 的轮式混凝土搅拌运输车运输。在浇筑部位，通常用混凝土泵将混凝土压送并浇入仓内。

浇筑边墙时，混凝土由边墙模板上预留的"窗口"送入。两侧边墙的混凝土面应均衡上升，以免一侧受力过大，使模板发生位移。浇筑顶拱时，混凝土由模板顶部预留的几个窗口送入，顺隧洞轴线方向边浇边退，直至浇完一段。如相邻段的混凝土已浇而无处可退，则应从最后一个窗口退出，最后一个窗口拱顶处要做好封拱。封拱方法多采用封拱盒法和混凝土泵封拱。

五、喷锚支护

喷锚支护是围岩加固的主要方法，包括喷混凝土支护、锚杆支护、喷混凝土锚杆支护、喷混凝土锚杆钢筋网支护和喷混凝土锚杆钢拱架支护等不同支护形式。喷锚支护既可以作临时支护，也可以作永久支护。

喷锚支护适用于各种地质条件、不同断面大小的地下洞室，但不适用于地下水丰富的地区。它是地下工程支护的一种新形式，也是新奥地利隧道工程法（新奥法 NATM）的主要支护措施。在其达到一定的变形量和变形速度时进行支护，是最经济和安全的时机，这就是"适时支护"的意义，这个最佳时机一般通过监测完成。

六、地下工程施工的辅助作业

1. 通风降尘及排烟

（1）隧洞施工有害气体卫生标准。通风降尘及排烟可以排除因钻孔、爆破、装岩、内燃机尾气等而产生的有害气体和岩尘含量，及时供给工作面充足的新鲜空气，改善洞室内的温度、湿度和气流速度，使之符合洞室施工卫生要求，见表3-20。

表3-20 隧洞施工有害气体卫生标准

项目		最高允许含量		附注	
		%（按体积计）	mg/m^3		
氧气（O_2）		>20		一氧化碳最高允许含量与作业时间	
二氧化碳（CO_2）		<0.5			
甲烷（CH_4）		<1		作业时间	最高允许含量/（mg/m^3）
有害气体单独存在	一氧化碳（CO）	<0.0024	30	1h	50
	二氧化氮（NO_2）	<0.0004	8	30min	100
	二氧化硫（SO_2）	<0.00052	15	15~20min	200
	硫化氢（H_2S）	<0.00066	10	反复作业的间隔时间应在两小时以上	
	醛类（丙稀醛）		0.3		

续表

项目	最高允许含量		附注
	%（按体积计）	mg/m³	
含 10%以上游离二氧化硅的粉尘		2	含 80%以上游离二氧化硅的粉尘不宜超过 1mg/m³
含 10%以下游离二氧化硅的水泥粉尘		6	
含 10%以下游离二氧化硅的其他粉尘		10	

（2）隧洞施工通风方式。洞内通风有自然通风和机械通风两种。自然通风只适用于洞长小于 40m 的短洞，一般多采用机械通风，其基本形式有压入式、吸出式和混合式三种。

压入式通风是将新鲜空气通过风管直接送到工作面，混浊空气由洞身排至洞外，其优点是工作面很快获得新鲜空气，缺点是混浊空气容易扩散至整个洞室。风管端部布置离工作面不宜超过 $6\sqrt{S}$ m（S 为开挖面积，m²）。

吸出式通风是通过风管将工作面的混浊空气吸走并排出至洞外，新鲜空气由洞口流入洞内。其优点是工作面混浊空气较快地被吸出，但新鲜空气流入较缓慢，对于长平洞开挖适用，风管端部布置离工作面不宜超过 $3\sqrt{S}$ m。

混合式通风是在爆破后排烟用吸出式，经常性通风用压入式，以充分发挥上述两种方式的优点。风管端部布置离工作面不宜超过 $6\sqrt{S}$ m。

机械通风的方式取决于洞室的形式、断面大小和长度，一般竖井、斜井和短洞采用压入式，小而长的洞室采用吸出式，大而长的洞室采用混合式。

（3）隧洞施工通风量计算。通风量计算，可根据下列三种情况分别计算，取其中最大者，再根据通风长度，考虑 20%～50%的风管漏风损失。

1）按工作面作业的最多人数和机械设备数计算。每人所需通风量为 3m³/min，机械设备工作排风量按每马力 3m³/min，则通风量 Q 为：

$$Q=3(m+n) \tag{3-9}$$

式中，m 为工作面作业的最多人数；n 为工作面作业机械设备总功率，马力。

2）按冲淡有害气体的要求计算。根据通风的风量能使爆破产生的毒气量降低到人能允许的最大含量计算，则通风量 Q 为：

$$Q = \frac{AB}{1000 \times 0.02\% \times t} = 5AB/t = 10A \tag{3-10}$$

式中，A 为工作面同时爆破的最大炸药量，kg；B 为每千克产生一氧化碳气体量，可按 40L 计算（爆破时毒气主要是一氧化碳）；1000 为 1m³=1000L；0.02%为一氧化碳气体浓度降至 0.02%以下，才可进入工作面；t 为通风时间，可按 20min 计算。

如洞室内使用内燃机应另加（按每马力 3m³/min 通风量计算）。

3）按洞内温度与风速的要求计算。人在地下施工时在一定温度环境下的工作舒适要求确定，主要取决于风速。根据洞内温度确定洞内风速，其关系见表 3-21。

表 3-21　洞内温度与洞内风速关系

温度/℃	<15	15～20	20～22	22～24	24～28
风速/(m/s)	0.25～0.5	0.5～1.0	1.0～1.5	1.5～2.0	>2.0

计算出理论通风量 Q 后，考虑一定的损失和风阻，即可计算实际通风量。

2. 供水供风与排水

施工用水的数量、质量和压力，应满足钻孔、喷锚、衬砌、灌浆等作业的要求。对洞内钻孔、洒水和混凝土养护等施工用水，一般可在洞外较高处设置水池，利用重力水头供水，或用水泵加压后沿洞内铺设的供水管道送至工作面。输送到工作面的压缩空气，应保证风量充足，风压不低于 $5×10^5$Pa。

隧洞施工，应及时排除地下涌水和施工废水，洞内排水系统必须畅通，保证工作面和路面无积水。当隧洞开挖是上坡进行且水量不大时，可沿洞底两侧布置排水沟排水；当隧洞开挖是下坡进行或洞底是水平时，应将隧洞沿纵向分成数段设置排水沟和集水井，用水泵排出洞外。

3. 供电与照明

洞内供电线路，宜按动力、照明、电力起爆的不同需要分开架设，由于洞内空间小、潮湿，所有线路、灯具、电气设备都必须注意绝缘、防水、防爆，防止安全事故的发生。

洞内供电线路一般采用三相四线制。动力线电压为380V，成洞段照明用220V，工作段照明用24～36V。在工作较大的场合，也可采用220V的投光灯照明。开挖区的电力起爆线，必须与一般供电线路分开，单独设置，以示区别。

第四章 施工交通运输

水利水电工程施工材料设备的运输量大、强度高，正确解决施工运输问题，对保证工程顺利施工和节约工程投资都有重要意义。施工组织设计中，要专门研究施工交通运输问题；施工总布置上，要标出主要运输路线及有关的建筑物（如车站、码头、涵洞、车库）。交通运输方案应根据施工总布置及施工总进度要求，经技术经济比较确定。

第一节 施工交通运输的分类

一、施工交通运输的分类

施工交通运输包括对外交通和场内交通两部分，对应的即有对外交通方案和场内交通方案。

1. 对外交通方案

对外交通方案应确保施工工地与国家或地方公路、铁路车站、水运港口之间的交通联系，并具备完成施工期间外来物资运输任务的能力。选择对外交通运输方案，应调查工程所在地区现有交通运输状况，以及近期的交通建设规划等内容。

2. 场内交通方案

场内交通方案应确保施工工地内部各工区、当地材料产地、堆渣场，以及各生产、生活区之间的交通联系，主要道路与对外交通衔接。场内交通应根据分析计算的运输量和运输强度，结合地形、地质条件和施工总布置进行统筹规划，应考虑永久与临时、前期与后期相结合。场内交通规划应合理解决超限运输。

二、施工交通运输的特点

水利水电工程施工运输量大、强度高，但因枢纽多建在偏僻山区，地形狭窄，施工运输问题的解决会遇到相当大的困难。

对外运输运距一般较长，运输量和运输强度相对比较稳定，运输工具比较单一，而且一般在工程竣工后还要作为水电站永久对外交通。

场内交通运输比较复杂，其中含外来物资的转运，以及大量土石方的挖填运输、砂石骨料与混凝土的浇筑运输等。这些运输任务多与工程施工直接联系，又多是临时性的，设计时应充分考虑上述特点。

三、施工交通运输设计的任务及所需资料

1. 施工交通运输设计的任务

施工交通运输设计的主要任务有：
- 选定场内外交通运输方案。
- 确定场内交通与对外交通的衔接方式，确定转运站场、码头等设施的规模和布置。

- 选择重大件设备的运输方式。
- 布置场内主要交通运输道路。
- 确定场内外交通运输的技术标准及主要建筑物的布置和结构形式。
- 委托铁路运输专业设计的有关工作。
- 选择施工期间的过坝交通运输方案。
- 各方案的技术经济指标和主要运输设备需要量。
- 各选定方案施工工期、工程量及所需设备、材料和劳动力。

2. 施工交通运输设计所需资料

施工交通运输设计应着重收集工程所在地的有关交通运输资料，其中主要包括铁路运输、公路运输、水路运输等。

（1）铁路运输。主要有拟与接轨的铁路线及其车站的技术条件，车流情况和运输能力，机车与车辆修理设施的规模；现有桥梁、隧道的极限通过能力；当地铁路部门对该地区的铁路规划和接轨要求。

（2）公路运输。主要有工程附近可利用的公路情况，如路况、等级标准、纵坡、路面结构、路宽、最小平曲线半径及昼夜最大行车密度等；桥梁、隧道及其他建筑物设计标准，跨度、长度、结构形式和通行能力，最大装载限制尺寸；公路运输有关承运单位的运输能力与运输费率。

（3）水路运输。主要有通航河道长度，船只吨位、船型尺寸与吃水深度，码头吞吐能力，通航河段的年运输能力与运输费率；利用现有码头的可能性及新建专用码头的地点和要求；有关部门对航运的规划。

第二节 对外交通运输

水利水电工程对外交通运输是指工程施工期间，从工程所在地附近国家交通干线或地方支线的车站以及港口、码头，将外来物资经过专用线路运往施工工地，一般由设计单位提出推荐方案，报主管部门（或业主）审定。对外交通运输应进行技术经济比较，选定技术可行、经济合理、运行方便、干扰较少、施工期短、便于与场内交通衔接的方案。

一、对外交通运输方案选择应考虑因素

对外交通运输方案应根据施工总布置及施工总进度要求，经技术经济比较选择。拟定方案时，应考虑以下因素：

（1）工程所在地区可以利用的交通条件及相关交通运输设施情况，以及当地交通运输发展规划。

（2）工程施工期总运输量、分年度运输量及运输强度。

（3）主要外来物资的运输要求。

（4）重大件运输要求。

（5）与国家（地方）交通干线的连接条件，以及场内、外交通的衔接条件。

（6）对外交通运输设施的建设工期、使用期限及投资等。在对外交通建设期内，应有临时交通方案。

(7)转运站以及主要桥涵、渡口、码头、站场、隧道等的建设条件。

二、对外交通运输方案选择原则

对外交通运输方案选择应遵守下列原则：

（1）线路运输能力应满足工程施工期间大宗物资、材料、设备和超重超限件运输，并应满足施工总进度要求。

（2）物资运输宜中转环节少、运费省，及时、安全、可靠。

（3）结合当地运输发展规划，应充分利用已有国家、地方交通道路和其他工矿企业专用线。

（4）对外交通运输方式宜采用公路方式，有条件可论证水路、铁路或多种运输方案的组合。

（5）重大件设备运输方案应了解现有运输线路、建筑物技术标准及通行条件，并与有关单位取得协议后确定，必要时应专题报有关单位审批。

三、公路运输

1. 公路类型

对外公路的等级和技术标准，应根据工程规模、运输量、运输强度、运输车种、车型、行车密度等综合确定，与社会交通相结合的或兼有社会交通功能的公路，其等级和技术标准的确定应符合厂矿道路设计规范和公路工程技术标准等相关规定。根据使用任务、性质和交通量，可将公路划分为四个等级，见表4-1。重大件运输是水利水电工程施工交通运输的一大特点，但因其在运输总量中所占比重较小，宜采用临时措施，只要能保证安全通过即可。

表4-1 路面等级及其面层类型

路面等级	面层类型	生产要求	使用条件	
			线路等级	线路类型
高级路面	水泥混凝土路面 沥青混凝土路面	行车密度大、载重大、防泥泞、防尘	一级、二级	生产干线 生产支线
次高级路面	沥青（油渣）黑色碎石路面 沥青（油渣）贯入式砾石路面	行车密度大、载重大、防泥泞、防尘	一级、二级	生产干线 生产支线
中级路面	泥结碎石路面 级配砾（碎）石路面	行车密度大、载重大	二级、三级	联络线
低级路面	弃渣铺筑路面 改善土路面	经常通行履带式车辆、行车密度小	三级	临时线

2. 对外公路规划及相关设计要求

对外公路规划及路线设计应符合下列要求：

（1）对外公路与国家（地方）交通干线应合理衔接。

（2）路线选择应进行技术经济比较，选定技术可靠、经济合理、施工期短、便于与场内交通衔接的方案。

（3）应根据重大件运输条件、防洪要求、地形条件、地质条件、技术等级、筑路材料状况，以及当地村、乡（镇）建设和经济发展等要求综合考虑。

（4）利用现有公路时，应对现有公路的技术标准进行充分研究，并提出改善措施以满足施工期的运输要求。

（5）选线宜避开城镇，并宜避开泥石流、滑坡等不良地质区。

（6）应节约用地，保护文物古迹。

桥涵设计应符合下列要求：

（1）桥涵设计应根据相衔接道路的性质和使用要求，按适用、经济、安全和美观要求确定；桥涵形式应根据地形、地质、水文等情况，按因地制宜、就地取材、便于施工和养护的原则选择。

（2）大、中桥桥位的选择宜服从路线总方向，并选择在河道顺直、水流稳定、地质良好的河段上。

（3）桥涵设计荷载等级的确定应符合厂矿道路设计规范和公路工程技术标准的相关规定，并满足水利水电工程对外交通运输主要车型和重大件运输的要求。

（4）桥梁上的线形及与道路的衔接应符合路线设计的要求，大、中桥桥面纵坡不宜大于4%，桥头引道纵坡不宜大于5%，桥面净宽应与相衔接路段路基宽度一致。

（5）桥涵孔径应满足设计频率洪水的过流要求，桥涵设计洪水频率应按公路工程技术标准中的相关规定执行。

隧道设计应符合下列要求：

（1）隧道位置应服从公路路线走向，路隧综合考虑。宜选择在稳定的地层中，穿越不良地质地段时，应有切实可靠的工程措施。沿河傍山地段的隧道，其位置宜向山侧内移，并应注意水流冲刷对隧道稳定的影响。

（2）隧道的洞口位置宜设在山坡稳定、地质条件较好处，宜避免洞口仰坡过高。可采用设置明洞等措施实现安全进洞。

（3）隧道内纵断面线形应满足行车安全、施工作业效率、通风和排水要求。根据公路隧道设计细则的规定，隧道内的纵坡不宜小于0.3%，并不宜大于3%；长度小于100m的短隧道，最大纵坡可不受此限制。

（4）隧道的横断面应满足公路隧道建筑界限的规定，并满足工程重大件及施工物资运输的要求。同时，尚应考虑洞内排水、通风、照明、防火、监控、营运管理等附属设施所需要的空间以及围岩加固和施工方法等的影响。确定的隧道断面形式及尺寸应满足安全、经济、合理的要求。

3. 公路超限标准条件

为保证公路运输可靠、安全、快速运行，场内公路一般按一定的等级和标准修建，但在下述情况下，允许在个别路段采用超限标准：

（1）工程艰巨路段，可将双车道改为单车道或加大纵坡，减小平曲线半径，以减少工程量。

（2）在高差大、范围小的路段，可以减小平曲线半径，加大纵坡，以求在限定范围内达到较大高差。如下基坑道路和土坝坝坡公路。

（3）仅在较小范围内使用，或在交通量很小的联络线上，可采用超限标准。如通往施工变电所的公路、上缆机平台的公路等。

在采用超限标准时,最小平曲线半径为10~15m,干、支线上最大纵坡为9%~12%。采用超限标准是以降低行车速度,增加行车困难,加大行车风险,降低车辆寿命,减少装载量,增加临时堵车为代价的,因此应经反复论证后才允许采用,并须采取适当的安全措施。一般在生产干线、支线上不宜采用超限标准。

四、铁路运输

铁路运输线应与工程总体布置、现有铁路网及其他交通运输系统相协调,应保证工程建设和运行期间的运输需要,并兼顾地方发展的需要。铁路站、线占地面积大,且要求在较为平坦、顺直的场地上修建。铁路爬坡能力差,难以到达高差较大的施工场地。在以铁路运输为主时,还必须有其他运输方式相互配合和补充。铁路线路工程量大,一次性投资高,施工技术复杂,施工工期较长,不能很快投入运行。但铁路运输量大,可靠性好,运行耗能少,运营费用低。

对外交通的准轨铁路专线,常委托铁道部门代为建设。在水利水电工程可行性报告批准后,即应提出委托设计任务书,以便尽快进行设计。在初步设计阶段,也可参照表4-2的资料进行估算。当专用线进入工地后,应在工地入口处设置终点站。车站要用足够的场地,场地的坡度最好不超过2‰。机车车库和检修支线应布置在车站附近。

表4-2 对外铁路交通运输参数

项目	指标
最大纵坡	蒸汽机车25‰,电力、内燃机车30‰
最小曲线半径	一般地段为300m,困难地段为200m
钢轨类型	38 kg/m
轨枕	钢筋混凝土枕1360~1440根/km,II类注油木枕1440~1520根/km
路基宽度	砂石路基为4.6~4.8m,土质路基为5.1~5.3m
道床厚度	砂石路基为20m,土质路基为20~25m

五、水路运输

水路运输方式的选择应符合下列要求:
(1)应与工程所在地区现有的通航条件相适应。
(2)应满足工程运输量和施工运输强度要求。
(3)季节性通航航道应考虑停航期间的物资运输替代措施。
(4)通航河段施工期间货物临时过坝运输时,其运输方式应经技术经济比较后确定。

施工码头位置选择应符合下列要求:
(1)码头位置应选在地质条件好、河床及岸坡稳定、水流平顺、有足够水深和宽阔水域可供布置船位和锚地的河段上。
(2)码头陆域应有足够的岸线长度和纵深,并宜少占耕地,避免大规模挖填。
(3)通航期内船舶应能安全进出、靠离码头及泊离锚地。
(4)码头主要建设规模及码头前沿设计水深、泊位长度、设计高水位标准应符合河港工程总体设计规范的相关规定,经计算确定。

六、转运站

外来物资的运输方式变换地点可设转运站,转运站宜利用当地交通运输部门已有转运站,或附近梯级水利水电工程已建转运站。拟新建转运站应具备建站条件,转运站规模应根据工程施工期对外运输量、高峰转运强度、转运物资种类、来源、运输条件、仓储方式等确定,应满足技术经济合理、安全可靠的要求,转运仓储规模应与场内仓储统筹考虑。

转运站设计应符合下列要求:

(1) 储运能力应满足施工强度及施工运输的要求。

(2) 场地选择应有足够的装卸作业、堆料和仓库用地,与外界交通联系方便。

(3) 装卸机械设备的选择应满足储运物资、材料、设备作业及转运强度和超限货物转运要求。

(4) 转运站布置宜结构简单、紧凑,方便装卸与运输,减少占地。

七、重大件运输

重大件运输方案应根据现有运输道路路况、建筑物技术标准及通行条件确定。必要时应进行专题论证,并报有关主管部门审批。

重大件运输方案选择应符合下列要求:

(1) 应根据现有铁路、公路、水运等交通运输条件,考虑重大件数量、解体后单件重量、运输外形尺寸、承重面积等因素,结合对外交通运输方式,经技术经济比较确定。

(2) 在满足运输条件下,应减少重大件的分解,宜采用整体方式运输。

(3) 重大件需分解运输时,应使交通干扰最小。

(4) 应减少重大件转运次数。

重大件运输采用铁路运输时应符合下列要求:

(1) 应满足建筑限界要求。铁路运输限界应按标准轨距铁路限界的要求确定。

(2) 其他相关要求应符合铁路部门的有关规定。

重大件运输采用公路运输时应符合下列要求:

(1) 应根据重大件设备特点,结合现有公路状况,合理选择运输车辆。公路重大件(大型物件)运输货物应按表 4-3 分级。

表 4-3 重大件(大型物件)分级标准

大件分级	设备长度/m	设备宽度/m	设备高度/m	设备重量/t
一级大件	14≤长度<20	3.5≤宽度<4.5	3.0≤高度<3.8	20≤重量<100
二级大件	20≤长度<30	4.5≤宽度<5.5	3.8≤高度<4.4	100≤重量<200
三级大件	30≤长度<40	5.6≤宽度<6.0	4.4≤高度<5.0	200≤重量<300
四级大件	长度≥40	宽度≥6.0	高度≥5.0	重量≥300

说明:1. 重大件(大型物件)指符合下列条件之一的货物:

① 长度在 14m 以上或宽度在 3.5m 以上或高度在 3m 以上的货物。

② 重量在 20t 以上的单体货物或不可解体的成组(捆)货物。

2. 重大件(大型物件)按外形尺寸和重量(含包装和支承架)分成四级,应按其长、宽、高及重量四个条件之一中级别最高的确定。

（2）对现有道路及桥涵进行现状调查时，对于影响重大件运输的特殊路段，应与有关部门协商处理，制定特殊路段的运行措施及采取必要的工程措施；桥涵应进行承载力复核，当承载能力不满足要求的，应采取必要的加固措施或利用临时措施绕道通行。

重大件运输采用水路运输时应符合下列要求：

（1）应调查航道的通航能力，包括桥梁净空、船闸等级等，保证重大件运输安全可靠。

（2）应根据重大件尺寸、重量合理选用船型，重大件水路运输宜采用专用船舶。

（3）应调查重大件运输转运码头（港口）的货物转运能力，选择适宜的水运转运码头（港口）。

第三节　场内交通运输

场内交通应根据施工总进度确定的运输量和运输强度，结合地形、地质条件和施工总布置进行统筹规划。

一、场内交通运输的特点

（1）场内运输在多数情况下是一种单向运输，因此在条件可能时，尽量保证重车线路为平坡或下坡。

（2）运输运距一般不长，但某些物料的运输距离和运输条件要受物料特性的限制，如运送混凝土时要保持它在中途不初凝、不离析，有时还要满足保温要求。

（3）运输强度和线路工作时间与施工进度安排密切相关。

（4）水利水电工程场内交通运输多采用较大吨位的车辆，车型一般较宽，且有重大件运输。

二、场内交通运输的分类

（1）生产干线。大宗外来物资、场内企业产品运输的共用路线，大量自采材料、工程弃料等运输的固定线路。

（2）生产支线。生产干线通往企业、仓储系统的固定线路。

（3）站场线。工地货场、车站内部的线路。

三、场内交通规划应考虑的主要因素

（1）工程规模、工程特点、枢纽工程布置。

（2）地形、地质及水文等自然条件。

（3）对外交通运输方式及与场内交通的衔接。

（4）当地建筑材料料场的位置及开采、加工方案。

（5）施工方法及施工总布置规划。

（6）运输量、运输强度、运输设备及运输距离。

（7）存渣、弃渣调运要求。

（8）施工期过坝交通、永久交通、对外交通等设施的利用。

四、场内交通规划设计要求

（1）应根据物料流向、运输量及运输强度，合理选择运输方式和设施。

（2）应充分利用现有交通设施，与对外交通衔接顺畅。
（3）应满足施工总布置及各工区施工布置的需要。
（4）施工期间物料临时过坝，不应干扰施工运输。
（5）应满足施工要求，运输安全，装卸方便，运距短，工程量小。

五、场内交通线路布置原则

（1）场内生产干线与对外交通线路衔接畅通，使外来物料能直接运送至需要地点或工厂仓库，具体布置时应先外后内，先铁路后公路。
（2）场内生产干线、支线系统应尽量短捷，并与主要物料流向一致，做到大宗客货流的运输路线最短。
（3）生产干线应避开地方居民点、职工生活福利区，不穿行辅助企业和施工现场，并距企业出入口、外墙、场地边缘、危险品仓库等设施有一定距离。主要生产干线避免平面交叉，以保证运输安全。
（4）主要干、支线尽量成环形系统，使场内交通具有较大的灵活性。
（5）正确选择联系两岸的桥渡位置、地形地物控制点，利用地形合理布局，使基础工程量最小，临时工程投资最省。

六、场内运输方式选择

在选择运输方式时，既要考虑各种运输方式本身的适应性，又要考虑厂内运输量、运距、物料特点、对外运输方式、场地分区布置和地形条件、施工方法、工艺布置、设备来源以及线路修建速度、工程量等因素。

一般认为标准轨铁路和公路运输都能达到较高的运输强度，能适应各种物料和各种条件的运输，可靠性高，可以同时或单独作为主要运输方式。由于公路比较灵活，装卸方便，适应性更强，所以在水利水电工程施工中应用得更加广泛。窄轨铁路常用于运输量大的自采材料或混凝土料，在运距较大、地形条件合适的情况下，可以作为主要运输方式，也可作为辅助运输方式。

在选择主要运输方式时，要重点考虑以下几点：
（1）选定的运输方式除应满足运输量之外，还必须满足运输强度和施工工艺的要求。
（2）场内外运输方式尽可能一致，场内运输尽量接近施工和用料地点，减少转运次数，使运输和管理方便。
（3）辅助运输方式负担其主要运输方式不能达到的地点、不适宜装载的物料以及运输量少的工作。有时与主要运输方式平行作业，有时与主要运输方式处于同一生产运输线上，完成同等的运输量。因此在选择主要运输方式的同时对辅助运输方式的选择及其与主要运输方式的配合衔接应给予足够的重视。

七、场内交通布置所需的基本资料

1. 准轨铁路方面

（1）拟与接轨的铁路线及其车站的技术资料、车流情况、运输能力、机车、车辆修理设施规模。

(2) 现有桥梁、隧道允许通过能力，即通过极限。

(3) 当地铁路有关部门对该地区的铁路规划及接轨要求。

2. 公路运输方面

(1) 工程附近可利用的公路情况，如路况、等级标准、公路纵坡、路面结构、宽度、最小平曲线半径、昼夜最大行车密度等。

(2) 桥、隧道及其他建筑物的设计标准、跨度、长度、结构形式、通行能力、最大装载限制尺寸等。

(3) 公路运输有关承运单位能力及费率。

3. 水路运输方面

(1) 通航河段、里程、船只吨位、吃水深度、船型尺寸、年运输能力、码头吞吐能力及航运有关费率等。

(2) 利用现有码头的可能性及新建专用码头的地点和要求。

(3) 有关部门对航运的要求。

八、场内交通运输方案比选

场内交通运输方案的比较主要从以下几方面进行：

(1) 主要建设工程量。

(2) 运输线路的技术条件。

(3) 主要设备数量及其来源情况。

(4) 主要建筑材料需用量。

(5) 能源消耗量。

(6) 占地面积。

(7) 建设时间。

(8) 与生产或施工工艺衔接、对施工进度保证情况。

(9) 直接及辅助生产工人数、全员数。

(10) 运输安全可靠性，工人劳动条件。

(11) 建设费用及运营费用。

(12) 其他项目。

其中，在对第（11）项进行对比时，通常优选建设费用和运营费用之和最小的方案。其工作内容包括：

- 计算主要工程项目的建筑工程量。
- 计算主要交通设备的购置量。
- 计算运输工程量。
- 确定建筑工程费用单价、运营费用单价和装卸费用单价。
- 计算各方案总费用，进行比较。

第五章 施工工厂设施

施工工厂设施的任务应包括制备工程建设所需建筑材料，提供工程施工所需的水、电及压缩空气，建立工地内外通信联系，维修和保养施工设备，加工制作非标准金属构件等。

施工工厂设施一般规模大，品种多，设备与投资多。施工工厂之间要紧密布置，不能过于分散，但施工工厂多属于临时性设施，要求建成速度快。因此，施工工厂规划布置应遵守下列原则：

（1）应研究利用当地企业的生产设施，并兼顾梯级工程施工需要。

（2）厂址宜设于交通运输和水电供应方便处，靠近服务对象和用户中心，避免物资逆向运输。

（3）生活区宜与生产区分开，协作关系密切的施工工厂宜集中布置，集中布置和分散布置距离均应满足防火、安全、卫生和环境保护要求。

（4）施工工厂的规划与设置宜兼顾工程实施阶段的分标因素。

施工工厂规划设计宜优先采用装配式结构形式，设备宜选择节能、通用性强、功能先进、机械化和自动化程度高的设备。施工工厂生产规模、占地面积、建筑面积、用电负荷、生产人员等指标应计算确定。施工工厂生产过程中产生的废水、废渣、粉尘或其他有害物质均应采取措施进行处理，并满足环境保护的要求。

综合加工厂最好相邻布置，并靠近主体工程施工处，有条件时可与混凝土系统相邻布置。有条件时将比较固定且难以迁建的辅助企业，如机械修配厂、汽车修配厂、金属结构加工制作等，尽量布设于基地，既可以为工程服务又可以为社会服务。

水利水电工程施工工厂设施主要包括砂石加工系统、混凝土生产系统、综合加工厂（混凝土预制构件厂、钢筋加工厂、木材加工厂等）、机械修配厂、风水电供应系统及其他临时设施。其布置的任务是根据工程特点、规模和施工条件，提出所需的施工工厂设施项目、任务和生产规模及组成，选定厂址，确定占地面积和建筑面积、用电负荷、生产人员，并进行合理的布置，使工程施工能顺利地进行。

第一节 砂石加工系统

天然建筑材料勘察、料源选择、料场开采规划等内容已在第三章第三节作了详细介绍，此处不再赘述。

一、砂石料加工系统生产规模

砂石料加工系统生产规模应符合下列规定：

（1）砂石原料处理量应根据混凝土和其他有级配要求的砂石用料，及系统内加工、运输过程等损耗和弃料量确定。

（2）砂石料加工系统生产规模可按毛料处理能力划分为特大型、大型、中型、小型,划分标准见表 5-1。

表 5-1　砂石料加工系统生产规模划分标准

类型	砂石料加工系统处理能力/（t/h）
特大型	≥1500
大型	<1500，≥500
中型	<500，≥120
小型	<120

（3）当混凝土连续高峰时段不大于 3 个月时，砂石料加工系统处理能力应按混凝土高峰时段月平均骨料需用量及其他砂石需用量计算；大于 3 个月时，还应计入相应的不均匀系数，对应取值范围为 1.1～1.3。

（4）砂石料加工系统主要生产车间（单元）工作制度，宜采用二班制，施工高峰月可采用三班制。粗碎或超径处理工作班次宜与采料场作业相一致，并符合下列规定：

1）月工作日数：25d。

2）日工作时数：二班制 14h；三班制 20h。

二、砂石厂厂址选择原则

砂石加工系统应尽量靠近料场，并选择水源充足、运输及供电方便，有足够堆料场地和适当坡度且便于排水、清淤的地段，在选址时应符合下列规定：

（1）厂址宜设在料场或开挖利用料堆存场附近。多料场供应时，宜设在主料场附近，经论证亦可分设砂石料加工系统。

（2）厂址应避开爆破危险区，安全距离应符合《爆破安全规程》的相关规定。

（3）砂石利用率高、运距近且场地有条件布置时，可设在混凝土生产系统附近，并与混凝土生产系统共用成品料堆。

（4）厂址应避开泥石流、滑坡、流沙、溶洞等直接危害的地段，主要车间和设施的地基稳定并有足够的承载能力。

（5）厂址宜靠近已有的交通运输线路、水源和主要输电线路。

（6）厂址应远离城镇和居民生活区，需在城镇和居民生活区附近设厂时，应采取防护措施，减少噪声和粉尘的影响。

（7）厂址应利用荒地，不占或少占耕地。需要占用部分耕地时，应剥离表土并堆存，用于工程完建后复垦。

（8）利用主体工程弃渣场作为砂石料加工系统厂址时，应分析其经济合理性和安全可靠性。

三、砂石加工工艺流程设计

砂石加工工艺流程设计应符合下列规定：

（1）应满足各类成品砂石生产能力及品质要求。

（2）应能够适应不同时期各级骨料需用量的变化，工艺调整灵活。

（3）各段破碎的设备配置和负荷分配宜相对均衡。

（4）砂石料加工系统宜采用部分筛分效率法进行工艺流程计算，总筛分效率取值不低于90%。

（5）特大型、大型砂石料加工系统粗骨料宜采用湿法加工工艺，细骨料可采用干法与湿法相结合或干法的加工工艺。若采用干法加工工艺，应有解决粗骨料裹粉、细骨料石粉控制与细度模数调整、加工粉尘污染等技术措施。

（6）砂石原料的含泥量超过标准应进行冲洗，含有黏性泥团时，应配置专用洗石设备。

（7）采用湿法加工工艺生产的成品砂石宜采用脱水设备脱水后再进入成品堆场。

（8）特大型、大型砂石料加工系统，若无同类岩性加工试验资料可供借鉴，宜进行骨料生产性试验。中型工程可根据典型粒度方程计算破碎产品粒度，可按式（5-1）计算。

$$Y = AX^K \tag{5-1}$$

式中，Y为筛下产物的负累积率，%；X为筛孔尺寸，mm；A、K为参数，按表5-2选取。

表5-2 破碎产物典型粒度方程中参数 A 与 K 值

岩石的可碎性等级	旋回型		颚式		标准型		短头型			
							开路		闭路	
	A	K	A	K	A	K	A	K	A	K
难碎性岩石	0.66	1.39	0.63	0.97	0.47	1.56	0.20	1.42	0.25	1.32
中等可碎性岩石	0.79	0.77	0.75	0.64	0.65	0.83	0.34	1.20	0.41	1.16
易碎性岩石	0.87	0.43	0.86	0.34	0.77	0.54	0.55	0.87	0.63	1.04

四、砂石生产车间、设施布置原则

（1）主要车间、设施布置应有一定的灵活性，能提前形成生产能力，满足施工前期砂石需要，并能及时调整生产方式，适应原料粒度变化及不同骨料级配要求。

（2）各车间、设施应结合对外和场内运输道路进行布置。粗碎车间宜靠近料场来料方向，成品堆场宜靠近混凝土生产系统或主要用料点。

（3）同一作业的多台同规格设备，宜对称或同轴线配置在同一高程上，设备间距应满足安装、操作及维修所需的安全距离。

（4）除寒冷地区外，破碎、筛分、制砂等车间可露天设置，但电气设备应满足户外运行要求。

（5）系统内道路布置应满足砂石加工系统设备运输、安装、调试及运行维护要求。

五、砂石储运设施布置

砂石储运设施布置应符合下列规定：

（1）砂石储存量可按高峰时段月平均值的50%～80%确定，汛期、冰冻期停采时，应按停采期砂石需用量的1.2倍校核砂石储存量。

（2）成品砂石堆场应符合下列要求：

1）湿法制砂的成品砂堆场隔仓不宜少于3个，单个料堆容积应满足成品砂自然脱水时间要求。

2）碾压混凝土用砂和常态混凝土用砂宜分开堆存。

3）堆场应有良好的排水系统，料堆之间应设置隔墙。

4）特大型、大型砂石加工系统堆场宜采用带式输送机廊道取料。

5）成品砂堆场应设置防雨棚。

（3）特大型、大型砂石料加工系统砂石运输方案，经技术经济比较确定。砂石运输强度高、运输总量大且运输距离适中时，宜优先采用带式输送机运输方案。

第二节　混凝土生产系统

混凝土生产系统尽量集中布置，并靠近混凝土工程量集中的地点。距浇筑点最远的距离应满足混凝土运输入仓的时间要求；最近距离则应满足运输线路的布置和安全要求，一般为200～800m。

一、混凝土生产系统规模

混凝土生产系统规模按生产能力可划分为特大型、大型、中型、小型，划分标准见表5-3。混凝土生产系统应满足质量、品种、出机口温度和浇筑强度要求，单位小时生产能力可按高峰月浇筑强度计算，月有效生产时间可按500h计，小时不均匀系数按1.5取值，并按最大仓面入仓强度要求校核。生产预冷、预热、碾压混凝土或其他低坍落度混凝土时，应核算拌和楼（站）的生产能力。

表5-3　混凝土生产系统规模划分标准

类型	设计生产能力/（m³/h）
特大型	≥480
大型	<480，≥180
中型	<180，≥45
小型	<45

二、混凝土生产系统场址选择原则

（1）宜靠近混凝土浇筑地点，并应满足爆破安全距离，合理利用地形，主要建筑物的基础承载力满足要求。

（2）统筹兼顾工程分标及工程前、后期施工需要，宜避免中途搬迁，不与永久性建筑物干扰；高层建筑物或料堆应与输电设备及线路保持足够的安全距离。

（3）厂址应与城镇和居民区保持一定距离，若在其附近布置加工系统，应采取必要的防护措施。

（4）系统分期建成投产时应满足不同施工期混凝土浇筑要求。

（5）混凝土生产系统宜集中布置，下列情况可分散布置：

1）工程规模大、水工建筑物分散且相对独立、混凝土浇筑强度高及混凝土级配要求悬殊，集中布置使混凝土运输距离远、供应不方便。

2）混凝土用料地点高差悬殊或两岸混凝土运输线不能沟通，混凝土运输距离远、运输困难。

3）砂石料场分散，集中布置时骨料运输不便或不经济。

4）考虑工程分标和运行管理要求需要分设混凝土生产系统的工程。

三、混凝土主要生产车间布置

（1）车间布置应合理利用地形，车间之间的布置应给物料的合理运输留出通道和停车空间场地，并简化各车间、设施之间的运输环节。

（2）应以拌和楼（站）为中心，就近布置骨料储存、筛洗、水泥储运、掺合料储运、预冷或预热等设施。拌和楼（站）宜靠近混凝土浇筑地点布置，骨料堆宜靠近砂石加工系统来料方向，原材料进料方向宜与混凝土出料方向错开。

（3）辅助车间宜靠近服务对象，水电供应设施宜靠近主要用户布置。

四、混凝土生产设备选用

（1）设备类型、规格及数量应满足混凝土生产的品质及产量要求。

（2）前后工序所选设备负荷应均衡，同一道工序设备宜优先选用相同型号及规格的设备。

（3）拌和楼（站）型式和数量应根据工程规模、运行期、混凝土强度等级、级配、骨料粒径、水泥及掺合料品种、混凝土温度控制、混凝土浇筑方案等因素选择。

（4）常态混凝土宜采用自落式拌和楼（站），碾压混凝土宜选择强制式拌和楼（站）；具体选择时，应综合考虑混凝土生产能力、级配和温度控制要求等因素。

（5）搅拌机单机容量应满足混凝土级配中骨料最大粒径要求，且单机出料容量宜与混凝土运输设备和浇筑设备容量相匹配。

五、混凝土预冷、预热系统

预冷混凝土生产能力应根据高温时段各月预冷混凝土浇筑强度确定，并以同时段的预冷混凝土最大仓面入仓要求校核；预冷负荷应根据高温时段预冷混凝土浇筑强度、出机口温度、水温、气温、湿度等因素计算后确定，并按标准工况折算。自然拌和混凝土和预冷拌和混凝土的出机口温度应按热平衡原理计算。混凝土出机口温度应根据混凝土浇筑温度并计入混凝土在运输、浇筑过程中的温度回升值计算确定。

1. 混凝土原材料自然温度

混凝土原材料自然温度的计算值：当成品骨料堆场表面湿润、堆高保持在 6m 以上、地弄取料时，可按当地月平均气温取值；在堆场顶加盖遮阳棚或喷水雾、相对温度较低时，可较当地月平均气温低 1~2℃取值；水泥、掺合料温度可根据出厂温度、出厂时间、运输及储存方式、当地气温等因素分析确定，高温季节可取 40~60℃；片冰或冰屑的计算温度可取 0℃，冰的冷量利用率为 85%~100%。

2. 制冷系统布置及工艺设计

（1）制冷系统总体布置应与混凝土生产系统总体布置相结合，根据工艺流程特点，合理利用地形。

(2) 制冷系统宜靠近冷负荷中心布置。

(3) 主要车间选址应考虑风向,符合防火、防爆、卫生、交通、供配电和给排水等方面要求。

(4) 制冷系统以生产冷风、冷水、片冰为主,宜采用氨制冷系统。

(5) 混凝土骨料预冷方式应通过技术比较后确定,可采用冷水、加冰、风冷、水冷等单项或多项措施。

3. 预热系统布置及工艺设计

(1) 混凝土预热系统设计应结合砂石加工及混凝土生产工艺进行。

(2) 供热设施宜靠近热负荷中心集中布置。

(3) 主要车间、设施布置应符合有关标准规定的防火、防爆要求。

(4) 混凝土原材料加热温度应根据出机口温度通过热平衡计算确定。

(5) 预热系统所选设备应满足预热混凝土浇筑要求,宜优先选用单机容量大的拌和设备,所选锅炉热效率高,能适应热负荷的变化。

六、混凝土生产系统占地面积

1. 混凝土拌和系统占地面积

混凝土拌和系统占地面积可依据选择的拌和设备的型号生产能力来确定。初步估算时,单个系统建筑面 F 和占地面 A 取上限值(单位为 m^2,下同),在一般情况下可按下式计算:

$$F \leqslant 270 + 1400Q^{0.2} \tag{5-2}$$

$$A \leqslant 18000Q^{0.6} \tag{5-3}$$

式中,Q 为主体工程混凝土高峰月浇筑强度,万 m^3/月。

2. 混凝土预制厂占地面积

水利水电工程混凝土预制厂属临时性企业,机械化程度低、产品型号多,常需较大的建筑面积 F 和占地面积 A,初步估算时可按下式计算:

$$F = (25 \sim 40) Q'_{预} \tag{5-4}$$

$$A = (850 \sim 950) Q''_{预} \tag{5-5}$$

式中,$Q'_{预}$ 为混凝土预制构件日产量,m^3/d;$Q''_{预}$ 为混凝土预制构件班产量,m^3/班。

此外,也可按混凝土高峰月强度计算建筑面积和占地面积。占地面积 $A \leqslant 2680 Q_{混}$。当 $Q_{混} > 40000 m^3/$月时,对露天养护条件,$F \leqslant Q_{混}$;对蒸汽养护条件,$F \leqslant 1500 + 120 Q_{混}$。

生产定型混凝土预制构件,机械化程度高,建筑面积和占地面积见表 5-4。

表 5-4 混凝土预制厂占地面积   单位:m^2

生产规模/(m^3/d)		5000	10000	15000	20000	25000	30000
建筑面积	蒸汽养护	850	1600	2300	3000	3500	4000
	露天预制	200	320	460	620	720	800
场地面积	蒸汽养护	2550	4900	7200	9000	11500	14000
	露天预制	6000	9680	14540	17380	19280	21200

续表

占地总面积	蒸汽养护	3400	6500	9500	12000	15000	18000
	露天预制	6200	10000	15000	18000	20000	22000

3. 钢筋加工厂占地面积

初步估算时，钢筋加工厂的建筑面积 F 和占地面积 A 可按下式计算：

$$F \leqslant 113 Q_{钢}^{0.8} \tag{5-6}$$

$$A \leqslant 658 Q_{钢}^{0.8} \tag{5-7}$$

式中，$Q_{钢}$ 为钢筋加工生产能力，t/班。

第三节　风水电供应系统及通信系统

一、供风系统

工地供风主要供石方开挖、混凝土浇筑、水泥输送、灌浆等施工作业所需的压缩空气，压缩空气主要由固定式的空气压缩机站或移动的空压机来供应，供风系统应尽量靠近用风量集中的地点，保证用风质量，同时接近供电供水系统，并要求有良好的地基。空气压缩机距离用风地点最好在 700m 左右，最大不超过 1000m。

一个供风系统主要由空压机站和供风管道组成，空压机站压缩空气需用量可以按照下式计算：

$$Q_y = K_1 K_2 K_3 \Sigma (nqK_4 K_5) \tag{5-8}$$

式中，Q_y 为压缩空气需用量，m³/min；K_1 为由于空气压缩机效率降低以及未预计到的少量用气所采用的系数，可取 1.05～1.10；K_2 为管网漏气系数，取 1.1～1.3，管网长或铺设质量差时取大值；K_3 为高程修正系数，按表 5-5 选取；n 为同时工作的同类型风动机械台数；q 为 1 台风动机械耗气量，一般采用风动机械额定耗气量，m³/min；K_4 为各类风动机械同时工作系数，按表 5-6 选取；K_5 为风动机械磨损修正系数，对凿岩机取 1.15，其他风动机具取 1。

表 5-5　压缩空气高程修正系数

海拔高程/m	0	305	610	914	1219	1524	1829	2134	2433	2743	3049	3653	4572
K_3	1.00	1.03	1.07	1.10	1.14	1.17	1.20	1.23	1.26	1.29	1.32	1.37	1.43

表 5-6　凿岩机同时工作系数

n	1	2	3	4	5	6	7	8	9	10	12	15	20	30
K_4	1.00	0.90	0.90	0.85	0.82	0.80	0.78	0.75	0.73	0.71	0.68	0.61	0.59	0.50

为调节输气管网中的空气压力，清除空气中的水分和油污等，每台空气压缩机都需要设置储气罐，其容量 V 可按下式估算：

$$V = a\sqrt{Q_y} \tag{5-9}$$

式中，a 为计算系数，对于固定式空压机，生产率为 10～40m³/min 时取 1.5，生产率为 3～

$10m^3$/min 时取 0.9；对于移动式空压机取 0.4。

供风管道采用树枝状布置，一般沿地表敷设，必要时可局部埋设或架空敷设（如穿越重要交通道路等），管道坡度大致控制为 0.1%～0.5% 的顺坡。

二、供水系统

施工供水尽量集中。选择水质、水量满足要求，总长度最短。如用水地点分散，可采用多水源分区供水的方式。

1. 需水量的估算

工地用水由生产用水、生活用水和消防用水三部分组成，施工供水量计算时应满足不同时期日高峰生产用水与生活用水需要，并按消防用水量进行校核。

（1）生产用水。生产用水是指完成混凝土工程、土石方工程等所需要的用水量，以及起重运输机械、施工工程设施和动力设备等所消耗的水量。生产用水的需水量可按下式计算：

$$Q_{zs} = K_1 K_2 \Sigma \left(\frac{q_i W_i + q_j W_j}{30} + q_k W_k \right) \tag{5-10}$$

式中，Q_{zs} 为最高日生产用水量，m^3/d；K_1 为管网漏损水量系数，取 1.1～1.2，管网长或铺设质量差时取大值；K_2 为未预见水量系数，取 1.08～1.2，或参照同类工程经验选取；W_i 为在用水高峰月份需要用水的各项工程的施工强度；q_i 为各项主体工程施工的用水量指标，其值见表 5-7；W_j 为在用水高峰月份各施工辅助企业规模；q_j 为各施工辅助企业的用水量指标，其值见表 5-8；W_k 为在用水高峰期施工机械数量；q_k 为各施工机械的用水量指标，其值见表 5-9。

表 5-7 主体工程施工用水量参考指标

序号	项目	单位	用水指标	备注
1	土石方工程			
1.1	土方机械施工	L/100m³	350～400	
1.2	石方机械施工	L/100m³	3500～4500	
2	土料填筑碾压洒水			
2.1	砾石土	L/m³	50	
2.2	砂砾石	L/m³	380	
2.3	黏土	L/m³	20	视天然含水率和设计最优含水率计算确定
3	混凝土工程			
3.1	混凝土养护水	L/m³	2800～5600	以养护 14d 计
3.2	混凝土养护水	L/m³	5600～11200	以养护 28d 计
3.3	坝体冷却用水	L/m³		由混凝土温度控制计算确定

表 5-8 施工辅助企业用水量参考指标

序号	企业名称或用水项目	单位	用水指标	备注
1	混凝土生产系统			
1.1	拌和用水	L/m³	150～300	以每立方米混凝土计

续表

序号	企业名称或用水项目	单位	用水指标	备注
1.2	料罐冲洗用水	L/s	10~20	以一个冲洗台用水计
2	制冷厂	L/万 kcal	3000~5000	以标准工况计，1cal=4.19J
3	砂石加工系统			
3.1	天然砾石筛选	L/m³	1500~2500	视砾石的含泥量大小选用
3.2	人工砂石筛选	L/m³	1500~3000	视砂的岩石岩性选用
3.3	洗砂机用水	L/m³	1500~4000	视砂的含泥量大小选用
4	压缩空气站			
4.1	有后冷却器时	L/m³	5.5~8.0	终压力 0.8MPa，进水温差 10℃
4.2	无后冷却器时	L/m³	4.0~5.0	
5	混凝土预制件厂			
5.1	浇水养护	L/m³	300~400	以每立方米混凝土计
5.2	蒸汽养护	L/m³	500~700	为蒸汽用量，以每立方米混凝土计
6	机械修配厂			
6.1	铸铁件	L/t	2000~3000	
6.2	铸钢件	L/t	6000~10000	
6.3	锻件	L/t	1000~14000	
6.4	铆焊件	L/t	1000~1500	
6.5	机械加工件	L/t	1000~5000	
7	汽车修理厂、保养站			
7.1	汽车大修	L/辆	12000~27000	
7.2	汽车大修	L/(d·辆)	60~140	以修理厂年大修车辆规模计
7.3	汽车保养	L/(d·辆)	170~200	以承担一保、二保、小修时每辆在保汽车计
7.4	汽车保养	L/(d·辆)	70~100	以承担二保、小修时每辆在保汽车计
8	汽车停车场			
8.1	工程用汽车外部清洗	L/辆次	700~1500	
8.2	汽车散热器灌水	L/辆次	15~30	为 5t 以下汽车
8.3	汽车散热器灌水	L/辆次	45~60	为 5t 以上汽车
8.4	冬季发动机预热	L/辆	1.5~2.5 倍散热器容积	
9	建筑用水			
9.1	砖砌体	L/100 块	200~500	
9.2	毛石砌体	L/m³	50~80	
9.3	抹灰	L/m²	30	
9.4	预制件养护	L/(s·处)	5~10	各单位自制混凝土构件时采用值

表5-9 施工机械用水量参考指标

机械名称	单位	用水指标	备注
1.5~3t汽车	L/（d·辆）	400~500	
4~5t汽车	L/（d·辆）	500~700	
6~10t汽车	L/（d·辆）	700~800	
10~25t汽车	L/（d·辆）	800~1000	
交通车	L/（d·辆）	1500	
拖拉机	L/（d·台）	300~600	
内燃挖土机	L/（台班·m³）	200~300	以斗容量计
内燃起重机	L/（台班·t）	15~18	以起重吨数计
内燃压路机	L/（台班·t）	12~15	以压路机吨数计
蒸汽打桩机	L/（台班·t）	1000~1200	以锤重吨数计
蒸汽锅炉	L/（h·t）	1000	以小时蒸发量计
风动凿岩机	L/（h·把）	600~800	进水管内径13mm
井下式潜孔钻	L/（h·台）	480~720	进水管内径16mm
内燃动力装置	L/（台班·HP）	120~300	直流水，1HP=0.735kW
内燃动力装置	L/（台班·HP）	25~40	循环水，1HP=0.735kW

对于其他专门的生产用水，如混凝土坝的冷却、土石坝施工用水等应通过专门计算。

（2）生活用水。生活用水是指工地职工和家属在生活饮用、食堂、浴室和其他方面的需水量。生活用水的需水量可按下式计算：

$$Q_s = K_1 K_2 \left(\frac{qN}{1000} + \Sigma Q_i \right) \tag{5-11}$$

式中，Q_s 为最高日生活用水量，m³/d；K_1 为管网漏损水量系数，取 1.1~1.2，管网长时取大值；K_2 为未预见水量系数，取 1.08~1.2，或参照同类工程经验选取；N 为工程高峰时段劳动力人数；q 为生活用水量标准，L/（人·d），其值见表 5-10；Q_i 为浇洒道路和绿地用水量，m³/d，根据路面、绿化、气候和土壤等条件确定。

表5-10 生活用水量标准

地域分区	日用水量/[L/（人·d）]	适用省（自治区、直辖市）
一	80~135	黑龙江、吉林、辽宁、内蒙古
二	85~140	北京、天津、河北、山东、河南、山西、陕西、宁夏、甘肃
三	120~180	上海、江苏、浙江、福建、江西、湖北、湖南、安徽
四	150~220	广西、广东、海南
五	100~140	重庆、四川、贵州、云南
六	75~125	新疆、西藏、青海

注1：本表选自 GB/T 50331—2002（2023年版）《城市居民生活用水量标准》。
注2：表中所列日用水量是满足人们日常生活基本需要的标准值。
注3：指标值中的上限值是根据气温变化和用水高峰月变化参数确定的，一个年度当中对居民用水可分段考核，利用区间值进行调整使用。上限值可作为一个年度当中最高月的指标值。

（3）消防用水。消防用水包括施工现场消防用水和居住区消防用水。施工现场消防用水的需水量与施工现场面积有关，可按照表5-11所列数值选取。

表5-11　工程施工区及施工营地消防用水量

名称	基地面积/hm²	居住区人数/万人	同一时间内的火灾次数/次	灭火水量
施工营地	不限	≤1.0	1	一次灭火水量按成组布置的建筑物按消防用水量较大的相邻两座计算，但不得小于10L/s
		≤2.5	1	一次灭火水量按成组布置的建筑物按消防用水量较大的相邻两座计算，但不得小于15L/s
工程施工及运行区			1	按需水量最大的一个设备或一个建筑物计算
仓库、民用建筑	不限	不限	1	按需水量最大的一座建筑物（或堆场、储罐）计算
工程施工区+施工营地	≤100	≤1.5	1	按需水量最大的一座建筑物（或堆场、储罐）计算
		>1.5	2	工厂、居住区各一次
	>100	不限	2	按需水量最大的两座建筑物（或堆场、储罐）之和计算

设计的总需水量Q，可按下式计算：

$$Q=Q_{zs}+Q_s \tag{5-12}$$

由上式计算出的总水量应大于或等于消防用水量，否则应以消防用水量作为设计的总需水量。计算值应增加10%，以补偿不可避免的管网漏水损失。

2. 供水系统的布置

根据水质、水量及工地布置情况，可采用集中供水和分区供水两种方式，但后者较常用。例如砂石系统、大坝工区、施工工厂区和生活区、左右岸，常组织分区供水。

当水源处的河水水位变幅较大时，取水结构以采用浮式为宜；如取水处为深潭或水位变幅较小，也可采用固定泵房形式。当采用地下水作为水源，或者水质满足用水要求时，可以取消净水建筑物、蓄水池及第二次升水泵站。

根据水电站工地的特点，供水系统中设水塔的情况较少，一般均利用有利地形在两岸山头平坦处布置若干调节水池。这种高位调节水池的设施高程应满足各用户水管出口压力要求。水泵扬程应满足水源处于最低水位，而水池处于最高水位时的正常供水要求。生活用水的水池容量一般为高峰日4~8h平均需水量，生产用水水池容量一般为高峰日2.5~5h平均需水量。

三、供电系统

在设计工地供电系统时，主要应该解决的问题是：确定用电地点和需电量，选择供电方式，进行供电系统的设计。

施工电源宜优先采用网电并具备应急的备用电源，当无网电条件时可采用自备电源，自备电源容量确定应符合下列规定：

（1）用电负荷全由自备电源供给时，其容量应能满足施工用电最高负荷要求。

（2）作为系统补充电源时，其容量应采用施工用电最高负荷与系统供电容量的差值。

（3）事故备用电源，其容量应满足系统供电中断时工地一类负荷用电要求。

（4）自备电源除应满足施工供电负荷和大型电动机起动电压要求外，尚应考虑适当的备用容量或备用机组。

各施工阶段用电高峰负荷宜按需要系数法计算；当资料缺乏时，用电高峰负荷可按全部工程用电设备总容量的 25%～40%估算；当计算条件具备时，应按负荷曲线法计算分年用电量。用需要系数法计算供电高峰负荷时，可按式（5-13）、式（5-14）计算。

$$P = K_1 K_2 K_3 (\Sigma K_c P_d + \Sigma K_c P_m + \Sigma K_c P_n) \quad (5-13)$$

式中，P 为施工供电系统高峰负荷时的有功功率，kW；K_1 为考虑未计及的用户及施工中可能发生变化的裕度系数，取 1.1～1.2；K_2 为各用电设备组之间的用电同时系数，取 0.6～0.8；K_3 为配电变压器和配电线路的损耗补偿系数，取 1.06；K_c 为需要系数，见表 5-12；P_d 为各用电设备组的额定容量，kW；P_m 为室内照明负荷，kW，见表 5-13；P_n 为室外照明负荷，kW，见表 5-14。

$$S = P / \cos\phi \quad (5-14)$$

式中，S 为施工供电系统高峰负荷时的视在功率，kVA；$\cos\phi$ 为施工供电系统的平均功率因素，无功未补偿时的 $\cos\phi$，取 0.70～0.75；无功未补偿后的 $\cos\phi$，取 0.90～0.95。

表 5-12　需要系数 K_c 及功率因素 $\cos\phi$

序号	名称	需要系数 K_c	功率因素 $\cos\phi$
1	大型混凝土生产系统	0.50～0.60	0.70
2	中型混凝土生产系统	0.60～0.65	0.70
3	小型混凝土生产系统	0.60～0.65	0.70
4	压缩空气站	0.60～0.65	0.75
5	水泵站	0.60～0.75	0.80
6	起重机	0.20～0.40	0.40～0.50
7	挖掘机	0.40～0.50	0.30～0.50
8	连续式皮带机	0.60～0.70	0.65～0.70
9	非连续式皮带机	0.40～0.60	0.65～0.70
10	电焊机	0.30～0.35	0.40～0.50
11	破碎机	0.65～0.70	0.65～0.75
12	灌浆设备	0.70	0.65～0.75
13	钢管加工厂	0.60	0.45～0.60
14	修钎厂	0.50～0.60	0.50
15	钢筋加工厂	0.50	0.50
16	木材加工厂	0.20～0.30	0.50～0.60
17	混凝土预制构件厂	0.60	0.68

续表

序号	名称	需要系数 K_c	功率因素 $\cos\phi$
18	大中型机修厂	0.20～0.30	0.50
19	小型机修厂	0.20～0.30	0.50
20	码头	0.35	0.40～0.50
21	仓库动力负荷	0.90	0.40～0.50
22	施工场地	0.60	0.70～0.75
23	室内照明	0.80	0.90
24	室外照明	0.90～1.00	0.70～0.90
25	住宅照明	0.60	0.90
26	仓库照明	0.35	0.90
27	基坑排水	0.35	0.80～0.85

表 5-13 室内照明单位负荷表

序号	地点	单位负荷/（W/m²）
1	拌和楼（厂）、汽车库	5
2	预制构件厂	6
3	空气压缩机机房、水泵房	7
4	钢筋木材加工厂	8
5	发电厂、变电所	10
6	金属结构厂	10
7	机械修配厂	7～10
8	棚仓	2
9	仓库	5
10	办公室、试验室	10
11	宿舍、招待所	4～6
12	医院、托儿所、学校	6～9
13	食堂、俱乐部	5

表 5-14 室外照明单位负荷表

序号	地点	单位负荷
1	人工开挖土石方	0.8～1.0W/m²
2	机械开挖土石方	1.0～2.0W/m²
3	人工浇筑混凝土	0.5～1.0W/m²
4	机械浇筑混凝土	1.0～1.5W/m²
5	金属结构安装	2.0～3.0W/m²
6	钻探工程	1.0～2.0W/m²

续表

序号	地点	单位负荷
7	材料设备堆场	1.0~2.0W/m²
8	主要人行道、车行道	2.0kW/km
9	其他人行道、车行道	2.0kW/km
10	警卫照明	1.5kW/km
11	廊道、仓库照明	3.0W/m²
12	防洪抢险场地	13.0W/m²

工地的供电方式常见的有施工地区已有的国家电网供电、临时发电厂供电、移动式发电机供电等三种方式，其中国家电网供电的方式最经济方便，宜尽量选用。

工地的用电负荷，按不同的施工阶段分别计算。工地内的供电采用国家电网供电，应先在工地附近设总变电所，将高压电降为中压电，在输送到用户附近时，通过小型变压器（变电站）将中压降为低压（380/220V），然后输送到各用户。另外，工地应有备用发电设施，以备国家电网停电时备用，取供电半径以300~700m为宜。

施工现场供电网络中，变压器应设在所负担的用电集中、用电量大的地方，同时各变压器之间可作环状布置，供电线路一般呈树枝型布置，采用架空线等方式敷设，电杆距为24~25m，并尽量避免供电线路的一次拆迁。低压变电站或自备电厂布置在负荷中心附近，机电设备、金属结构安装场地宜靠近主要安装地点，也可直接布置在永久设备仓库内，以便共用库房、起重设备和场地。

四、通信系统

施工通信系统宜与地方通信网络相结合。通信系统组成与规模应根据工程规模、施工设施布置，以及用户分布情况确定。有条件的工程应设置光纤通信网络系统。

第四节 机械修配厂

机械修配厂宜靠近施工现场，便于施工机械和原材料运输，配有停放设备和材料的场地，宜与汽车修配厂结合设置。厂址应靠近施工现场，其位置宜选在后方较平坦、宽阔、交通方便的地段，并尽量靠近汽车修配厂，以便施工机械和原材料的运输，有足够的场地存放设备、材料。

压力钢管加工制作场地宜根据钢管直径、管壁厚度、加工及运输条件等因素确定。大型钢管宜在工地制作；直径较小且管壁较厚的钢管可在专业工厂内加工成节或瓦片，运至工地组装。

木材加工厂规模宜根据工程所需原木总量、木材来源及其运输方式，锯材、构件、木模板的需要量和供应计划，场内运输条件等确定。

钢筋加工厂规模可按高峰月的日平均需要量确定。

混凝土构件预制厂规模宜根据构件的种类、规格、数量、最大重量、供应计划、原材料来源及供应运输方式等计算确定。

施工所用氧气宜在工程附近地区采购，当工程附近地区制氧厂供应能力不能满足或运距远、运输困难时，可在工地设制氧厂。

大型设备和金属结构拼装场宜靠近主要安装部位，拼装场地宜根据闸门和启闭机主要尺寸、水轮发电机类型、运输条件等因素确定。

一、混凝土坝中心修配厂

混凝土坝中心修配厂建筑面积 F 和占地面积 A 可按下式计算：

$$F \leqslant 340V^{0.5} \tag{5-15}$$

当主体工程混凝土方量 V 小于 1500 万 m^3 时，$A=60V$；当主体工程混凝土方量 V 大于 1500 万 m^3 时，$A=72450+11.7V$。

二、土石坝中心修配厂

土石坝中心修配厂建筑面积 F 和占地面积 A 可按下式计算：

$$F \leqslant 165V^{0.5} \tag{5-16}$$

$$A = 11V \tag{5-17}$$

式中，V 为主体工程土石方量，万 m^3。

三、汽车修理厂和汽车保修站

设汽车年运输工作量总和为 Q（万 m^3），可按下列公式估算汽车修理厂的建筑面积 F 和占地面积 A：

$$F = 1.5Q \tag{5-18}$$

$$A = 4.5Q \tag{5-19}$$

汽车保修站的建筑面积 F 和占地面积 A 按下式计算：

$$F = 0.75Q \tag{5-20}$$

$$A = 0.3Q \tag{5-21}$$

第五节　施工仓库设施

工地仓库的主要功能是储存和供应工程所需的各种物资、器材和设备。工地仓库根据其用途和管理形式分为中心仓库（储存全工地统一调配使用的物料）、转运站仓库（储存待运的物资）、专用仓库（储存一种或特殊的材料）、工区分库（只储存本工区的物资的材料）、辅助企业分库（只储存本企业用的材料等）等，按照结构形式分为露天式仓库、棚式仓库和封闭式仓库等。

仓库的平面布置应尽量满足防火间距的要求。中心仓库应布置在对外交通路线进入工区入口处附近；特殊材料库（如炸药等）布置在不会危害企业、施工现场、生活福利区的安全的位置。

一、仓库储存量的计算

仓库储存量的确定需根据施工条件、供应条件、运输条件等具体情况确定。对仓库储存量的要求既不能存储过多，造成积压浪费，又要满足工程施工的需要，且具有一定的存储量。另外，受季节影响的材料，应分析施工和生产的中断因素。水运时须考虑洪、枯水和严寒季节的影响，材料的储存量可按下式计算：

$$q = \frac{Q}{ntk} \tag{5-22}$$

式中，q 为需要材料储存量；Q 为一般高峰年材料总需要量，t 或 m³；n 为年工作日数；t 为需要材料的储存天数，可参考表 5-15；k 为不均匀系数，可取 1.2～1.5。

表 5-15 材料储存天数

材料名称	储存天数/d	材料名称	储存天数/d
钢材	120～180	沥青	20～30
设备配件	180～270	化工材料	20～30
水泥	7～15	煤	30～90
爆破器材	60～90	电线	40～50
油料	30～90	钢丝绳	40～50
木材	30～90	砂石成品	10～20
五金材料	20～30	劳保用品	30～40

二、仓库面积的计算

1. 材料器材仓库

材料器材仓库的面积可按下式计算：

$$W_1 = \frac{q}{pk_1} \tag{5-23}$$

式中，W_1 为材料器材仓库面积，m²；q 为材料储存量，t 或 m³；p 为每平方米有效面积的材料存放量，t 或 m³；k_1 为仓库面积利用系数。

2. 施工设备仓库

施工设备仓库的面积可按下式计算：

$$W_2 = \frac{na}{k_2} \tag{5-24}$$

式中，W_2 为施工设备仓库的面积，m²；n 为设备的台数，台；a 为设备停放占地面积，m²/台，见表 5-16；k_2 为面积利用系数，库内有行车时取 0.3，库内无行车时取 0.7。

表 5-16 施工设备停放占地面积（m²/台）

机械名称	停放方式	占地面积
塔式起重机	露天	200～300
履带式起重机	露天	100～125
汽车式起重机	露天或室内	20～30
门式起重机	露天或室内	300～400

续表

机械名称	停放方式	占地面积
缆式起重机	露天或室内	400～500
铲运机	露天	70～100
推土机、压路机	露天	25～35
汽车（室外）	室内应大于10%	46～60
汽车（室内）		20～30
平板拖车		100～150
空压机、搅拌机、卷扬机等	室内与室外比例为3:7	4～6

3. 工地临时房屋

一般工地上的临时房屋主要有行政管理用房（如办公室等）、文化娱乐用房（如俱乐部等）、居住用房（如职工宿舍等）、生活福利用房（如医院、商店、浴室等）等，可根据实际情况参考相应标准计算。

第六章　施工总布置

施工总布置的任务是解决施工现场空间（平面与立面）的总组织问题。具体地说，就是根据枢纽布置和坝区附近的地形地貌，研究解决施工场地的分期分区规划，对施工期间所需的交通运输、施工工厂设施进行平面、立面布置。施工总布置就是解决选点、定线、平面布置与空间安排等问题，进行点、线、面、体的布局、协调及优化。

施工总布置规划应综合分析水工枢纽布置、主体建筑物规模、型式、特点、施工条件和工程所在地区社会、自然条件等因素，合理确定并统筹规划为工程服务的各种临时设施；应符合环境保护和水土保持的有关规定，处理好施工场地布局与环境保护、水土保持的关系；妥善处理施工场地内外关系，以保证施工质量、加快施工进度、提高经济效益。

施工总布置方案应贯彻执行合理利用土地的方针，遵循施工临建与永久利用相结合、因地制宜、因时制宜、有利生产、方便生活、节约用地、易于管理、安全可靠、经济合理的原则，经全面系统比较论证后选定。

第一节　施工总布置的内容

影响施工总布置的因素主要有枢纽组成与布置、工程条件（包括地形、水文、地质和水文地质、气候等条件）、交通运输条件及当地社会经济状况、导流程序和施工进度安排、施工方法、环境保护要求等，在进行方案设计时，施工总布置应根据施工需要分阶段逐步形成，综合考虑各因素，满足各阶段施工需求，做好前后衔接。

一、施工总布置的主要内容

施工总布置的内容总体来讲，对一切拟建的永久建筑物、构筑物、管线、施工设施、施工交通运输、料场和弃渣场位置等进行优化设计，主要包括施工场地选择和施工分区规划。

施工总布置的主要内容有：

（1）配合选择对外运输方案，选择场内运输方式以及两岸交通联系的方式，布置线路，确定渡口、桥梁位置，组织场内运输。

（2）选择合适的施工场地，确定场内区域划分原则，布置给施工辅助企业及其他生产辅助设施，布置仓库站场、施工管理及生活福利设施。

（3）选择给水、供电、压气、供热以及通信等系统的位置，布置干管、干线。

（4）确定施工场地排水、防洪标准，规划布置排水、防洪沟槽系统。

（5）规划弃渣、堆料场地，做好场地土石方平衡以及开挖土石方调配。

（6）规划施工期环境保护和水土保持措施。

施工总布置方案宜采用有利于施工封闭管理的布置方案。生活营地、大型工程主要施工工厂和重要临时设施的布置场地应有工程地质评价意见。施工公用设施项目及规划布置应合理确定，并应明确各项公用设施范围及其分期实施面貌。主要施工工厂和临时设施施工场区，防洪标准应根据工程规模、工期长短、河流水文特性等情况确定。

施工场地条件具备布置不同的施工总布置方案时，应进行施工总布置方案比选，必要时应进行专题论证，施工总布置方案比选时应考虑下列因素：

（1）场地平整工程量。
（2）交通道路的工程量或造价指标，运输量及运输设备需用量。
（3）土石方平衡计算成果及渣场规划成果。
（4）风、水、电系统管线布置及主要工程量。
（5）生产设施、生活营地建筑物面积和占地面积。
（6）施工场地征地移民指标。
（7）施工工厂设施的土建、安装工程量。
（8）站场、码头和仓库装卸设备需要量。
（9）其他临时建筑物工程量。

二、编制施工总布置所需基本资料

（1）当地国民经济现状及其发展规划。
（2）可为施工服务的建筑、修配、运输、加工制造等企业的规模、生产能力及其发展规划。
（3）现有水陆交通运输条件和通过能力及其远期、近期发展规划。
（4）水、电以及其他动力供应条件。
（5）邻近居民点、市政建设状况和规划。
（6）当地建筑材料及生活物资供应情况。
（7）施工现场土地状况和征地有关的问题。
（8）平面图及工程所在地区行政区划图、施工现场地形图（1:1000～1:2000）、主要临时工程平面布置图、三角水准网点等测绘资料。
（9）施工现场范围内的工程地质与水文地质资料。
（10）工程所在河流和施工现场范围内及相邻河流的水文资料、当地气象资料。
（11）规划、设计各有关专业的设计成果及中间资料。
（12）主要工程项目定额、指标、单价、运杂费率等资料。
（13）当地有关部门对工程施工的要求。
（14）施工场地范围内的环境保护和文物保护要求。

三、编制施工总布置的依据

（1）可行性研究报告及审批意见、上级单位对本工程建设的要求或批件。
（2）工程所在地区有关基本建设的法规或条例，地方政府、业主对本工程建设的要求。
（3）国民经济各有关部门（交通、林业、灌溉、旅游、环境保护、城镇供水等）对本工程建设期间的有关要求及协议。
（4）当前水利水电工程建设的施工装备、管理水平和技术特点。

(5) 工程所在地区和河流的自然条件（地形、地质、水文、气象特征和当地建设情况）、施工电源、水源及水质、交通、环境保护、旅游、防洪、灌溉、航运、供水的现状和近期发展规划。

(6) 当地城镇现有修配、加工能力，生活、生产物资和劳动力供应条件，居民生活、卫生习惯等。

(7) 施工导流及通航等水工模型试验、各种原材料实验、混凝土配合比试验、重要结构模型实验、岩土物理力学试验等成果。

(8) 工程有关实验成果。

(9) 勘测设计有关成果。

四、施工总布置编制步骤

(1) 收集分析整理资料。
(2) 编制并确定临时工程项目明细及规模。
(3) 施工总布置规划。
(4) 施工分区布置。
(5) 场内运输方案。
(6) 施工辅助企业及辅助设施布置。
(7) 各种施工仓库布置。
(8) 施工管理。
(9) 总布置方案比较。
(10) 修整完善施工总布置并编写文字说明。

五、施工总布置方案评价

由于施工总布置涉及许多复杂因素，在进行方案比较时，不仅要有定量指标，还要进行定性分析。

1. 定量指标

(1) 交通道路的工程量及造价，运输量及运输设备需要量。
(2) 各方案土石平衡计算成果及弃渣场规划，场地平整的土石方工程量。
(3) 风、水、电系统管线布置的主要工程量、材料和设备等。
(4) 生产设备、生活区建筑面积和占地面积。
(5) 各方案施工征地移民的各种指标。
(6) 施工工厂的土建、安装工程量。
(7) 站场、码头和仓库装卸设备需要量。
(8) 其他临建工程量。

2. 定性分析

(1) 布置方案能否充分发挥施工工厂的生产能力。
(2) 布置方案能否满足施工总进度和施工强度的要求。
(3) 施工设施、站场、临时建筑物的协调与干扰情况。
(4) 当地现有企业为工程施工服务的可能性和合理性。

第二节　施工场地选择

一、施工场地选点

施工总布置中的选点问题，是指为施工工厂设施选择合理的平面位置。生活设施的选点，通常以各服务点受益均衡为优化目标；生产设施的选点，通常以费用最小为优化目标。

1. 几何图形叠合选点法

几何图形叠合选点法主要适用于生活服务设施的选点，选点主要是力求位置适中，节省各用户的往返时间，以便使各用户受益基本均衡。对于为施工生产服务的生产设施、通用材料备件仓库等，如果各施工的使用条件或受益条件大致相当，也可采用此法，以下举例说明。

某工地生活区平面示意图如图 6-1 所示。现拟在该区内修建一个食堂，为使居住在该区的人员到食堂的往返路程较短，试确定食堂的合理位置。此问题可用几何图形叠合选点法解决，其方法如图 6-2 所示。

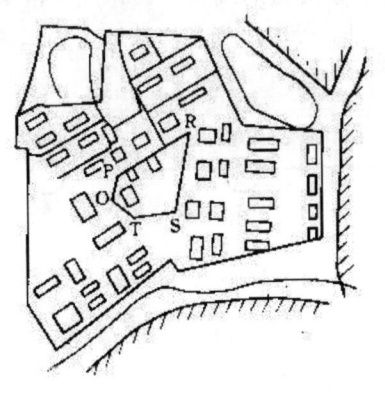
图 6-1　某工地生活区平面示意图

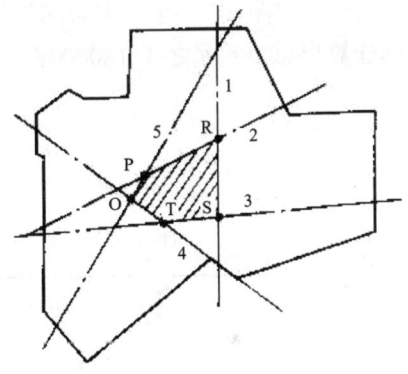
图 6-2　图形叠合选点示意图

（1）按比例绘出研究区域的外形轮廓平面图，供选点用的平面几何图形轮廓，只应包括研究问题的服务对象，与此无关的部分不应包括在内，否则，将影响选点的合理性。

（2）将画好的外形轮廓图剪下，进行第一次折叠，要求折过去的面积能全部包含在其余部分之内。然后将原图重新展开，并把折过去的面积用一种颜色涂上（或用一种线条区分），表示这部分已被折叠过。

（3）再换一个方向，用另一条对折线重复上述步骤。经过几次折叠后，最后剩下一小块未涂颜色的区域，这就是选点最合适的区域，如图 6-2 中的阴影部分。

（4）分析调整。经过以上步骤所求出的地点虽然是优化结果，但还要考虑实际可能。例如所选区域有无障碍物，是否与永久设施相冲突，此时应作适当调整。如果所研究的问题是公用生产设施的地点选择，还要考虑施工机械的活动范围和工艺要求。选点时尚需满足安全、防火、卫生等要求。

对于公用生产设施选点，其服务对象是各施工点，绘制平面轮廓图时，只应包括这些施工点，且各施工点的需求量应基本均衡，受益条件应相似，选点结果才合理。

2. 邻端归纳选点法

邻端归纳选点法，又称归邻选点法，此法主要适用于公用设施的选点问题。当公用生产设施各服务对象的需求量显著不均衡时，几何图形中心并不是合理的选点位置。这种情况下优化的目标函数，通常是要求总的运输费用或运输吨公里数最小，即

$$T_k = \min\left\{\sum_{i=1}^{m}\sum_{j=1}^{n} Q_{ij} D_{ij}\right\} \tag{6-1}$$

式中，T_k 为总运输吨公里数；Q_{ij} 为从 i 点供给 j 点的运输量，t；D_{ij} 为从 i 点至 j 点的距离，km。

采用邻端归纳选点法，应从各端点（服务对象）逆推，逐步将各端点按一定的规则合并收缩，最后找到合理的供点（施工设施厂址位置）。选点的具体方法为：分别检查每个端点，如果该点的总需求量小于总供应量之半，则将该点的需求量归入相邻的点中；否则就在此处设一新点。这样重复若干次，最后将集中到一点，这就是经过优化后所选出的合理地点。

由于运输路线的布置不同，其选点的方法略有差异，现分三种情况讨论。

（1）贯通线路。如果施工设施和服务对象是由一条贯通运输线连接，可以证明施工设施的合理位置与各服务对象之间的距离无关。例如，在一条贯通的线路上，有几个混凝土浇筑地点，其浇筑量如图 6-3 所示，求合理的混凝土工厂厂址。设工厂到各浇筑地点的运输方式相同，首先计算出总浇筑量之半 18000m³。

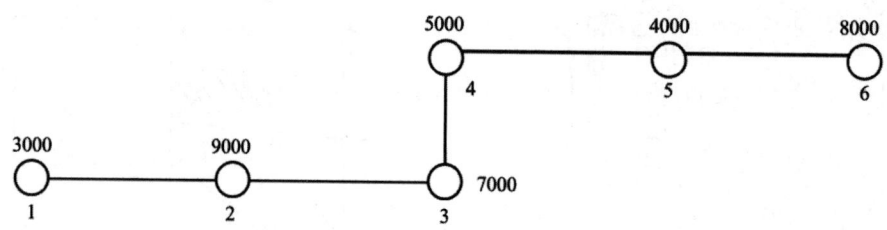

图 6-3 贯通运输线路上各点浇筑量分布图（单位：m³）

贯通线路有两个端点。先检查 1 点，3000<18000，故将其归入 2 点（邻点）。归并后，2 点的浇筑方量变为 12000，因 12000<18000，故继续归并入 3 点。归并后 3 点的浇筑方量为 19000，已大于总量之半，故应在此处设一新点。然后检查另一端点，即 6 点。仿照上述步骤，依次将 6 点、5 点归入 4 点，归并后，4 点的浇筑量为 17000，仍小于总量之半，故应继续归入 3 点。由此可见，3 点就是最合理的厂址位置。

在图 6-3 中，如果 6 点的浇筑量为 10000，则总浇筑量之半变为 19000，经归并后，将保留两个新点。此时 3 点与 4 点的浇筑量均恰为总浇筑量之半。在种种情况下，此两点及两点之间的其他位置，都是经济合理的厂址位置。

（2）枝状运输线路。如果施工设施及其服务对象之间由枝状运输线路连接，只要运输线路中不存在闭合圈，采用邻端归纳选点法的具体步骤与贯通线路基本相同。主要差别在于贯通线路中只有两个端点，枝状运输线路的端点较多。此时可先将枝状线路化作贯通线路，其他步骤基本相同。这里，仍以上方混凝土工厂厂址选择为例，各浇筑点的浇筑量如图 6-4（a）所示。首先计算浇筑总量，求得其半值 33500。然后，利用邻端归纳选点法进行初次归并，将枝状线路化为贯通线路，如图 6-4（b）所示。

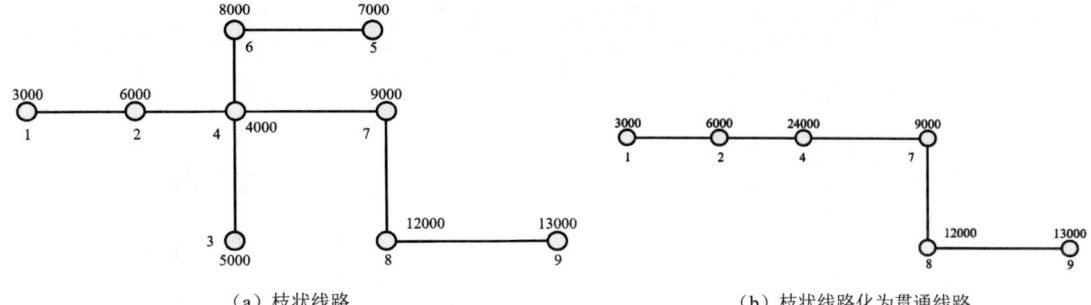

(a) 枝状线路　　　　　　　　　　　　(b) 枝状线路化为贯通线路

图 6-4　枝状运输线路各点浇筑量分布图（单位：m³）

上述归并方法，是把 3、5、6 点视作支线点。当然还可采取其他归并方案，例如把 1、2、3 视作支线点，而把 5、6 点当作干线上的点等。初次归并时，虽然有多种方案可以选择，但应注意支线上浇筑量不能大于枝状线路浇筑总量之半，否则应在该处设一新点，并将其当作干线。

把枝状线路化为贯通线路后，采用邻端归纳选点法，就可以求得合理的选点位置。图 6-4（b）经过进一步归并得出，优化后的厂址位置为 7 点。

（3）有闭合圈的运输线路。当运输线路不完全呈树枝状，线路中存在闭合圈时，合理的选点与上述两种情况有些不同。数学上已经证明，最优点一定可以在需点或路线上的交叉点找到。因此，将每个需点和道路交叉点当作可能的供点位置，分别计算出由该点到其他各需点的运输总吨公里数，经比较后，选取最小者，即为优化选点。其表达式如下：

$$T_D = \min\{T_{Di}|_{i=1,2,3,\cdots,n}\} \tag{6-2}$$

式中，T_D 为最优化选点的运输总吨公里数；T_{Di} 为从 i 点（选作供点的某需点或道路交叉点）运至其他各需点的运输总吨公里数。

现仍以混凝土工厂厂址选择为例，运输线路布置如图 6-5（a）所示。

图 6-5（a）与图 6-4（a）的主要区别在于运输线路中是否存在闭合圈。在图 6-5（a）中，5、6 两点不再是枝状线路上的支线点，4、6、5、A 构成一个闭合圈，A 点只是道路交叉点，不是需点（浇筑点）。该图上还标出了各点间距离，以便按式（6-2）进行优化计算。

如按图 6-5（a）和式（6-2）直接计算，则 $i=1,2,\cdots,9,A$，计算工作量大。实际上，由于运输线路中还有一些枝状线路部分，所以，对该部分线路仍可先用邻端归纳选点法予以简化，归并化简后的线路图如图 6-5（b）所示。该图除闭合圈 465A 外，还有 7 点未简化掉，这是由于将 9、8 两点依次并入 7 点后，该点的浇筑量已大于浇筑总量之半。在这种情况下，7 点就是合理的厂址位置，无须再进行计算。但是如果将该图中的数据略微改变，例如把 9 点的浇筑量改为 11000，则图 6-5（b）中归并入 7 点的浇筑量为 32000，此时浇筑总量之半为 32500，故可进一步把 7 点归并入 A 点，因 A 点不是浇筑点，归并后该点的需量就是 7 点之值。在这种情况下，图 6-5（b）中将只剩下 465A 闭合圈，进一步的分析工作，则应采用式（6-2）计算。

$$T_{D4}=8000×1+7000×3+32000×2=93000$$

同理，$T_{D5}=102000$；$T_{D6}=128000$；$T_{DA}=67000$。

由此可得，$T_D = T_{DA}=67000$，A 点是合理的厂址位置。

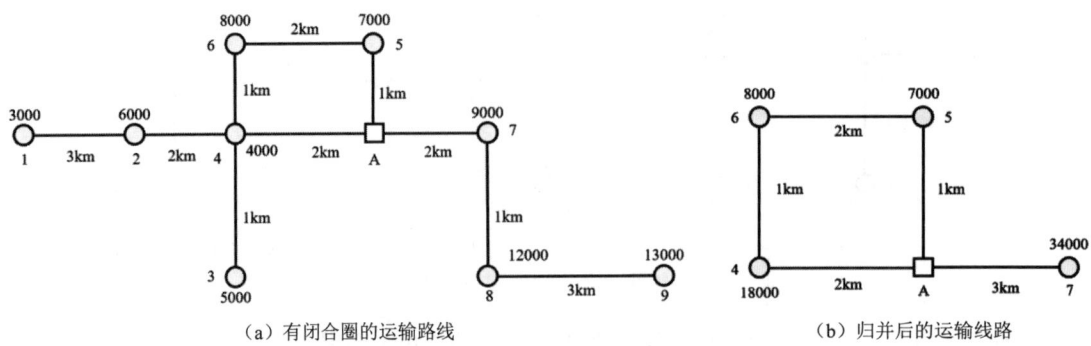

（a）有闭合圈的运输路线　　　　　　　　　（b）归并后的运输线路

图 6-5　运输中有闭合圈时各点浇筑量分布图（单位：m³）

3. 多供点运输的图面平衡法

上述两种选点方法，都是为若干个需点（服务对象）而寻求一个经济合理的供点，但是也可能会遇到既有多个需点，同时存在多个供点的情况，也就是多供、需点之间的运输问题。

求解的变数较多，除采用计算机编程求解外，当变量较少时，可采用图面平衡法。

例如，某工地有 A、B 两个砂石料场，用料地点有 C、D、E 三处，供料量、需料量以及运输道路布置如图 6-6 所示。用图面平衡法求解此问题的基本步骤如下。

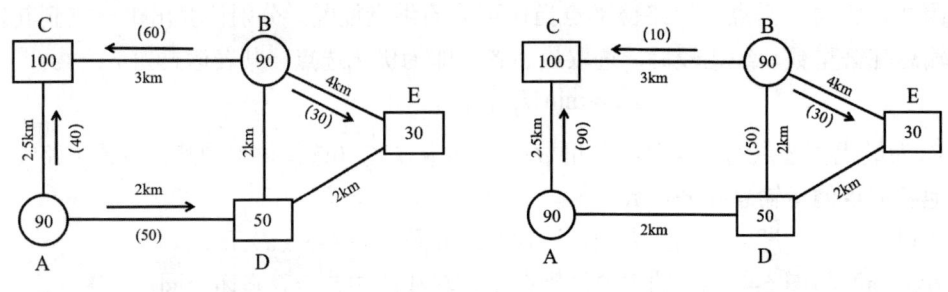

（a）初始调运方案的供需流向图　　　　　　　（b）用图面平衡法调整后的流向图

图 6-6　供需流向图与用图面平衡法调整后的流向图（流量单位：kt）

（1）绘出初始调运方案的供需流向运输图。供点用圆圈表示，需点用方框表示，供量与需量标如圈内和框内。物料运送方向用箭头表示，称作流向，且必须标示在前进方向的右侧。在箭头线上还要注明流量（运输量）。此外还规定每个闭合圈在圈内的箭头线叫作内圈流向，在圈外的箭头线叫作外圈流向。图 6-6（a）就是这种供需流向图。

（2）计算与调整。首先从只有一条边没有流向的闭合圈开始。图 6-6（a）中符合此条件的闭合圈有两个。一个为 ACBD，另一个是 ACBED，对这两个闭合圈分别进行以下计算与检查：

设每个圈的总长之半为 l，外圈流向线总长为 l_w，内圈流向线总长为 l_n。如果各个圈上没有对流，且 $l_w<L$ 和 $l_n<L$，表示运输方案已达到优化；如果各个圈的 $l_w>L$ 或 $l_n>L$，尚需进行调整。首先检查 ACBD 圈，闭合圈总长之半为 $L=4.75$ km，$l_w=5>L$，$l_n=2.5<L$，不满足要求。另一圈 ACBED 中，$L=6.75$ km，$l_w=5<L$，$l_n=6.5<L$，已符合要求，故应以 ACBD 圈为对象继续调整。

调整方法是：当外圈 $l_w>L$ 时，则选外圈中流量最小的一边（设流量为 K），删除该边上流量的流向，外圈的其他流向边上也减去流量 K 值；内圈各流向边上则增加流量 K，包括原来没有流量的一边，也要增加 K 值，并画上流向线。本例中，ACBD 圈的外圈最小流量边是 AD，$K=50$，按上述方法调整后的结果示于图 6-6（b）。当内圈 $l_n>L$ 时，与外圈的调整方法相仿，只需将上述方法中的内外对调即可。

对初步调整后的调运图继续检查。此时只有一条边没有流向的闭合圈是 ACBD 和 DBE。对于 ACBD，$L=4.75\text{km}$，$l_w=3<L$，$l_n=4.5<L$；对于 DBE，闭合圈总长之半 $L=4$，$l_w=2<L$，$l_n=4=L$，不大于 L，两个圈均已满足要求。原方案的运输量为 490kt·km，优化后为 475kt·km，比原方案节约了 15kt·km 的运输量。

4. 最短线路设计法

在施工总布置图设计中，当各项生产、生活设施选点之后，就要解决各种线路的布线问题，可用以下几种方法选线。

（1）最小树设计法。这种方法常用于各种主干线路设计。越是大范围的总体设计，经济效果越显著。最小树设计法的目标函数是由某一供点到所有需点距离综合为最小，而且要求点间是连通的，通过线将点连成片，中间没有断路。在所有的连线中，不能出现闭合圈，连线图只能是树枝状。最优解是各种可能的树状线路中距离总和最小者，故称最小树法。现举一例说明此法的应用。

图 6-7（a）是某工地临时供电初步方案示意图，其中各圆圈表示需电的用户，对于供电主干线的设计，这些用户是指某一工区，或某一施工工厂等。图中方框表示供电中心，由供电到各用户的距离均已标注在相应的连线上，要求找出总长度最小的供电线路及其布置。

采用最小树设计法时，先从某个点出发，例如从供电中心 O 出发，与之直接连通的点中，距离最短的是点 2，故连 O 与 2。再从 O 与 2 出发，找到距离最短的点，由于 O 与 5、2 与 3 的距离是 400m，故连 O 与 5、2 与 3。继续从 O、2、3、5 四点出发，找到最短距离为 3 与 5，但连 3、5，将形成闭合圈，这是不容许的，故舍去。继续查找此段距离的点，可连 1、2、4 与 O。再从新端点 1、4 与原有的端点 O、5 出发，可继续找距离最短的点 7，故连 5 与 7。同理可连 6 与 7、9 与 6、8 与 9 各段，结果如图 6-7（b）所示。这样就把各用户和供电中心连接起来，并得到了最短线路。

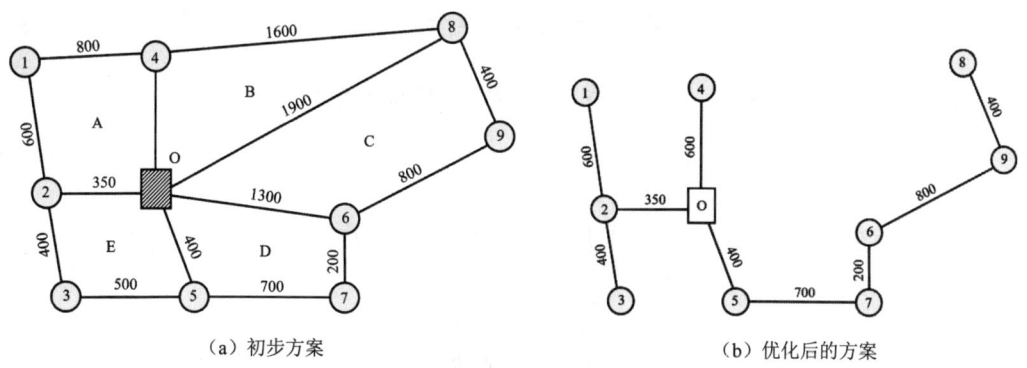

图 6-7 某工地供电干线布置方案优化图（单位：m）

（2）图上舍边破圈设计法。这种方法要解决的问题与最小树设计法相同。当初步规划的线路存在封闭圈时，采用图上舍边破圈设计法选线，比最小树设计法更简捷方便。仍以图 6-7

(a) 为例，图中有 A、B、C、D、E 五个封闭圈。现将每个圈最长边都舍去，直接出现没有封闭圈的枝状线路，即是所需要的最短线路。本例中 A 圈的最长边为 1—4，应舍去；B 圈中最长的是 0—8，应舍去；此时 B 与 C 变成一个圈，最长边为 4—8，也应舍去；同理应舍去 D 圈的 0—6 与 E 圈的 3—5，最后可得图 6-7（b），其结果和最小树设计法相同。

(3) 最短路线设计法。在选线时，如果由一个起点到某个终点之间有许多路径可通，要找出距离最短的线路，就可以采用最短路线设计法。由于问题的目标函数是使两点的距离最小，所以，这类问题被称为最短路线问题，其详细求解可参考运筹学中相关的解答方法。

二、施工场地平面规划

在施工总布置图设计中，除选点、定线外，场地的平面布置也是一项重要内容。大型水利水电工程的施工工厂规模大、运行费用高、服务周期相对较长，如果总布置不合理，不仅会造成施工困难，而且会造成极大浪费。在以往的工程实践中，此类问题一般采用定性分析方法解决。为得到合理的总布置，应采用定性分析与定量求解相结合的方法。

当有 n 个厂址，需要布置 n 个施工企业，且每个厂址只能布置 1 个企业时，布置问题可转化为线性规划中的指派问题。求解这类问题，既可采用线性规划方法，也可采用图与网络方法。

当施工工厂数目与厂址数目不同，而且某些工厂的布置或厂址条件有一定的约束要求时，则最常见的问题应采用整数规划或混合规划模型。

例如某水利枢纽有 4 个厂址（j=1,2,3,4），需布置混凝土工厂、金属结构厂、汽车保养厂、机械修配厂及一个生活区（i=1,2,3,4,5），试求最优布置方案，使年运行总费用最小。

采用整数规划中的二元规划模型时，问题的数学描述为：当施工工厂 i 布置在厂址 j 时，x_{ij}=1，否则 x_{ij}=0。

由于混凝土工厂占地面积大，只能单独布置，而且由于砂石料供应的运输条件及混凝土工厂应靠近坝址等要求，它只能布置在厂址 1 或 2，故约束条件为

$$x_{11}+x_{12}=1, \quad x_{13}=x_{14}=0 \tag{6-3}$$

$$\sum_{i=2}^{4} \leqslant 2(1-x_{ij}), \quad j=1,2 \tag{6-4}$$

金属结构厂、汽车保养厂、机械修配厂可在任一厂址布置，故

$$\sum_{j=1}^{4} x_{ij}=1, \quad i=2,3,4 \tag{6-5}$$

生活区只能布置在厂址 3 或 4，而且由于机械修配厂噪声太大，二者不能布置在一起，故

$$x_{33}+x_{34}=1, \quad x_{31}=x_{32}=0 \tag{6-6}$$

$$x_{4j} \leqslant 1-x_{5j}, \quad j=3,4 \tag{6-7}$$

由于布置面积限制，每个厂址最多只能布置两个施工工厂（混凝土工厂除外）或生活区，故

$$\sum_{i=2}^{5} x_{ij} \leqslant 2, \quad j=1,2,3,4 \tag{6-8}$$

设备工厂（生活区）布置在不同厂址时的年运行费用为 c_{ij}，则问题的模型为

$$\min z = c_{ij} \times x_{ij} \tag{6-9}$$

三、施工场地高程规划

在施工总布置图的设计中，除设计点、线、面的合理位置外，还要涉及体的问题，经常遇到的问题有两类：

第一类是场地平整和土石方平衡问题，要求确定合理的建基面高程及科学的土石方调运方案，使场地平整费用最少。

第二类是选择临时设施的最优建基高程，例如选择合理的拌和楼及进料线高程，合理的缆机平台高程等，以使总运行费用最小。

第三节 施工分区规划

一、施工总布置的分区

施工总布置可按功能分为下列区域：
（1）主体工程施工区。
（2）施工工厂区。
（3）当地建材开采区。
（4）工程存、弃渣场区。
（5）仓库、站、场、码头等储运系统区。
（6）机电、金属结构和大型施工机械设备安装场区。
（7）施工管理及生活区。
（8）工程建设管理及生活区。

二、施工分区规划的原则

施工分区规划布置应遵守下列原则：

（1）应按对外交通运输方案，拟定场内、外交通连接方式，拟定车站、码头和各施工区的位置，并确定场内永久交通主干线走向。

（2）应根据建筑物布置、施工导流特点和当地建筑材料产地，以及工程主要土石方和混凝土运输流向，结合场地分布情况拟定场内主要交通干线。

（3）以混凝土建筑物为主的枢纽工程，施工区布置宜以砂石料开采、加工、混凝土拌和、浇筑系统为主；以当地材料坝为主的枢纽工程，施工区布置宜以土石料开采、加工、堆料场和上坝运输线路为主。

（4）机电设备、金属结构安装场地宜靠近主要安装地点。

（5）施工管理及生活区应设在主体工程施工区、施工工厂和仓库区的适中地段。

（6）工程建设管理区宜结合生产运行和工程建设管理需要统筹规划，场地应具用良好的外部环境，且交通方便，避免施工干扰。

(7)主要物资仓库、站(场)等储运系统宜布置在场内外交通干线连接处或沿线,并能满足主体工程施工需要。外来物资的转运站远离施工区时,应按独立系统设置仓库、堆场、道路、管理及生活设施。

(8)施工管理及生活营区的布置应考虑风向、日照、噪声、水源水质等因素,其生活设施与生产设施之间应有明显的界限。

(9)施工分区规划应考虑施工活动对周围环境的影响,减少噪声、粉尘、振动、污水等对办公及居住区、变电站、水厂等的危害。

(10)火工材料、油料等特种材料仓库布置应符合国家有关安全标准的规定。

(11)施工工厂、站场和仓库的建筑标准应满足生产工艺流程、技术要求及有关安全规定,宜采用定型化、标准化和装配式结构。

三、施工区房屋建筑面积和占地面积

施工分区规划中各施工区房屋建筑面积和占地面积的确定应遵循下列原则:

(1)施工工厂区建筑面积和占地面积由施工工厂设计确定。

(2)各种仓库、堆料的储存量以及建筑面积、占地面积经计算确定,或按同类工程经验类比确定。

(3)施工管理及生活区房屋建筑面积根据工程规模,宜按施工总进度施工高峰年平均人数乘人均建筑面积综合指标计算,人均建筑面积综合指标可取 $12\sim15m^2$/人。占地面积经计算确定。

(4)工程建设管理及生活区房屋建筑面积与占地面积应根据工程规模、建设工期、建设管理模式等,分析确定。

第四节 施工场地防洪与排水

水利水电工程施工场地受自然因素影响较大,施工前,要结合施工方案制订防洪与排水方案,做到永久性排水设施与临时性排水设施相结合。沿河道(溪、沟)两岸主要施工工厂设施和临时设施的防洪标准应根据工程规模、工期长短、河流水文特性等情况,分析不同标准洪水对其危害程度,在 5~20 年重现期范围内采用。主要生活区和重要的施工工厂防洪标准应采用上限值。

河道沿岸的主要施工场地,防护措施应按选定的防洪标准确定,大型工程场地防护范围可根据永久工程水力学模型试验论证。可利用库区场地布置前期施工临时建筑工程,但应分析施工期水位情况,施工场地高程不应低于防洪标准的洪水水位,并考虑回水、风浪、冰凌、坍岸等的影响,松软地基应考虑浸没影响。在库区初期蓄水位以下,不宜布置后期还需使用的设施。

一、存、弃渣场防洪标准

存、弃渣场防洪标准选择应符合下列规定:

(1)工程施工期临时堆存有用料的存渣场防洪标准,应根据渣场的位置、规模及渣料回

采要求等因素，在 5～20 年重现期内选用。

（2）库区死水位以下的渣场防洪标准，应根据渣场规模、河道地形与水位变化以及失事后果等因素，在 5～20 年重现期内选用。若蓄水前渣场使用时间较长，经论证可提高渣场防洪标准。

（3）工程永久性弃渣场防洪标准，应根据渣场位置、规模、地形条件、周围环境以及失事后的危害程度等因素确定，其防洪标准应按《水利水电工程水土保持技术规范》和《水土保持工程设计规范》确定。

二、施工场地排水设计

（1）场内排水系统应统一协调规划，保证畅通，衔接合理。应符合高水高排、低水低排、多自排、少抽排的原则。

（2）应根据防洪标准、暴雨标准、工程地形、水文、气象因素及环境保护要求，划分排水区域，计算各排水区排水量，选定排水方式。

（3）场地地表雨水排除的地面坡度不宜小于 3‰，湿陷黄土地区不宜小于 5‰，建筑物周围场地坡度宜大于 2‰。

（4）宜采取截排方式避免较大溪沟水流进入基坑。

（5）排水建筑物的型式、断面和尺寸应满足过水、消能防冲要求，还应考虑清淤条件。特殊地区应考虑冰冻和泥石流影响。

（6）开挖、填筑的坡面排水需设置截水、排水设施，并引至主排水系统。

三、渣场、场平等填方区排水设计

（1）填方应稳定安全。填方底部宜设置反滤排水设施。

（2）排水可采用隧洞、涵洞、竖井、明渠或组合方式。

（3）排水线路宜布置在坚实的地基上，水流衔接顺畅，需要时可采用沿线消能措施。

（4）进水口应保证收集主要水流，出水口应与天然沟渠衔接并设置消能防冲设施。

第五节　土石方平衡、渣场规划及施工用地

一、土石方平衡

土石方平衡应遵守下列原则：

（1）应根据工程开挖区的地形地质条件、开挖料的质量特性和工程建筑材料的技术要求，填筑料和混凝土骨料料源宜利用建筑物开挖料。

（2）开挖料宜直接利用，减少存放周转渣料数量。

（3）应合理规划存、弃渣场，使填筑料和弃渣料运输顺畅、运距短。

（4）应合理确定弃渣松散系数和填筑料压实系数，以及工程总弃渣量和利用料量。

（5）应根据开挖利用料来源和施工特点，考虑施工作业损耗。

二、渣场选址

渣场分为可用料临时堆存的存渣场和废弃料永久堆存的弃渣场，渣场选址及各渣场的堆存量确定应结合土石方平衡进行。渣场选址应遵守下列原则：

（1）应满足环境保护、水土保持要求和当地城乡建设规划要求。
（2）存渣场应便于渣料回采，减少反向运输。
（3）弃渣场宜靠近开挖作业区的山沟、山坡、荒地、河滩等地段，不占或少占耕（林）地，地基承载力满足堆渣要求。
（4）渣场布置宜避开天然滑坡、泥石流、岩溶、涌水等地质灾害区。
（5）有条件时弃渣场可选在水库死库容以下，但不得妨碍永久建筑物的正常运行。
（6）利用下游河滩地作堆弃渣场时，不得影响河道正常行洪、航运和抬高下游水位。
（7）应考虑场内交通、渣料来源等因素。

三、渣场规划

渣场规划应遵守下列原则：
（1）存渣与弃渣应分开堆存，存、弃渣场容量应适当留有余地。
（2）存、弃渣场规划利用同一场地时，宜遵循下部弃渣、上部存料的原则。
（3）应按堆存料的性状确定分层堆置的台阶高度和稳定边坡，保持堆存料的形体稳定。
（4）应结合施工总进度要求提出渣场运行程序，设置渣场临时排水或永久排水设施。
（5）存、弃渣场周边应设置导水、排水与挡（截）水设施。
（6）应及时进行渣场封闭，利用渣场作为施工场地或进行绿化、造地。

四、施工用地

施工用地规划应遵照科学、合理、节约、集约用地、便于建设期和运行期管理、方便施工的原则。施工用地宜相互靠近、连片规划，避免小块交错穿插。施工用地范围应根据场地条件、施工总布置、用地性质、使用时限、征地补偿及移民安置等综合分析确定，并应考虑与地方区划、建设和交通现状及发展规划相结合，以减少矛盾。

施工用地分为施工临时用地和永久用地。施工临时用地与永久用地应统筹规划，工程建设中应优先规划使用永久用地，并宜使临时用地和永久用地相结合。施工临时用地宜以施工临时设施外轮廓线为基础，考虑安全、维修、施工影响、便于管理等因素确定。取料场和弃渣场等用地应优先复垦，并列为临时用地；工程永久用地应按水库工程管理设计规范及有关规定确定，不能或难以复垦的土地，可列为永久用地。

第七章 施工总进度

施工总进度是施工组织设计的重要组成部分，是整个枢纽或单项工程的各种施工项目的时间规划，规定了各单项工程的施工顺序和施工起止时间，以及工程施工的总时间。

编制施工总进度，首先要根据工程所在地区的自然及社会经济条件、工程施工特点和可能的施工进度方案，研究确定关键性工程的施工分期和施工程序，协调平衡地安排其他单项工程的施工进度，进行施工分期，确定施工顺序，从而计算按正常条件施工所需的合理性工期，进而拟定可能的施工进度方案；其次要在条件允许的情况下参考指令性工期，调整各工程施工进度，进行施工总进度优化，使整个工程施工前后兼顾，互相衔接，减少干扰，均衡生产，最大限度地合理使用建设资金、劳动力、机械设备和建筑材料，在保证工程质量和施工安全的前提下，按时或以较短工期确保建成投产，发挥效益。

第一节 施工总进度的类型

一、施工总工期

施工总工期是施工总进度计划编制的重要依据之一。施工总工期一般是由上级主管部门根据国民经济发展需要确定的，或者是由业主对施工总工期提出要求，设计中应千方百计采取措施满足其规定要求。但是也可能遇到工期要求过短或过长的情况，经论证后确认工期规定不合理时，应提出更现实合理的替代方案，由上级主管部门或业主复核。

工程建设全过程可划分为工程筹建期、工程准备期、主体工程施工期和工程完建期四个施工时段。由于工程筹建期可能长短悬殊，此阶段单独计算，编制施工总进度时，不计入工程准备期和总工期。工程施工总工期为工程准备期、主体工程施工期和工程完建期三项工期之和，相邻两个阶段的工作可交叉进行。

1. 工程筹建期

工程筹建期是指工程正式开工前，由业主单位或建设单位负责筹建对外交通、施工供电、通信系统、征地补偿、移民安置以及招投标、签约等工作所需的时间。此阶段不计入工程准备期和总工期。

2. 工程准备期

工程准备期是指从准备工程开工起至关键线路上的主体工程开工或河道截流闭气前的工期，其工作内容宜包括场地平整、场内交通、施工工厂设施、必要的生活生产房屋建设以及实施经批准的试验性工程等。根据确定的施工导流方案，工程准备期内还应完成必要的导流工程。一般承包单位为提高经济效益及加快工程进度，准备工程期尽可能缩短。

3. 主体工程施工期

主体工程施工期是指自关键线路上的主体工程开工或河道截流闭气开始，至第一台机组发电或工程开始发挥效益为止的工期。主体工程施工期是控制施工总工期和工程按时受益的决定性因素，也是施工总进度计划编制中的重点工作，因此必须纵观全局，统筹兼顾，才能做出合理的安排。

4. 工程完建期

工程完建期是指自水利水电工程第一台发电机组投入运行或工程开始发挥效益起，至工程完工的工期。工程尽快竣工扫尾是提高建设效益的重要环节，应紧凑安排。

二、施工总进度计划的类型

施工总进度计划随施工组织设计阶段深度的不同而不同，一般由粗到细、由总体到局部，逐渐细化。

1. 河流规划阶段

在河流规划阶段，根据已掌握的流域内的自然和社会条件进行工程规划及可能的施工方案设计，参考已建工程的施工指标，拟定轮廓性施工进度计划，匡算（或估算）施工总工期、初期发电时间、劳动力需求量和总工日数。

2. 可行性研究阶段

在可行性研究阶段，根据工程具体条件和施工特性，对拟定的各坝址、坝型和水工枢纽布置方案，分别进行施工进度的分析研究，提出施工阶段资料，参与方案选择，评价水工枢纽布置方案。在既定方案基础上，配合拟定并选择导流方案，研究确定主体工程施工期和施工程序，提出控制性进度表及主要工程的施工强度，初算劳动力高峰时人数和平均人数。

在该阶段拟定轮廓的进度表时，应分清整个工程的主次，抓住关键工程，合理确定施工分期，协调好各单项工程的施工进度，使各项工程的施工互相衔接，前后兼顾，均衡生产，避免互相干扰。

3. 初步设计阶段

在初步设计阶段，根据主管部门对可行性研究报告的审批意见、设计任务和实际情况的变化，在参与选择和评价枢纽布置方案、施工导流方案的过程中，提出并修改施工控制性进度；对导流建筑物施工、工程截流、基坑抽水、拦洪、后期导流和下闸蓄水等工期要认真分析；对枢纽主体工程的土建、机电、金属结构安装等的施工进度要求其程序合理，平行、依次、流水，均衡施工。

在编制单项工程施工进度的基础上，经综合平衡，进一步调整完善、确定施工控制性进度，并提出施工进度表及施工强度、劳动力需要量和总工日数等资料。

在初步设计的施工进度计划中，要对工程施工进度的可能性与合理性进行论证，并计算出施工强度、劳动力、主要材料、主要机械设备、动力和投资分配等各项指标，以检验施工的均衡性。

4. 招标设计阶段

在招标设计阶段，根据初步设计编制的施工总进度和水工建筑物型式、工程量的局部修改、综合施工方法和技术供应条件，进一步调整、优化施工总进度。

本阶段的特点是在单项工程进度计划的基础上进行合理编制，提出一个工序衔接合理、责任划分清楚、合同管理清晰、经济效益显著的进度安排。各单项工程施工进度经调整、修改确定后，据以调整施工总进度。

三、施工总进度计划的编制原则

施工总进度计划不但要尽可能满足导流、截流、拦洪、渡汛、下闸、蓄水、发电等各方面对工期的要求，也要协调好施工导流、主体工程施工、施工现场布置、施工技术供应等的关系，确保经济上合理、技术上可行。编制施工总进度应遵守下列原则：

（1）应遵守基本建设程序。

（2）宜采用国内平均先进施工水平合理安排工期；地质条件复杂、气候条件恶劣或受洪水制约的工程，工期安排宜适当留有余地。

（3）应做到资源（人力、物资和资金等）均衡分配。

（4）单项工程施工进度应与施工总进度相互协调，各项目施工程序应前后兼顾、衔接合理、干扰少、施工均衡。

（5）在保证工程施工质量、施工总工期的前提下，应充分发挥投资效益。

（6）应确保工程项目的施工在安全、连续、稳定、均衡的状态下进行。

（7）应研究工程分期建设、降低初期建设投资、提前发挥效益的合理性。

施工总进度应突出关键工程、重要工程、技术复杂工程，明确准备工程起点时间，明确截流、下闸蓄水、第一台（批）机组发电或工程发挥效益和工程完工日期。控制施工进程的重要关键节点（导流工程、坝肩开挖、截流、主体工程开工、工程度汛、下闸蓄水、工程投产运行等）应具备的条件，在施工进度设计文件中应予以明确。

四、施工进度计划的表现形式

水利水电工程施工总进度的表示形式应采用横道图或网络图。

横道图具有直观、简单、方便，易于编制而为人们所掌握，适应性强的特点，但横道图难以完整确切地反映各项工作项目之间的逻辑衔接和制约关系。

网络图逻辑严密，通过时间参数计算，可找到控制总工期的关键路线，能够根据资源条件进行资源的平衡和优化，能够根据反馈信息控制施工进度等。因此，网络图在施工进度计划的编制之中使用越来越普遍。

在枢纽布置、建筑物型式和施工导流等方案比较中，应进行各方案控制性进度的比较。大、中型工程的施工总进度编制可利用网络计划技术，分析优化资源配置、施工强度、工期、关键线路。

第二节　施工总进度的编制

一、收集基本资料

只有对原始资料进行全面、准确的收集和充分的分析和研究，才能制定合理的施工进度计划。要收集和不断完善所需的基本资料，主要包括：

（1）工程施工期限或限期投入运转的顺序和日期，以及上级主管部门对该工程的指示文件，地方及各部门对工程建设期的要求和意见。

（2）可行性研究报告及审查意见。

（3）工程勘测和技术经济调查资料，如水文、气象、地形、地质和当地建材料等自然条件资料，以及工程所在地区（和水库库区的）厂矿企业、矿产资源、库区淹没、文物保护、移民安置、地震和环保等资料。

（4）工程的规划设计和预算文件，包括工程的规划设计成果，主要建筑物的设计图纸，国家的投资分配各项工程定额资料等。

（5）交通运输和技术供应的基本资料，主要包括对外交通运输方式、运输能力和发展情况，劳动力、建筑材料、机械设备等的供应情况，以及施工用电和通信等有关资料。

（6）国民经济各部门对施工期间的防洪、灌溉、航运、过木、供水等方面的要求。

（7）施工区水源、电源情况及供应条件。

（8）当地可能提供修理、加工能力的情况。

（9）当地承包市场、生活必需品的供应及可能提供的劳动力情况。

二、列出工程项目

要拟定施工中各项工作的施工先后顺序和起止时间，首先必须将项目建设内容进行分解合并，列出施工过程中可能涉及的工程项目。

一般情况下，一个建设项目的工程项目可包括单项工程、分部分项、工程各项准备工作、辅助设施、结束工作及工程建设所必需的其他施工项目等。在做工程项目划分时，应重点考虑主要工程项目，附属的及次要的工程项目可以做适当的合并。

工程项目的划分完成后，根据这些项目的施工顺序和相互关系进行排序，依次填入总进度表中。总进度表中项目工程的填写顺序一般是各项目准备工程、导流工程（包括基坑排水）、主体单项工程、机电及金属结构安装工程（可以单列，也可合并在有关的单项工程中）、现场清理等结束工作。在各单项工程中，再按施工顺序列出各分部分项工程。

工程项目列出表后，要将具体项目与已建的类似项目进行对比，完善工程项目表，尽可能做到所列工程项目没有重复和遗漏。

三、计算工程量

对已列出的项目，分别计算工程量。工程量的计算一般应根据设计图纸、工程量计算规则及有关定额手册或资料进行。计算工程量常采用列表的方式进行。工程量的计量单位要与使用的定额单位相吻合。

由于进度计划所对应的设计阶段不同，工程量计算精度也不一样。在工程规划阶段，可参照类似工程进行匡算；在可行性研究阶段，依据可行性研究图纸进行估算；在初步设计阶段，设计图纸更为全面，工程量计算精度相应较高；在项目实施时，由于各项工程可能分期、分批实施，因此，在编制工程进度计划时，要考虑实际需要，提出分期分批的工程量。

四、分析确定项目之间的逻辑关系

项目之间的逻辑关系取决于工程项目的性质和轻重缓急，以及施工组织、施工技术等许多因素，概括说来分为两大类：

1. 工艺关系

工艺关系是由施工工艺决定的施工顺序关系。在工作内容、施工技术方案确定的情况下，各工种工作逻辑关系一旦确定,不得随意更改。如一般土建工程项目,应按照先地下后地上、先基础后结构、先土建后安装再调试的原则安排施工顺序。它们在施工工艺上,都有必须遵循的逻辑顺序,违反这种顺序将付出额外的代价甚至造成巨大损失。

2. 组织关系

组织关系是由施工组织安排决定的施工顺序关系。工艺上没有明确规定先后顺序关系的工作,由于考虑到其他因素(如工期、质量、安全、资源限制、场地限制等)的影响而人为安排的施工顺序关系,均属此类。例如,由于劳动力的调配、施工机械的转移、建筑材料的供应和分配、机电设备进场等,安排一些项目在先、另一些项目在后,均属组织关系所决定的顺序关系。由组织关系所决定的衔接顺序,一般是可以改变的。只要改变相应的组织安排,有关项目的衔接顺序就会发生相应的变化。

项目之间的逻辑关系,是科学地安排施工进度的基础,应逐项研究,仔细确定。

五、选定关键性工程项目

水利水电工程项目繁多,编制控制性施工进度时,应以关键性工程项目为主线,慎重研究其施工分期和施工程序;其他控制性的工程项目,则可围绕关键性工程项目的工期要求,考虑节约资源和施工强度平衡的原则进行安排。选定关键性工程项目的步骤如下:

1. 分析工程所在地区的自然条件

在编制控制性施工进度之前,应当首先取得工程所在地区的水文、气象、地形、地质等基本资料,并进行认真的分析研究。例如,河流的水文条件对拦河坝施工的影响;降雨、气象、气温等对土料填筑和混凝土工程施工的影响;地形、地质条件对坝基处理、高边坡开挖和地下工程施工的影响等。

2. 分析主体建筑物的施工特性

在编制控制性进度之前,应取得主要水工建筑物的布置图和剖面图。根据水工建筑物图纸,研究大坝坝型、高度、宽度和施工特点,研究地下厂房跨度、高度和可能的出渣通道,引水隧洞的洞径、长度,可能开挖方式、是否有施工支洞等。

3. 分析主体建筑物的工程量

水工设计提供工程量之后,应对各建筑物的工程量分布进行分析。例如,位于河床上部分和下部分,右岸和左岸,上游和下游,以及在某些控制高程以上或以下的工程量,分析施工期洪水对这些工程施工的影响。

4. 选定关键性工程

通过以上分析,用施工进度参考指标,粗估各项主体建筑物的控制工期,即可初步选定控制工期的关键性工程。

六、计算各项目的施工持续时间

在工作项目的实物工程量一定的情况下,工作持续时间与安排在工程上的设备水平、人员技术水平、人员与设备数量、效率有关。在现阶段,工作项目持续时间的确定方法主要有:

1. 按实物工程量和定额标准计算

根据计算出的实物工程量,应用相应的标准定额资料,就可以计算或估算各个项目的施工持续时间:

$$t = \frac{Q}{mnkN} \tag{7-1}$$

式中，t 为项目施工持续时间；Q 为项目的实物工程量；m 为日工作班制，$m=1,2,3$；n 为每班工作人员的人数或机械设备台数；k 为每班工作时间；N 为人工或机械工时产量定额。

2. 套用工时定额法

对于总进度计划中的大工序的持续时间，通常采用国家制定的各种工期定额，并根据具体情况进行适当的调整或修改，水利水电工程定额可参考《水电工程项目建设工期定额》（NB/T 11670—2024）。

3. 三点估计法

有些工程任务没有确定的实体工程量或不能用实物工程量来计算工时，也没有相应的工期定额可参考，为便于对施工进度进行分析比较和调整，需要定出施工延续时间可能变动的幅度，这时常采用三点估计法来计算该项目的施工持续时间。

$$t = \frac{t_a + 4t_m + t_b}{6} \tag{7-2}$$

式中，t_a 为最乐观的估计时间；t_b 为最悲观的估计时间；t_m 为最可能的估计时间；根据概率论，可以估算各项目完工时间的标准差 σ_t 为：

$$\sigma_t = \frac{t_b - t_a}{6} \tag{7-3}$$

于是整个工程的总工期 T 为：

$$T = \sum_i t_i \tag{7-4}$$

式中，i 为关键项目序号；t_i 为关键项目的延续时间。

总工期的标准差 σ_T 为：

$$\sigma_T = \sqrt{\sum_i (\sigma_{t_i})^2} \tag{7-5}$$

式中，σ_{t_i} 为关键项目延续时间的标准差。

七、编制轮廓性施工进度计划

在工程规划阶段，轮廓性施工进度表是施工总进度的最终成果；在可行性研究阶段，轮廓性施工进度表是编制控制性施工进度的中间成果，一方面可以配合拟定可能的导流方案，另一方面可对关键性工程项目进行粗略规划，拟定工程受益日期和总工期，为编制控制性进度做好准备。在初步设计阶段，可不编制轮廓性施工进度表。

轮廓性施工进度，可根据初步掌握的基本资料和水工建筑物布置方案，对关键性工程施工分期、施工程序进行粗略研究之后，参考已建同类工程的施工进度指标，估算工程受益工期和总工期。一般编制步骤如下：

（1）同水工建筑物设计人员共同研究选定有代表性的设计方案，并了解主要建筑物的施工特性，初步选定关键性施工项目。

（2）根据对外交通工程布置的规模及难易程度，拟定准备工程的工期。

（3）以拦河坝为主要主体建筑的工程，根据初拟的导流方案，对主体建筑物进行施工分期规划，确定截流和主体工程的基坑和施工日期。

（4）根据已建工程的施工进度指示，结合本工程的具体条件，规划关键性工程项目的施工期限，确定工程受益日期和总工期。

（5）对其他主体建筑物的施工进度进行粗略分析，编制轮廓性施工进度表。

八、编制控制性施工进度计划

编制控制性施工进度，首先要选定关键性工程项目，根据工程特点和施工条件，拟定关键性工程项目的施工程序和进度；然后以关键性工程的施工进度为主线，安排其他单项工程的施工进度，拟定初步的控制性施工进度表；再在此基础上，对初拟的施工进度加以论证，并经过反复修改、调整；最后确定控制性施工进度。

控制性施工进度表应列出控制性施工进度指示的主要工程项目，应显示工程的开工及物流、各项主体建筑物的施工程序和开工、完工日期，大坝各期上升高程、工程受益日期和总工期，以及主要工种的施工强度。

随着控制性施工进度编制工作的深入，可能发现新的关键性工程，于是控制性施工进度就应以新的关键性工程为主进行编制。因此，控制性施工进度的编制，必然是一个反复调整的过程。

编制控制性进度表，可按以下步骤进行：

（1）以导流工程和拦河坝工程为主体，明确截流日期、不同时期坝体上升高程和封孔（洞）日期、各时段的开挖及混凝土浇筑（或土石料填筑）的月平均强度。

（2）绘制各单项工程的进度，计算施工强度（土石方开挖和混凝土浇筑强度）。

（3）安排土石坝施工进度时，考虑利用有效开挖料上坝的要求，尽可能使建筑物的有效开挖和大坝填筑进度互相配合，充分利用建筑物开挖的石料直接上坝。

（4）计算和绘制施工强度曲线。

（5）反复调整，使各项进度合理，施工强度曲线平衡。

九、施工进度方案比较

在可行性研究阶段或初步设计的前期，常有几个水工布置方案，对于具有代表性的水工方案，都应编制控制性施工进度计划，提出施工进度计划指标和对水工方案的评价意见，将其作为施工布置方案比较的依据之一。有时对一个工程可能做出几种不同的施工方案，因而可以编制出多个相应的施工进度方案；需要对施工进度方案进行比较和优选。

十、初拟施工总进度计划

在初拟施工总进度计划时，一定要抓住关键，分清主次，厘清关系，互相配合，合理安排。要特别注意把与洪水有关、受季节性限制较严、施工技术比较复杂的控制性工程的施工进度安排好；对于围堰截流、拦洪度汛、蓄水发电等关键项目，一定要进行充分论证，并落实相关措施，以免延误截流时机而影响发电计划。

对于坝后式水利水电枢纽工程，其关键项目一般位于河床，故施工总进度的安排应以导流程序为主要线索。先将施工导流、围堰截流、基坑排水、坝基开挖、基础处理、施工度汛、坝体拦洪、下闸蓄水、机组安排和引水发电等关键性进度安排好，其中应包括相应的准备、结束工作和配套辅助工程进度。这样，构成的总的轮廓进度，即为进度计划的骨架。然后配合安排不受水文条件控制的其他工程项目，形成整个枢纽工程的施工总进度计划草案。

对于引水式水利水电工程，有时引水建筑物的施工期限成为控制总进度的关键，此时总进度计划应以引水建筑物为主来进行安排，其他项目的施工进度要与之相适应。

十一、论证施工强度

论证施工强度的目的在于分析初拟的施工进度是否合理。施工进度计划不仅受工程本身的限制，还与外部的施工条件（包括自然条件、人力、物力、财力）和所采用施工方法有关。因此在初拟一个施工总进度后，要考虑各种因素，对各项工程的施工强度，特别是那些对总进度起控制作用的关键性工程的施工强度，进行综合分析论证，力求使编制的总进度计划合理、可靠、可行，能有效地指导施工作业。

在论证施工强度时，一般采用工程类比法。所谓工程类比法，就是参照已建类似工程的施工强度，通过对施工条件、施工方法等方面内容的比较来分析论证本工程的施工强度是否合理、能否实现，并以此来决定是否对初拟的施工进度进行调整。如果没有类似工程可供对比，则应通过施工设计，从施工方法、施工机械和生产能力、施工的现场布置、施工措施等方面进行论证。在进行论证时不仅要研究各项工程施工期间所要求达到的平均施工强度，还要估计到施工期间可能出现的不均衡性。

十二、优化、调整和修改

对初拟施工进度在劳动力、材料、机械设备等的均衡性上进行论证，当各项工程之间的协调性、施工强度的均衡性和人力物力财力消耗的均衡性，特别是主体工程的均衡性，得不到保证时，应进行进一步优化、调整和修改。一般施工进度的调整和优化往往要反复进行。

施工进度计划的优化、调整和修改，应在实际计算的基础上，使工期、资金和资源（人力、物资、器材、设备等）得到最大限度的协调和平衡。常用的方法如下：

1. 资源冲突的调整

资源冲突是指在计划时段内，某些资源的需用量过大，超出了可能供应的限度。可增加资源的供应量，但要花费额外的开支；也可通过调整导致资源冲突的某些项目的施工时间来缓解，但会引起工期延长；还可以采取租借的方法，但仍要增加额外租借费用开支。实际中要权衡后确定。

2. 工期压缩的调整

当网络计划的计算总工期 T 与限定的总工期 $[T]$ 不符时，或计划执行过程中实际进度与计划进度不一致时，需要进行工期调整。当 $T<[T]$ 时，显然可以不调整；当 $T>[T]$ 时，可通过压缩工期或优化施工方案来调整。

十三、编制施工总进度计划表

在初步设计的后期，选定施工总体布置方案之后，对以拦河坝为主要主体建筑的工程在导流方案确定之后，经过调整优化可编制选定方案的施工总进度表。

在编制施工总进度表时，以控制性施工进度为基础，列入非控制性的工程项目，进一步修改、完善控制性施工进度表，并编制各阶段施工形象进度图。绘制施工强度曲线、劳动力需要量曲线，计算整个工程的总劳动日。同时还要提出准备工程施工进度表，包括准备工程的规模和工程量，由对外交通、施工总布置和辅助企业提供。

在施工总进度计划中，应列出基本资料，阐明总进度编制的依据，各方案主体建筑物的施工条件、施工程序、方案比较。以拦河坝为主体建筑物的工程，阐明导流方案和相应的施工程序、方案比较意见，最后阐明选定方案的施工进度安排和主要经济技术指标。

第三节 关键性工程项目施工进度的编制要点

一、筹建工程及准备工程施工进度

1. 筹建工程施工进度

桥梁、隧洞等对外交通工程，以及地下工程施工通道，宜优先安排在工程筹建期或工程准备期内建设，并分析确定投入使用的时间。

2. 准备工程施工进度

准备工程能为主体工程创造快速、高质的建设条件，在初步设计阶段，应当编制准备工程施工进度。准备工程的主要项目和内容见表7-1。

表7-1 准备工程的主要项目和内容

项目	对外交通	场内交通	施工辅助企业	施工电源	仓库、办公及生活设施	风水电管线
内容	准轨铁路、窄轨铁路、公路专用线、大型桥涵、隧洞、转运站	准轨铁路、窄轨铁路、场内公路、大型桥涵、渡口	砂石料开采及加工系统、混凝土系统、其他	场外输变电、变电站	仓库、办公房屋、居住生活设施及房屋	风管及水管铺设、电线架设

准备工程施工进度计划应按以下方法编制：

（1）准备工程施工进度在初步设计的后期进行编制，以初步完成的控制总进度为依据。

（2）单项准备工程的工期，可以根据工程规模和工程量，参考已建成的实际工期，结合本工程具体条件，安排工程进度表。

（3）桥梁、隧洞等对外交通工程，以及地下工程施工通道，宜优先安排在工程筹建期或工程准备期内建设，并分析确定投入使用的时间。

（4）场内交通主干线宜在工程准备期内建设，并确定场内交通主干线投入使用时间。其他场内施工道路的建设应根据所服务的主体工程施工进度协调安排。

（5）应根据主体工程施工进度要求确定砂石系统、混凝土生产及预冷（热）系统投入正常运行的建设时间，宜创造条件提前建设。

（6）场地平整、施工供电系统、施工供水系统、施工供风系统、场内通信系统、施工工厂设施、生活和生产房屋等准备工程的建设应与所服务的主体工程施工进度协调安排，施工工期宜结合类似工程经验、工程实际情况和有关规定等分析确定。

二、导流工程施工进度

导流工程施工进度应根据确定的施工导流方案，对导流工程的开工、截流、下闸、封堵等控制节点进行充分论证，对控制工程发挥效益的导流工程应尽早安排施工，并与其他准备工程工期相协调。

（1）一次拦断河床施工导流工程宜安排在施工准备期内进行，若为关键工程则应根据工程需要提早安排施工。

（2）分期导流的一期导流工程宜安排在施工准备期内进行。一期围堰拆除进度应与后续围堰施工相协调。

（3）河道截流宜安排在枯水期或汛后期进行，不宜安排在封冻期和流冰期。截流时间应根据围堰施工时段和安全度汛要求、所选时段各月或旬平均流量分析确定。

（4）围堰工程应在非汛期内达到设计要求的面貌。围堰施工强度应遵守下列原则：

1）应满足围堰施工工期以及围堰各月施工最低控制高程的要求，且强度均衡。

2）心墙（或斜墙）土石围堰的填筑强度应与心墙（或斜墙）的上升速度相协调。

3）混凝土围堰的平均升高速度与堰型、浇筑仓面数量、浇筑高度、浇筑设备能力等因素有关，应通过浇筑仓面安排或工程类比确定。

（5）采用过水围堰导流方案时，应分析围堰过水期限及过水前后对工期的影响，在多泥沙河流上应考虑围堰过水后清淤所需工期。

（6）基坑初期排水应在围堰水下防渗设施完成之后进行。基坑初期排水时间应根据围堰边坡稳定允许的基坑降水速度与基坑水深确定。对土石围堰、覆盖层地基或软岩地基，应控制基坑水位下降速度，以保证基坑边坡安全。

（7）挡水建筑物施工期临时度汛时段应根据施工进度安排确定，度汛时段前挡水建筑物满足设计度汛洪水标准要求的施工面貌应通过论证确定。

（8）导流泄水建筑物封堵时段宜选在汛后，封堵时间应根据河流水文特性、施工难度、水库蓄水及下游供水要求等因素综合分析确定。如汛前或汛期封堵，应进行充分论证，并采取保证工程安全度汛的措施。

（9）水库下闸蓄水时间应与导流泄水建筑物的封堵计划、工程发挥效益计划统一考虑，结合水文资料、库容曲线和水库蓄水历时曲线等资料综合分析确定，并遵守下列原则：

1）应与蓄水有关的工程项目施工进度和导流工程的封堵计划相协调。

2）应满足库区征地、移民和清库、环境保护的要求。

3）应考虑蓄水后的防洪标准、泄洪与度汛措施等的要求。

4）应满足下游供水、灌溉及通航的要求。

5）应分析利用围堰挡水发电或工程发挥效益的可能性。

三、土石方明挖工程施工进度

土石方明挖宜根据开挖规模、岩土级别、枢纽布置、出渣道路及施工方案等分析计算开挖强度及相应的工期，并应根据排水和降水措施、土方渠道及沟槽开挖规模、边坡稳定条件等因素确定。

（1）石方明挖施工工期应根据开挖规模、岩体强度、施工方法、施工机械及出渣道路布置等确定。

（2）坝基、河床式厂房地基等的岸坡开挖，可安排与导流工程平行施工，宜在河道截流前完成。河床基础开挖可安排在围堰闭气和基坑排水后进行。

（3）利用工程开挖料填筑坝体或加工骨料时，开挖施工进度宜与其需求相协调，提高直接利用率。

（4）土料开采强度和工期应根据开采规模、开挖方法、施工机械、施工临时道路、水文地质条件等因素确定。土料场开采宜避开雨季。

（5）砂砾石料场开采进度应根据地形、地质条件、枢纽布置、导流方式、施工条件和施工总进度要求等综合确定。汛期和冰冻期不宜安排水下砂砾料的开采。

（6）石料场开采进度应根据地形、地质条件、施工方案和施工总进度要求等综合确定。

（7）用于加工骨料的石料开采施工工期，应根据骨料的粒径与级配、开挖规模、岩体性质、施工方法、施工设备数量及性能、道路与骨料使用强度等情况确定。

（8）边坡支护应随着边坡的开挖适时进行。

四、地基处理工程施工进度

1. 坝基开挖施工进度

安排坝基开挖进度时，对于坝基和河床式厂房基础岸坡开挖，可安排与导流工程平行施工，并在河道截流前完成；河床基础开挖应安排在围堰闭气和基坑排水后进行；在深陡狭窄的坝址，岸坡开挖的石渣将大部分或全部落入河床，应根据地形条件分析可能落入河床的石渣数量，基坑开挖进度中应考虑出渣所用的工期；当采用过水围堰时，应分析基坑过水损失的工期，对于含沙量大的河流，还应分析过水后清淤所占用的工期。具体来说：

（1）根据基坑开挖面积、岩土级别、开挖方法、出渣道路及按工作面分配的施工设备型号、性能、数量等分析计算坝基开挖强度及相应的工期。

（2）根据各个部位的开挖量和初步拟定的开挖强度，按施工程序的要求，在控制进度中绘出开挖进度线。

（3）把初步绘制的控制进度表交给担任开挖的施工设计人员，进行开挖施工方法设计。如果经过施工方法设计，认为控制进度表中规定的施工强度难以达到，应修改控制进度表中的开工和竣工日期。

2. 地基处理工程进度

水利水电工程地基处理，一般包括灌浆、断层处理和防渗墙工程，其施工进度主要是灌浆施工总进度要求，应结合实际施工特性来安排。地基处理工程进度应根据地质条件、处理方案、工程量、施工程序、施工水平、设备生产能力和总进度要求等因素研究确定。地质条件复杂、技术要求高、对总工期起控制作用的地基处理，应分析论证对施工总进度的影响，合理安排工期。

（1）两岸岸坡有地质缺陷的坝基，施工工期应根据地基处理方案确定，当处理部位在坝基范围以外或地下时，可考虑与坝体浇筑（填筑）同时进行，并应在水库蓄水前按设计要求处理完毕。

（2）不良地质地基处理宜安排在建筑物覆盖前完成。固结灌浆时间可与混凝土浇筑交叉作业，固结灌浆宜在混凝土浇筑1～2层后进行，经过论证也可在混凝土浇筑前进行。帷幕灌浆应在本坝段和相邻坝段固结灌浆完成后进行，并应在蓄水前完成。帷幕灌浆宜在坝基混凝土浇筑面或廊道内进行，不占直线工期。

（3）防渗墙施工工期应根据总工期要求，经分析论证或工程经验类比确定。

（4）地基加固处理的施工进度应根据地基情况、地基处理方案等确定。

五、土石坝施工进度

1. 土石坝施工进度特点

（1）对于采用黏性土料作防渗体的土石坝，降雨和气温条件对施工进度有很大影响。黏性土料一般在0℃时就要冻结，不易压实。在雨季和严寒季节，施工有效工日显著减少，因此必须根据工程所在地区的气象资料，详细分析施工的有效工日。

（2）土石坝在施工期间，一般不允许坝体过水；在截流后的下一个汛前，一般应将坝体填筑到拦洪高程。对于过水土石坝应分析坝体过水后恢复正常施工所需的时间，并应论证在设计要求的过水时间之前完成坝体防护工程施工。土石坝在一个枯水期或洪水来临之前，能否达到拦洪设计的高程，是研究土石坝施工进度的首要问题。

（3）土石坝施工，一般采用全年挡水的围堰，其高度和填筑量较大，上游的围堰常同大坝的坝壳相结合，有时利用围堰代替坝体拦洪。

（4）黏土心墙坝的施工，上、下游坝壳受心墙上升速度的制约，而心墙施工首先要进行地基处理（如开挖截水槽或浇筑混凝土防渗墙等），且心墙填筑受气候因素的影响。因此黏土心墙坝的施工进度，主要由心墙上升速度来控制。

（5）黏土斜墙坝的堆石体施工，受气象因素影响较小，可以均衡上升，但斜墙的升高往往落后于堆石体，而大坝拦洪时，要求斜墙也达到拦洪高程。

（6）混凝土面板堆石坝的施工进度，主要由石料的运输条件、填筑工艺和上坝强度来控制，应合理安排面板施工时间，减少面板施工和坝壳填筑等相互干扰。

2. 有效工日的选取

对有效工日影响最大的是降雨（在我国北方是气温），土石方填筑有效施工工日应根据水文、气象条件分析确定。土石方填筑采取一般防护措施的停工标准可按表7-2选用。

表7-2 土石方填筑采取一般防护措施的停工标准

序号	施工项目	停工标准									备注
		日降水量/mm				日蒸发量<4mm	平均气温/℃				
		0~0.5	0.5~5	5~10	10~30	>30		>5	0~5	-5~0	-10~-5	<-10	
1	土料翻晒	雨日停工	雨日停工	雨日停工	雨日停工，雨后停一日	雨日停工，雨后停一日	停工	照常施工	照常施工	防护施工	防护施工	停工	
2	黏土料填筑	照常施工	雨日停工	雨日停工，雨后停半日	雨日停工，雨后停一日	雨日停工，雨后停二日		照常施工	照常施工	防护施工	防护施工	停工	
3	砾质土、掺合土、风化土填筑	照常施工	照常施工	雨日停工	雨日停工，雨后停半日	雨日停工，雨后停一日		照常施工	照常施工	防护施工	防护施工	停工	
4	反滤料填筑	照常施工	照常施工	照常施工	雨日停工	雨日停工		照常施工	照常施工	防护施工	防护施工	停工	当与防渗料同时施工时，有效施工天数同防渗料

续表

序号	施工项目	停工标准					日蒸发量<4mm	平均气温/℃				备注
		日降水量/mm										
		0～0.5	0.5～5	5～10	10～30	>30		>5	0～5	-5～0	-10～-5	<-10	
5	石料填筑	照常施工	照常施工	照常施工	照常施工	雨日停工	—	照常施工	照常施工	防护施工	防护施工	停工	
6	碾压式沥青混凝土铺筑	照常施工	照常施工	雨日停工	雨日停工	雨日停工		照常施工	照常施工	防护施工	停工	停工	

注：法定假日停工，但不包含周六、周日。

3. 坝体高程—工程量曲线绘制

安排土石坝施工进度的过程中，坝体各期上升高程的确定，不仅要考虑施工导流、大坝拦洪等要求，而且要分析大坝的填筑高度是否能够实现。因此坝体各期上升高程，要经过反复分析和比较之后才能确定。绘制坝体高程—工程量曲线，就是为了适应这种工作过程的需要。每当拟定一个高程，可以很快地从曲线上查到该高程以下的工程量，准确地算出大坝的填筑强度。

4. 坝体施工分期的拟定

（1）纵断面上的分段。土石坝施工在纵断面上可采取分段和不分段两种方式进行。对于河床较宽的河流，在一岸或两岸有天然台阶的，大坝可采取分段施工。

（2）横断面上的分期。在汛期的土石坝施工中，为防洪度汛，往往在横断面上采用分期的临时断面。对于大型土石坝工程，在抢修拦河坝时工程量大，填筑强度高，施工十分紧张，为减少拦洪阶段的工程量，降低填筑强度，保证按期达到拦洪高程，可以采取经济断面进行填筑。

根据不同坝型和不同填筑材料的分区情况，拟定分区填筑施工程序。黏土斜墙坝先填筑堆石料，斜墙紧跟填筑；混凝土面板坝先填筑到一定高程，然后混凝土面板一次筑成；黏土心墙坝，心墙的填筑控制整个坝体的升高，一般堆石体可先于心墙一定高程，当条件许可时，心墙与堆石体应同时上升。

5. 施工进度安排

首先结合导流设计，研究坝体在纵断面上的分段和横断面上的分期，安排一个轮廓进度。其次确定坝的拦洪高程和达到拦洪高程的日期，确定坝体各期上升高程，根据有效工日确定各个时段的施工强度和坝体上升速度，由施工设计上坝强度和上升速度进行分析论证，经过反复比较修正，最后确定坝的施工进度。

（1）确定拦洪高程。确定拦洪高程是一项综合性的工作，须由导流设计、施工总进度、施工方法密切配合，反复比较后才能最后选定。在初步选定拦洪高程后，施工总进度着重分析拦洪前的填筑量和填筑强度，并由施工方法加以配合。如果不能达到此高程，则应改变拦洪方案，如加大导流的泄洪能力，以降低拦洪高程，或者采取特殊的泄洪或保坝措施。进行几个拦洪方案的分析与比较后，最终选定一个经济上合理、技术上可靠、保证大坝安全的坝体拦洪高程。

(2) 确定拦洪日期。拦洪日期的确定是安排土石坝施工进度的一个重要问题。安排时间过早，虽然减少了抢修拦洪坝体的工期，但是加大了施工强度；安排过迟，万一洪水提前到来，将造成坝体漫水，引起大坝失事，造成重大损失。

拦洪日期应根据合理的水文特性和历年的洪水流量记录，分析历年最大洪水的出现规律，与导流设计共同研究，选取最大洪流可能出现的日期来确定。

(3) 确定拦洪过渡期坝体上升的高程。由枯水期末到设计规定的拦洪日期这一段，称为拦洪过渡期。确定拦洪过渡期坝体上升高程有两种方法：

1) 按水文特性划分时段法。将过渡期按水文特性划分为若干时段，计算各个时段不同频率的洪水及相应的坝前水位（库容大时应调洪），坝体高程在各时段末应达到下一时段的设计洪水位以上。

2) 按月划分时段法。按月计算不同频率的流量及相应水位，从而确定月末的坝体上升高程，其方法同上。

(4) 坝体填筑强度的论证。

1) 根据坝体各期上升高程，在坝体高程—填筑量曲线上查得各控制时段的填筑量，根据各相应时段的有效工日，算出时段的日平均强度。

2) 日平均强度乘以日不均衡系数即为日高峰强度。日不均衡系数与工程的机械化配套程度、工程管理水平、料物性质以及时段的长短有关，可以在 1.3～1.6 的范围内选取。

确定日高峰强度以后，应进行施工方法设计，研究料物运输、上坝方式、碾压施工方法、坝面流水作业分区等，经过施工方法设计，论证能否达到施工进度规定的施工强度。

(5) 坝体上升速度的论证。

1) 根据坝体各期上升高程和该时段的施工有效日，计算坝体的日平均上升速度。

2) 黏土心墙坝和斜墙坝的上升速度，主要由心墙或斜墙的上升速度控制。心墙、斜墙可能的上升速度，同土料的性质、压实机械的性能及压实参数有关，要通过碾压试验确定。

3) 改善上坝运输道路，采用大型运输机械和重型碾压机械，加大铺土厚度，可以提高土石坝的施工强度，加快上升速度。在安排土石坝施工进度时，应结合工程的具体条件，尽可能采用先进的施工方案，加快土石坝的施工进度。

六、混凝土工程施工进度

1. 混凝土工程施工进度影响因素

(1) 当地自然条件、地形条件、施工导流与度汛方案。

(2) 混凝土生产系统生产能力、水平及垂直运输条件和能力。

(3) 浇筑能力及温度控制要求等。

2. 混凝土坝施工进度特点

(1) 受气温条件影响大。在高温季节，要加强骨料的降温和混凝土的散热措施；在寒冷季节，当日平均气温稳定在 5℃以下时，如果要进行冬季作业，应增加混凝土坝的施工难度。因此在高温季节和冬季寒冷地区，混凝土坝施工强度的上升速度都将受到影响。在安排混凝土施工进度时，应分析有效工作天数，大型工程经论证后若需加快浇筑进度，可考虑在冬季、雨季、夏季采取确保施工质量的措施后施工。混凝土浇筑的月工作日数可按 25d 计。对关键线路工期的工作日数，宜将气象因素影响的停工天数从设计日历数中扣除。混凝土工程施工气象因素影响停工标准，可按以下标准执行：

1）常态混凝土施工。

①日降雨量大于 10mm（机械化程度低的工程）或 20mm（施工机械化程度较高工程）时，若无防雨措施，宜停工。

②月平均气温高于 25℃时，若温度控制措施费用过高，可考虑白班停工。

③当日平均气温低于-10℃时，应停止露天混凝土浇筑；当日平均气温低于-20℃或最低气温低于-30℃时，宜停工。

④风速在六级以上，宜考虑停工。

⑤能见度小于 100m 时，应停工。

2）碾压混凝土施工。

①当降雨等级超过"小雨"时，不宜施工。

②日平均气温连续 5d 稳定在 5℃以下或最低气温连续 5d 稳定在-3℃以下时，应按低温季节施工。

③日平均气温在-10℃以下时，不宜施工。

（2）坝体浇筑受温控条件限制。混凝土坝的上升速度，同块体多少、分层厚度、温控条件以及混凝土的准备工序有直接关系。常态混凝土的平均升高速度与坝型、浇筑块数量、浇筑高度、浇筑设备能力及温度控制要求等因素有关，宜通过分析计算或工程类比确定。碾压混凝土平均升高速度应综合分析仓面面积、铺筑层厚度、混凝土生产和运输能力、碾压等因素后确定。

混凝土在浇筑过程中，要求各块体均匀上升，相邻块高差有一定的限制。块体之间形成的缝面，重力坝的纵缝，拱坝的纵缝和横缝，需在混凝土温度降低到设计灌浆温度时，才能进行接缝灌浆，因此混凝土的接缝灌浆进度（包括厂坝间接缝灌浆）应满足施工期汛度与水库蓄水安全要求。

3. 坝体各期上升高程计算

坝体各期上升高程的确定随坝型、水工布置、导流方案的不同而有不同的要求。

（1）导流和大坝度汛的要求。

1）全段围堰法。当采用上、下游围堰一次拦断河流的导流方案且为全年挡水围堰时，坝体上升不受洪水影响，可以根据施工强度和上升速度的可能性安排均衡上升。

如采用枯水期挡水围堰，在枯水期按逐月 $P=20\%\sim10\%$（P 为水文统计中的频率）的流量相应的水位控制，如果达不到此高程，则至少应浇筑至枯水期的常水位，以便在洪水期后，在不恢复围堰的条件下继续施工。如果采用允许过水的围堰，则大坝上升高程可不受上述条件的限制。

如果洪水期大坝过水次数较多，不便在洪水期进行间断施工，对于河床较宽的坝址，应考虑在河床坝段留过水缺口，使两岸坝体在洪水期能继续升高。

2）分段围堰法。当采用分期导流方案时，大坝分作两期或三期施工。第一期坝体浇筑高程，应考虑在二期围堰截流前形成导流泄水建筑物，并达到汛期能够继续施工的高程。有时为降低二期围堰高度，可以考虑在一期坝体预留一部分坝段作为过水缺口，参与后期导流，缺口的高程一般应定在枯水期常水位以上，以便于后期加高，同时还应考虑缺口在后期进行加高时，在一个枯水期内能够达到拦洪高程。依次再确定第二期坝体上升高程的方法。

如果施工期大坝临时挡水，应校核未进行灌浆坝段的稳定，要求上游坝踵和坝面不出现拉应力或出现不大的拉应力。坝后布置有发电厂时，在厂房施工时段内，厂房坝段的挡水标准应和下游厂房围堰的标准相适应。

（2）蓄水发电的要求。

1）封堵导流隧洞（或底孔）后的下一个汛期，洪水将由溢流坝宣泄，故封孔时或在封孔后的下一个汛期前，大坝应浇筑至溢流坝顶，闸墩应至汛期可以继续施工的高程。

2）一般情况下，水库蓄水后，库水位不再降至死水位以下，故在底孔封堵后的下一个汛期之前，坝体接缝必须灌至死水位以上，接缝灌浆时坝体高程应满足接缝灌浆要求，否则应推迟下闸蓄水的日期。

3）设有电站进水口的引水坝段，应在机组投产发电前 3～6 个月达到坝顶，以便进行进水口闸门和启闭机的安装。

（3）坝体浇筑进度的论证。坝体浇筑进度，应从坝体上升速度和浇筑强度两方面进行安排并加以论证，经过反复调整才能最后确定。

1）上升速度。根据导流、汛度和蓄水、发电的要求，初步确定坝体各期上升高程，安排大坝控制进度，确定各时段的坝体上升速度。然后根据分层分块、温控要求和坝体内埋设件等施工条件，拟定层块之间的间歇期，对关键部位进行分析计算，论证进度安排的坝体上升速度是否能够达到。

2）浇筑强度。在坝体高程—混凝土累计曲线上查得各控制时段的混凝土量，算出混凝土的平均浇筑强度和高峰强度，根据可能布置的混凝土运输和浇筑设备的生产能力，估算可能达到的浇筑强度，论证控制进度所安排的浇筑强度能否达到。采用大型浇筑设备，改进混凝土运输工艺，采用通仓薄层浇筑，减少浇筑层之间的间歇时间，浇筑干硬性混凝土，采用碾压混凝土施工方法，可以减少坝体接缝灌浆数量，提高混凝土的浇筑强度。

3）坝体浇筑进度的调整。经上升速度和浇筑强度的论证，如果确认达不到控制进度的要求，则应反过来修正导流和度汛方案。经过反复调整和修正，力求各期坝体上升高程的导流度汛可靠、施工技术可行。

七、地面厂房施工进度

地面厂房施工进度应注意以下问题：

（1）地面厂房应在基础开挖（除保护层外）完成后再进行混凝土浇筑施工。厂房施工进度的关键工程，可安排开挖与混凝土浇筑平行作业，但爆破开挖对已浇筑或新浇筑混凝土不应产生有害影响。

（2）厂房的平均升高速度与厂房形式、混凝土浇筑块数量、浇筑高度、浇筑设备能力以及温度控制要求等因素有关，宜通过分析计算或工程类比确定。

（3）混凝土浇筑应统筹兼顾机电设备、金属结构及各种埋件安装等工序。

八、地下工程施工进度

地下工程施工进度编制应注意以下问题：

（1）地下工程施工进度应统筹兼顾开挖、支护、浇筑、灌浆、金属结构、机电安装等工序。

（2）地下工程可全年施工，施工程序和洞室、工序间衔接和合理工期应根据工程项目规模、地质条件、施工方法及设备配套，采用关键线路法确定。

（3）地下工程月进尺指标可根据地质条件、施工方法、施工设备性能、工作面和交通条件等情况，经分析计算或工程类比确定。对于关键线路上的主要洞室，应进行循环作业进尺分析。

（4）钻爆法开挖进尺可按循环作业时间进行分析和工程类比确定。钻爆法施工循环作业时间应包含施工准备、测量放样、钻孔、起爆、通风散烟、清理危石、出渣运输、一次支护各工序作业时间。钻爆法施工每循环的炮孔深度应根据洞室的围岩条件、断面尺寸和钻孔机械的性能确定。

（5）掘进机开挖进度，可根据单位进尺、每天掘进时间和每月掘进天数，以及地质条件、掘进机的类型和工程类比分析确定。

（6）临时安全支护与开挖应遵守下列原则：

1）支护与开挖的间隔时间、施工顺序及相隔距离，应根据地质条件、爆破参数、支护类型等因素确定，应在围岩出现有害松弛变形之前支护完成。

2）稳定性差的围岩，支护应紧跟开挖工作面或爆破后立即支护顶拱。

（7）隧洞混凝土衬砌施工进度，可按每浇筑段时间分析和工程类比确定。隧洞混凝土衬砌浇筑施工进度控制指标应通过循环作业进尺分析确定；衬砌浇筑循环作业时间应包括施工准备、架设钢筋、支模、浇筑混凝土、混凝土养护、拆模各工序作业时间。

（8）地下厂房混凝土浇筑施工进度宜通过浇筑分层、排块安排或工程类比分析确定，二期混凝土浇筑在时间上应与水轮发电机组埋件安装时间相协调。

（9）隧洞混凝土衬砌段的灌浆，应按先回填灌浆、后固结灌浆、再帷幕灌浆的顺序进行。回填灌浆应在衬砌混凝土达到70%设计强度后进行，固结灌浆宜在该部位回填灌浆后7d后进行。

九、金属结构及机电安装施工进度

金属结构及机电安装施工进度编制应注意以下问题：

（1）金属结构及机电安装施工进度应协调与土建工程施工的交叉衔接，应满足防洪、供水、灌溉、航运、发电等要求。控制金属结构及机电安装进度的土建工程交付安装的时间应逐项确定。

（2）处于关键线路上的金属结构及机电安装工程进度应在施工总进度中逐项确定。

（3）压力钢管安装施工进度，应根据大坝、引水系统、厂房混凝土浇筑方案和施工总进度进行编制。

（4）闸门、拦污栅及启闭机安装应遵守下列原则。

1）应协调与土建工程施工的交叉衔接，逐项确定控制金属结构安装进度的土建工程交付安装时间。

2）应考虑土建工程与金属结构安装施工工序的安排，确定金属结构安装的时机。

3）导流封堵闸门的安装进度，应结合施工导流方案和施工总进度编制。

4）闸门的安装进度，应结合溢洪道、大坝、进水口、发电厂房等施工进度安排，并考虑工程度汛、通航、蓄水进度确定。

（5）机组设备安装进度编制应考虑机组容量、结构特点、施工环境、运输条件、安装场地、设备制造质量、施工装备、资源供应、管理水平和技术能力等因素。

（6）水轮发电机组安装进度，应根据机组安装次序、机组规模、结构型式安排机组调试和试验时间确定。

（7）辅助设备及管路安装进度，应以土建施工和主机设备安装进度为依据，协同平衡，均衡施工，满足机电安装进度要求，避免占用直线工期。

第八章 资源需求计划

资源需求是指工程施工过程中所必须消耗的各类计划资源，包括劳动力需求、建筑材料需求、机械设备需求以及施工中风水电等的需要。合理及时的资源供给是保证施工组织及其工期计划实现的前提，也是节约工程成本的主要途径。

制定资源需求计划应坚持下列原则：适应工程施工条件，生产能力满足施工强度要求；设备性能灵活、机动、高效、能耗低、通用性强、购置费及运行费低、运行安全可靠；应按单项工程工作面、施工强度、施工方法，进行配套设备选择等。

制定资源需求计划的任务，应按照工程项目的实施计划编制资源的使用和供应计划，将项目实施所需的资源按正确的时间、正确的数量供应到正确的地点，并降低资源成本消耗。应根据施工组织设计的总进度，按分年、分月、分项工程，结合国内平均先进施工水平计算各种施工工厂规模、占地面积、建筑面积、用电负荷、生产人员等指标，提出劳动力、主要施工设备总表和主要材料分年度供应计划表。

第一节 材料需求计划

材料需求计划是材料供应部门和有关加工、生产单位准备并及时供应耗材的依据。水利水电工程使用的材料包括消耗性材料、周转性材料和装置性材料。由于材料品种繁多，且不同设计阶段对材料需要量估算精度的要求不同，一般在初步设计阶段，仅对工程施工影响大、用量多的钢材、木材、水泥、炸药、燃料等材料进行估算。

一、材料需求量估算依据

（1）主体工程各单位工程的分项工程量。
（2）各种临时建筑工程的分项工程量。
（3）其他工程的分项工程量。
（4）材料消耗指标一般以定额为准，当有试验依据时以试验指标为准。
（5）各类燃油、燃煤机械设备的使用台班数。
（6）施工方法，原材料本身的物理、化学、几何性质。

二、主要材料需求量

根据工程量汇总表所列出的工程量，查阅定额或有关资料，便可得到各单位工程的主要材料需求量，然后根据施工进度计划表先大致算出某些主要材料在某段时间内的需求量，最后累计全部工程主要材料用量，从而编制出材料计划需求表，构件及半成品的需求量也按此步骤计算。材料、构件及半成品需求计划表见表 8-1。

表 8-1　材料、构件及半成品需求计划表

序号	材料、构件及半成品名称							
	水泥	砂	砖	混凝土	钢筋	木材	油料	……
单位工程 1								
……								
合计								

三、分期供应计划

分期供应计划按下列步骤进行：

（1）根据施工总进度的要求，在主要材料计算和汇总的基础上编制分期供应计划。

（2）分期材料需求量应分材料种类、工程项目，计算分期工程量占总工程量的比例，并累计整个工程在各时段中的材料需求量，见表 8-2。

表 8-2　材料分期需求量计算表

材料种类	单项工程	工程部位材料耗用总量	计算项目	分期用量		
				××年	××年	××年
			分期工程量占总工程比例			
			材料分期用量			
			分期工程量占总工程比例			
			材料分期用量			
			分期工程量占总工程比例			
			材料分期用量			
	小计					

（3）材料供应至工地的时间应早于需要时间，并留有验收、材料质量鉴定、出入库等时间。

（4）如考虑某些材料供应的实际困难，可在适当的时候多供应一定数量，暂时储存以备后用，但储存时间不能超过有关材料管理和技术规程所限定的时间，同时应考虑资金周转等问题。

（5）供应计划应按各种材料品种或规格、产地或来源分列供应数量和小计供应量。

主要材料分期供应量表见表 8-3。

表 8-3　主要材料分期供应量表

材料名称	品种规格	产地来源	分期供应量		
			××年	××年	××年

续表

材料名称	品种规格	产地来源	分期供应量								
			××年			××年			××年		
	小计										
	合计										

第二节 施工机械需用计划

施工机械，尤其是先进机械设备能保证水利水电工程快速、高效、优质地施工，大型先进的机械设备在现代水利水电工程施工中起着越来越重要的作用。

一、施工机械设备的选择原则

正确选择施工机械设备能使施工方案技术上先进、经济上合理，能保证施工质量、提高生产率、加快施工进度。施工机械设备的选择主要决定于施工方案。

（1）适应工程条件，符合设计和施工的要求，保证工程质量，生产能力满足施工强度要求。选择的机械类型必须符合施工现场的地质、地形条件及工程量和施工进度的要求等。为保证施工进度和提高经济效益，工程量大的采用大型机械，否则选用小型机械，但这并不是绝对的。

（2）施工机械设备性能机动、灵活、高效、能耗低、运行安全可靠。选择机械时要考虑到各种机械的合理组合，这是决定所选的施工机械能否发挥效率的重要因素。合理组合主要包括主机与辅助机械在台数和生产能力的相互适应以及作业线上的各种机械相配套的组合。首先是主机与辅助机械的组合，必须在保证主机充分发挥作用的前提下，考虑辅助机械的台数和生产能力；其次是一种机械施工作业线是几种机械联合作业组合成的一条龙的机械化施工，几种机械的联合才能形成生产能力。如果其中某一种机械的生产能力不适应作业线上其他机械的生产能力或机械可靠性不好，都会使整条作业线的机械不能充分发挥作用。

（3）通用性强，能在先后施工的工程项目中重复使用。

（4）设备购置及运行费用较低，易获得零配件，便于维修、保养、管理和调度。施工机械固定资产损耗费（折旧费用、大修理费等）与施工机械的投资成正比，运行费（机上人工费、动力、燃油费等）可以看作与完成的工程量成正比。这些费用是在机械运行中重点考虑的因素。大型机械需要的投资大，但如果把其分摊到较大的工程量中，对工程成本的影响就很小。所以，大型工程选择大型的施工机械是经济的。为降低施工运行费，不能大机小用，一定要以满足施工需要为目的。

二、施工机械设备平衡

施工机械设备平衡的目的是在保证施工总进度计划的实施、满足施工工艺要求的前提下，尽量做到充分发挥机械设备的能效，配备齐全，数量合理，管理方便和技术经济效益显著，并最终反映到机械类型、型号的改变、配置数量的变化上。一般情况下，施工机械设备平衡的主要对象是主要的土石方机械、运输机械、混凝土机械、起重机械、工程船舶、基础处理机械和主要辅助设备等七大类不固定设置的机械。

机械设备平衡的主要内容是同类型的机械设备在使用时段上的平衡。在施工机械设备选型后，应进行主要施工机械设备的汇总。汇总时，按各单位工程或辅助企业汇总机械设备的类型、型号、使用数量，分别了解使用时段、部位、施工特点及机械使用特点等有关资料，同时应注意不同施工部位、不同类型或型号的互换平衡。机械设备平衡内容与原则见表8-4。

表8-4 机械设备平衡内容与原则

平衡内容		平衡原则	
		施工单位不明确	施工单位明确
使用的平衡		由大型、高效机械充当骨干	现有大型机械充当骨干，同时注意旧机械更新
		中小型机械起填平补齐作用	
型号上的平衡		型号尽力简化，以高效能、灵活机械为主；注意一机多能；大、中、小型机械保持适当比例	使现有机械配套
数量上的平衡		数量合理	减少机械数量
时间上的平衡		利用同一机械在不同时间、作业场所发挥作用	
配套平衡		机械设备配套应由施工流程决定。多功能、服务范围广的机械应与大多数作业的其他机械配套选择；施工机械应与相应的检修、装拆设施水平相适应	
其他	机械拆迁	减少重型机械的频繁拆迁、转移	
	维修保养	配件来源可靠，有与之相对应的维修保养能力	
	机械调配	有灵活可靠的调配措施	

三、施工机械设备需求量

主要工程的机械需要量要根据施工总进度计划、主要单位工程施工方案和工程量，并参考机械产量定额求得，辅助机械需求量可根据建筑安装工程每十万元扩大概算指标求得，运输机具需求量可根据运输量计算。

计算机械总需求量时，应注意以下几个问题：

（1）总需求量应在机械设备平衡后汇总数量的基础上进行计算。

（2）同一作业可由不同类型或型号的机械互代（即容量互补），且条件允许时，备用系数可适当降低。

（3）对生产均衡性差、时间利用率低、使用时间不长的机械，备用系数可以适当降低。

（4）风、水、电机械设备的备用量应专门研究。

（5）确定备用系数时，应考虑设备的新旧程度、维修能力、管理水平等因素，力争做到切合实际情况。

施工机械设备总需求量可按下式计算：

$$N = \frac{N_0}{1-\eta} \tag{8-1}$$

式中，N 为某类型或型号机械设备总需求量；N_0 为某类型或型号机械设备平衡后的历年最高使用数量；η 为备用系数，可参考表 8-5 选用。

表 8-5 备用系数 η 参考值

机械类型	η	机械类型	η
土石方机械	0.10～0.25	运输机械	0.10～0.25
混凝土机械	0.10～0.15	起重机械	0.10～0.20
船舶	0.10～0.15	生产维修设备	0.04～0.08

机械设备平衡，考虑备用数确定总需求量后，制定机械设备需求量汇总表，见表 8-6。

表 8-6 机械设备需求量汇总表

编号	施工机械设备名称及型号	功率/kW	制造厂家	总需要量	现有数量	尚缺数		
						新购	调拨	总数
设备总量								

四、施工机械设备需求量分期供应计划

（1）分年供应计划在机械设备平衡表、平衡后的机械设备需求量汇总表的基础上编制，反映机械进场的时间要求。

（2）分年供应计划应分类型列表，分类型小计。

（3）供应时间应早于使用时间，从机械设备全部运抵工地仓库时起，至能实际运用为止，应包括清点、组装、试运转等时间。对于技术先进的机械设备，还应包括技术工人培训时间。

（4）考虑设备进场以及其他实际问题，备用数量可分阶段实现，但供应数不得低于实际使用量。

（5）制定分年供应计划，应对设备的来源进行调查。供应型号不能满足要求时，应与专业设计人员协商调整型号。

（6）机械设备来源包括自备、国产、进口、租赁等。

施工机械设备分期需求量表见表 8-7。

表 8-7 施工机械设备分期需求量表

序号	设备类型	设备名称	设备来源	规格型号	数量	功率/kW	需求量计划							
							××年				××年			
							1	2	3	4	1	2	3	4
1														
……														
合计														

第三节 劳动力需求计划

劳动力需求量指的是在工程施工期间,直接参加生产和辅助生产的整个工程所需总劳动量。水利水电工程施工劳动力,包括土建工程、机电安装工程、施工工厂、施工交通等方面的施工、管理及后勤服务人员等。劳动力需求量是施工总进度的一项重要指标,也是计算总投资的重要数据之一。

劳动力需求计划包括施工期各年份月劳动力量、施工期高峰劳动力量、施工期平均劳动力量和整个工程施工的总劳动量(工日)。

直接生产人员配备应在设备选择配套基础上,按工作面、工作班制及施工方法,以混合工种结合国内平均先进施工水平进行劳动力优化组合后再进行计算,并确定各年平均生产人数和施工总工期内平均生产人数。也可以定额为基础,结合现有生产效率水平进行劳动力分析计算。

间接生产人员应根据施工设施运行维护和生产规模确定;场内主要交通道路运行维护、场外交通运输及仓库系统(包括转运站)搬运及值班人员,可按劳动力定额或通过工程类比分析计算,并据此计算各年平均生产人数和施工总工期内平均生产人数。

施工总人数应包括生产人员总数、管理人员和缺勤人员。管理人员可按生产人员总数的5%~8%取值,大型工程宜取低值,小型工程可视具体情况分析取值;缺勤人员可按生产人员和管理人员数之和的4%~6%取值。施工总工日数可按施工总工期内平均劳动力数量乘各年有效工作日求得。

一、劳动力需求的计算

1. 劳动定额法

劳动力定额是完成单位工程量所需要的劳动工日。在计算各施工时段所需要的基本劳动力数量时,应以施工总进度为基础,用各施工时段的施工强度乘以劳动定额而定。总进度表上的工程项目,是基本施工工艺环节中各施工工序的综合项目,计算劳动力所需的劳动定额,主要依据本工程的建筑物特性、施工特性、选定的施工方法、设备规格、生产流程等经过综合分析后拟定,可根据单项工程、单位工程和分部分项工程分项计算后汇总得到。

(1)劳动力需求量计算步骤。

劳动力需求量计算步骤如下:

1)拟定劳动定额。
2)以施工总进度表为依据,绘制单项工程的施工进度线,并说明各时段的施工强度。
3)计算基本劳动力曲线。
4)计算企业工厂运行劳动力曲线。
5)计算对外交通、企业管理人员、场内道路维护等劳动力曲线。
6)计算管理人员、服务人员劳动力曲线。
7)计算缺勤劳动力曲线。
8)计算不可预见劳动力曲线。
9)计算和绘制整个工程的劳动力曲线。

（2）劳动力需求的计算。

1）基本劳动力计算。基本劳动力的计算应以施工总进度表为依据，用各单位工程分年、分月和日的强度乘以相应劳动力定额，即得到单项工程相应时段的劳动力需求量。同年同月各单项工程劳动力需求量相加，即为该年该月的日需要劳动力。

2）施工企业工厂运行劳动力计算。施工企业工厂运行劳动力计算应以施工进度表为依据，列出各企业工厂在各年各月的运行人员数量，同年同月逐项相加而得。各企业各时段的生产人员，一般由企业工厂设计人员提供。

3）对外交通及道路维护劳动力计算。对外交通及道路维护劳动力计算，可用基本劳动力与企业工厂运行人员之和乘以系数 0.1～0.5（混凝土坝工程和对外交通距离较远者取大值）。

4）管理人员劳动力计算。管理人员取基本劳动力、施工企业工厂运行劳动力、对外交通及道路维护劳动力之和的生产人员总数的 5%～8%。

5）缺勤人员计算。缺勤人员取上述生产人员与管理人员总数之和的 4%～6%。

6）临时人员。取上述各项人员之和的 5%～10%，可行性研究阶段取 10%，初步设计阶段取 5%。

2．类比法

根据同类型、同规模（水工、施工）的实际比例定员类比，通过认真分析加以适当调整。此方法比较简单，也有一定的准确度。

二、劳动力需求总量分期计划

将施工总进度计划表纵坐标的方向上各单位工程同工种的人数叠加在一起并连成一条光滑的曲线，即为某工种的劳动力动态曲线。其他工种也可用相同方法绘成曲线图，从而根据劳动力曲线列出主要工种劳动力需求量计划表，见表 8-8。

表 8-8 劳动力需求量计划表

序号	单位工程	劳动量	施工高峰人数	××年		××年		现有人数	多余或不足人数
					……		……		
1									
……									
合计									

第九章 单位工程施工组织设计

单位工程施工组织设计是指以单位工程为主要对象编制的施工组织设计，对单位工程的施工过程起指导和制约作用。单位工程施工组织设计是一个工程的战略部署，是宏观定性的，体现指导性和原则性，是一个将建筑物的蓝图转化为实物的总文件，内容包含了施工全过程的部署、技术方案的选定、进度计划及相关资源计划的安排、各种组织保障措施的制定，是对项目施工全过程的管理性文件。单位工程施工组织设计是基层施工单位编制月度、季度施工作业计划，分部分项工程作业设计，以及劳动力、材料、预制构件、施工机具等供应计划的主要依据，也是建筑施工企业加强生产管理的一项重要工作。本章主要叙述单位工程施工组织设计的编织内容和方法。

第一节 概 述

一、单位工程施工组织设计编制原则

单位工程施工组织设计的编制应遵循技术可行的原则。所谓技术可行，是指选定的施工方案、施工方法必须切实可行，符合当时的施工水平、设备条件与技术条件；所采用的施工平面布置应合理，资源供给达到相对平衡与合理。主要表现为以下方面：

（1）贯彻国家对工程建设的各项方针和政策，严格执行工程建设程序。

（2）遵循该工程施工工艺及其技术规律，充分认识工程特点、难点，确保关键路径、关键节点的施工按计划完成。

（3）质量是工程的灵魂。采用先进、成熟的施工技术，科学地制定施工方案和切实可行的质量保证措施，建立健全、严格的质量管理体系，确保质量目标的实现。

（4）编制切实可行的工期保证措施，合理组织机械设备，采用工程网络计划控制技术和现代管理方法，科学地安排夜间、雨季、夏季和冬季的施工，使工程施工均衡连续进行。

（5）制定适用、有效的措施，确保施工符合环保、文明要求。

（6）尽可能减少临时设施建设，合理储存物资、材料，减少物资、材料倒运量；科学地规划施工平面图，减少施工用地。

二、单位工程施工组织设计的编制

1. 单位工程施工组织的编制依据

（1）施工组织总设计。单位工程，一般是一个项目的一个组成部分，有单独的设计，可以组织单独施工，竣工后不能单独发挥效益，是招标中的一个标段的工程。所以该段的施工组织设计，必须按照设计阶段的施工组织总设计的各项指标和任务要求来编制，如进度计划的安排应符合总设计的要求。

(2)招标文件。招投标阶段的施工组织设计,其主要目的是投标中标,要想达到中标的目的,就必须响应招标文件,所做的施工布置、进度要求、质量要求必须符合招标文件的具体要求,否则就是不响应招标文件,就不能中标,施工组织设计也只能是空谈。所以招标文件是该段施工组织设计的主要依据。

(3)施工合同。建设工程施工合同是承包人进行工程建设施工,发包人支付价款的合同,是建设工程的主要合同,也是工程建设质量控制、进度控制、投资控制的主要依据。施工合同的当事人是发包方和承包方,双方是平等的民事主体。因此在单位工程施工组织设计中必须遵照施工合同进行。

(4)施工现场条件和地质勘察资料。如施工现场的地形、地貌、地上与地下障碍物以及水文地质、交通运输道路、施工现场可占用的场地面积等。

(5)建设单位可能提供的条件及工程所在地的气象资料。如"四通一平",施工期间的最低、最高气温及延续时间,雨季、雨量、极端气候等。

(6)会审后的施工图及设计单位对施工的要求。主要包括单位施工的全部施工图样、会审记录和相关标准图等有关设计资料。较复杂的工业建筑、公共建筑和高层建筑等,还应了解设备图样和设备安装对土建施工的要求,设计单位对新结构、新技术、新材料和新工艺的要求。

(7)本项目相关的技术资料。包括地区定额手册、标准图集、国家操作规程及相关的施工与验收规范、施工手册等,同时包括企业相关的经验资料、企业定额等。

2. 单位工程施工组织设计的编制程序

单位工程施工组织设计的编制程序,是指单位工程施工组织设计各个组成部分形成的先后次序以及相互之间的制约关系,如图9-1所示。

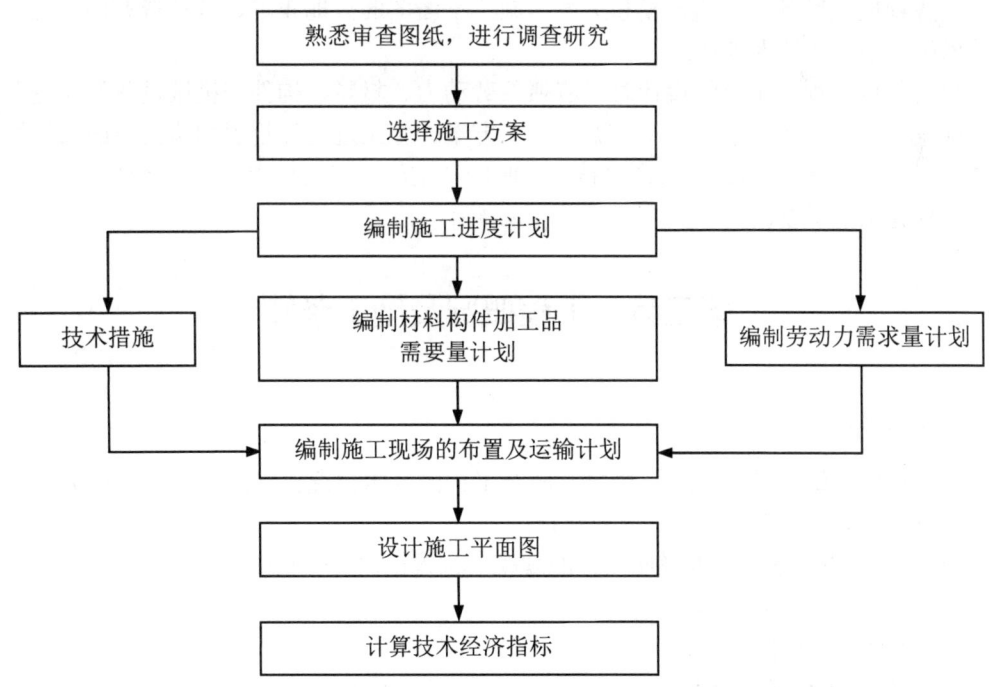

图9-1 单位工程施工组织设计的编制程序

三、单位工程施工组织设计的内容

1. 一般内容

根据工程性质、规模和复杂程度，单位工程施工组织设计的内容、深度和广度要求不同，在编制时应从实际出发，确定各种生产要素，如材料、机械、资金、劳动力等，使其真正起到指导现场施工的目的。单位工程施工组织设计的内容一般包括以下内容：

（1）工程概况及施工条件。
（2）施工方法与相应的技术组织措施，即施工方案。
（3）施工进度计划。
（4）施工准备工作计划及劳动力、资料、构件和机械设备等需要量计划，即施工资源配置。
（5）施工现场平面布置图。
（6）主要技术经济指标。
（7）冬雨季施工保证措施。
（8）保证质量、安全，降低成本及文明施工等技术措施。

2. 各内容之间的相关关系

单位工程施工组织设计各项内容中，劳动力、材料、构件和机械设备等需要量计划，施工准备工作计划，施工平面布置图是指导施工准备工作的进行，为施工创造物质基础的技术条件。施工方案和进度计划主要是指导施工过程的进行，规划整个施工活动的文件。工程能否按期完工或提前交工，主要取决于施工进度计划的安排，而施工进度计划的制订又必须以施工准备、场地条件以及劳动力、机械设备、材料的供应能力和施工技术水平等因素为基础。反过来，各项施工准备工作的规模和进度、施工平面图的分期布置、各种资源的供应计划等又必须以施工进度计划为依据。

在编制单位工程施工组织设计时，应抓住劳动力、材料、构件和机械设备等关键环节，同时处理好各方面的相互关系，重点编好施工方案、施工进度计划表和施工平面布置图，即常称的"一图、一案、一表"，突出"技术、时间、空间"三大要素，就能形成一个合理有效的单位工程施工组织设计。

第二节　工程概况及施工条件

一、工程概况

单位工程施工组织设计的工程概况，应对工程的基本情况作详细的说明，充分反映工程的自然情况、社会经济情况等。其内容包括：

（1）工程建设概况。主要说明工程的规模、位置、内容、功能等。
（2）水文气象和工程地质等情况。
（3）对外交通条件。
（4）工作范围和工作内容。

二、施工条件

1. 施工现场条件

单位工程施工组织设计的施工现场条件，主要介绍和分析施工现场的施工导流和水流控制问题，包括围堰建筑物的基坑排水情况等；施工现场的"四通一平"情况，拟建工程的位置、地形、地貌、拆迁、移民、障碍物清除以及地下水位等情况，预制构件的生产及供应情况，施工单位机械、设备、劳动力的落实情况，内部承包方式、劳动力组织形式及施工管理水平，现场临时设施、供水、供风、供电问题的解决。

2. 气象资料分析

应对施工项目所在地的气象资料进行全面的收集与分析，如当地最低、最高气温及延续时间，雨季、雨量、极端气候，冬雨季施工的起止时间和主导风向等。特别是土方施工的项目，应对雨天的频率进行分析计算，以满足施工要求。

三、工程实例

某抽水蓄能电站工程。

（一）工程概况

1. 电站枢纽工程概况

某抽水蓄能电站位于××省××市东南××镇境内，地处××省地理位置和电力负荷中心，距××市、××市、××市、××市的直线距离分别为 70km、40km、105km、260km，距 500kV××变电站线路距离 8.4km，上网条件便利，受送电条件好。电站为日调节纯抽水蓄能电站，安装 6 台单机容量 300MW 的可逆式水轮发电机组，总装机容量 1800MW。建成后承担××电网的调峰、填谷、调频、调相及紧急事故备用等任务。

电站主要由上水库、输水系统、地下厂房系统、地面开关站及下水库等建筑物组成。上水库正常蓄水位 681.00m，死水位 640.00m；正常蓄水位库容 1218 万 m^3，调节库容 1066 万 m^3，死库容 152 万 m^3。下水库正常蓄水位 207.50m，死水位 182.00m；正常蓄水位库容 1409 万 m^3，调节库容 1256 万 m^3，死库容 153 万 m^3。电站装机容量 1800MW（6×300MW），多年平均发电量 18 亿 kW·h。电站为 I 等大（1）型工程，其主要建筑物按 1 级建筑物设计，次要建筑物按 3 级建筑物设计；临时建筑物按 4 级建筑物设计。电站对外交通较为便利，施工期间外来物资及重大件可通过公路、铁路或水运联运的方式运输至工地。

2. 主要建筑物特性

××抽水蓄能电站的输水发电系统主要内容包括输水系统（引水系统、尾水系统）和地下厂房系统。

输水系统主要包括上水库进/出水口及事故闸门井、引水上平洞、引水上斜井、引水中平洞、引水下斜井、引水下平洞、引水岔管、引水支管、尾水支管、尾水岔管、尾水调压室、尾水隧洞、下水库进/出水口及检修闸门井等。输水系统长 2952.3～3006.2m，其中引水系统长 1381.4～1406.8m，尾水系统长 1570.9～1599.4m。

地下厂房系统三大主洞室平行布置，主厂房洞开挖尺寸为 233.0m×24.5m×57.2m（长×宽×高），主变洞开挖尺寸为 216.0m×20.0m×22.3m（长×宽×高）。主厂房洞与主变洞间设 6 条母线洞、1 条主变交通洞和 1 条电缆交通洞。尾闸洞布置在主变洞下游，尾闸洞开挖尺寸为

185.0m×7.8m×19.2m（长×宽×高），主变洞与尾闸洞之间设 1 条尾闸交通洞。××抽水蓄能电站工程主要建筑物特性见表 9-1。

表 9-1 ××抽水蓄能电站工程主要建筑物特性

序号	主要建筑物名称	长（高）度/m	断面尺寸/m	断面类型
一、输水系统				
1	引水上平洞段（3 条）	51.3	$D=7.4$	圆形
2	引水上斜井段（3 条）	329.75	$D=7.6$（角度 50°）	马蹄形
3	引水中平洞（3 条）	345.56	$D=7.0\sim7.6$	马蹄形
4	引水下斜井（3 条）	389.23	$D=7.0$（角度 50°）	马蹄形
5	引水下平洞（3 条）	82.22	$D=6.4\sim7.0$	马蹄形
6	引水岔管（3 个）	/	$D=4.9\sim8.0$（分岔角 70°）	/
7	引水支管（6 条）	66.5	3.7×3.7～4.9×4.9	城门洞型
8	引水中平洞排水廊道（TBM）[①]	1410	$D=3.53$	圆形
9	引水下平洞排水廊道（TBM）	1103	$D=3.53$	圆形
10	尾水支管（6 条）	142.15	$D=6.4$	马蹄形
11	尾水岔管（3 个）	/	$D=6.4\sim8.0$（分岔角 50°）	/
12	尾水隧洞（3 条）	1318.45	$D=8.0$	马蹄形
13	尾水调压室上室（3 座）	40	13.2×13.6（宽×高）	城门洞型
14	尾水调压室大井（3 座）	78	$D=11.6$	圆形
15	尾水调压室小井（3 座）	44.9	$D=5.7$	圆形
16	尾调通气洞	1232	6.2×5.5（宽×高）	城门洞型
17	排水管井上下平洞	35	3.0×3.0（宽×高）	城门洞型
18	排水管井	110	$D=2.5m$	圆形
二、地下厂房系统				
1	主厂房洞	233	24.5×57.2（宽×高）	城门洞型
2	主变洞	216	20.0×22.3（宽×高）	城门洞型
3	尾闸洞	185	7.8（8.8）×20.0（宽×高）	城门洞型
4	1#～2#母线洞	40	10.6×12.15（宽×高）	城门洞型
5	3#～6#母线洞	40	9.6×9.1（大洞） 7.5×7.6（小洞）	城门洞型
6	交通电缆洞	40	3.3×10.2（宽×高）	城门洞型
7	透平油罐室	55.45	8.0×6.9（宽×高）	城门洞型
8	通风兼安全洞改建	13	7.2×12.0（宽×高）	城门洞型
9	排烟竖井上中下平洞	298	3.0×3.0（宽×高）	城门洞型
10	排烟竖井	108	$D=3.0$	圆形
11	主变进风洞	198.05	7.8×7.3（宽×高）	城门洞型

续表

序号	主要建筑物名称	长（高）度/m	断面尺寸/m	断面类型
12	主变交通洞	40	5.0×5.0（宽×高）	城门洞型
13	主变排风洞	192.765	7.2×7.0（宽×高）	城门洞型
14	尾闸运输洞	245.6	7.2×7.0（宽×高）	城门洞型
15	尾闸交通洞	30	4.0×4.0（宽×高）	城门洞型
16	尾闸井（6个）	15.7	7.8×9.8（长×宽）	方形
17	尾闸通风竖井上下平洞	26.8	3.0×3.0（宽×高）	城门洞型
18	尾闸通风竖井	15	$D=3.0$	圆形
19	500kV出线洞	1598	4.8×7.6，11.5×8.4（宽×高）	城门洞型
20	中低压电缆洞	152.7	3.0×3.0（5.0）（宽×高）	城门洞型
21	厂房排水廊道（TBM）	2612	$D=3.53$	圆形
22	厂房排水廊道（钻爆）	328	3.0×3.0（宽×高）	城门洞型
23	排风竖井	300	$D=7.5$	圆形
三、施工支洞				
1	1#施工支洞	947	7.8×8.49（宽×高）	城门洞型（$i=-3.43\%$）
2	3#施工支洞	822	7.2×8.1（宽×高）	城门洞型（$i=-2.89\%$）
3	4#施工支洞	294	7.2×6.8（宽×高）	城门洞型（$i=-5.33\%$）
4	5#施工支洞	425	7.2×7.3（宽×高）	城门洞型（$i=-4.85\%$）
5	6#施工支洞	462	7.2×6.8（宽×高）	城门洞型（$i=-3.86\%$）

注：TBM全称为Tunnel Boring Machine，指全断面硬岩隧道掘进机。

（二）水文气象资料

1. 气象

工程所在流域属于温带大陆性半湿润季风气候区，四季分明，寒暑适宜，光温同步，雨热同季。春季干燥多风，夏季炎热多雨，秋季晴和气爽，冬季寒冷少雪。根据××站1981—2010年气象资料统计，多年平均降水量为685.6mm，其中6—9月降水量占全年降水的75.1%。多年平均蒸发量为1686.8mm。多年平均气温为13.3℃，极端最高气温为42.1℃（2002年）。月平均气温以1月最低，为-2.4℃，最高的7月份平均气温为31.0℃。全年主导风向为东北风，年平均风速为2.5m/s，最大月平均风速为3.2m/s，最大风速为20.0m/s。××气象站气象要素统计成果表此处略。

2. 径流

上水库集雨面积为2.75km^2，多年平均径流量为61.6万m^3，多年平均入库流量为0.02m^3/s。下水库集雨面积为11.2km^2（含上水库集雨面积），多年平均径流量为242万m^3，多年平均入库流量为0.077m^3/s。

3. 洪水

本地区洪水主要由暴雨形成，有强度大、持续时间短的特点。由于河流源短坡陡，流域面积小,为山溪性河流,洪水陡涨陡落,历时一般仅数小时。大暴雨主要集中在6月中旬—9月上中旬,年最大洪水也多发生于6—9月。××抽水蓄能电站上、下水库设计洪水成果表见表9-2,下水库坝址枯水期(10月至次年5月)洪水成果表见表9-3。

表9-2 ××抽水蓄能电站上、下水库设计洪水成果表

位置	项目	频率/%									
		0.05	0.1	0.2	0.5	1	2	3.33	5	10	20
上水库	洪峰流量/(m³/s)	158.00	144.00	135.00	121.00	110.00	96.30	86.60	82.50	66.00	53.60
	24h 洪量/万 m³	124.00	114.00	104.00	91.70	82.10	72.60	65.60	60.00	50.60	41.20
下水库	洪峰流量/(m³/s)	549.00	498.00	470.00	414.00	375.00	330.00	286.00	269.00	213.00	162.00
	24h 洪量/万 m³	503.00	464.00	426.00	373.00	335.00	296.00	267.00	244.00	206.00	168.00

表9-3 ××抽水蓄能电站下水库坝址枯水期(10月至次年5月)洪水成果表

时期	项目	频率/%		
		2	5	10
10月至次年5月	洪峰流量/(m³/s)	95.2	84.0	72.8
	24h 洪量/万 m³	126.0	112.0	101.0

(三)工程地质条件

1. 工程区地震动参数

工程区在大地构造上位于××断块区的东南部、××断块区的中部,属××地震区。场址区无活动性断裂通过,场地地震活动微弱。工程区外围弱~强震级的地震活动频繁,近场区地震活动频次低、震级小,场址区无活动性断裂通过,未来工程场地可能遭受的地震影响主要来自××地震带和××地震带。受其影响,工程场地50年内超越概率10%时的基岩地震动水平向峰值加速度为97.5~101.9gal,相应地震基本烈度为Ⅶ度。

2. 工程区主要岩(土)体物理力学性质

(1)岩石物理力学性质。工程区岩石物理力学性质试验成果统计表此处略。统计成果仅代表按照相应地质勘察规范进行的试验和统计,具有较强的代表性,但不排除施工中遇到局部岩体超出试验统计极值的可能性,特别是洞室深部岩体。

(2)岩体物理力学参数建议值。根据工程区岩体的工程地质特征,按照《水力发电工程地质勘察规范》围岩工程地质分类标准,结合岩石室内物理力学性质试验成果,参考相关规程规范,综合确定隧洞围岩物理力学性质指标。工程区围岩分类及各类岩体物理力学指标建议值此处略。

3. 输水发电系统地质条件及评价

输水发电系统沿线山体受NE向冲沟切割,总体上呈沟梁相间展布的地形特征,总体坡度为15°~20°,沟梁间山坡稍陡,局部30°~45°,沿线分布3条NE向冲沟,从上到下依次为石棚沟、天坡沟、瓦子沟,冲沟宽缓、浅蚀,沟底高程分别为605m、435m、275m;地下厂房处于输水线路中段,南侧为石棚沟、北—北西侧为天坡沟,东侧距龙湾沟较远,龙湾沟地形陡峻,沟谷深切。冲沟内崩坡积的滚石、碎块石较多。

沿线出露的基岩主要为中粗粒、中细粒二长花岗岩，上水库进/出水口有变石英闪长岩岩脉分布。地表出露岩体以弱风化为主，第四系覆盖层分布于两侧山坡的下部，厚 1～5m，冲沟内分布有崩坡积滚石、碎石土，厚 2～6m。上水库进/出水口地表为残坡积砂质黏土，厚 0.65～4.30m，下水库进/出水口地表为残坡积砂质黏土，厚 0.6～6.8m。

沿线断层较发育，共发育 30 条，破碎带宽 0.2～3.0m 不等，延伸短小断层宽度一般在 0.05cm 与 0.60cm 之间。断层 f29、f33、f40、f42、f46 共 5 条为Ⅳ级结构面，其余断层为Ⅲ级结构面，断层破碎带多呈全—强风化状，主要由碎块岩、碎裂岩、碎粉岩构成，部分有断层泥，个别夹透镜体等，带内多见蚀变现象，沿线发育断层多与输水洞线呈较大角度或大角度相交。以 NE—NEE 向、NWW 向陡倾角为主。节理（裂隙）较发育，局部发育，成组性较强，产状总体以 NWW、NNE—NE 向陡倾角为主，NEE 向、NW 向陡倾角节理次之，少量缓倾角节理。

工程区为低—中等应力区场。通过三维地应力回归分析，输水发电系统各部位的地应力分别为：上斜井部位最大主应力 σ_1 量值范围为 2.0～8.8MPa，第二主应力 σ_2 量值范围为 1.0～6.6MPa，第三主应力 σ_3 量值范围为 0.5～4.5MPa。属于低地应力场。中平洞部位最大主应力 σ_1 量值范围为 6.0～8.8MPa，第二主应力 σ_2 量值范围为 5.5～6.8MPa，第三主应力 σ_3 量值范围为 3.8～5.0MPa。属于低地应力场。下斜井部位最大主应力 σ_1 量值范围为 8～11MPa，第二主应力 σ_2 量值范围为 6.5～8.2MPa，第三主应力 σ_3 量值范围为 4.5～6.5MPa。属于低—中等地应力场。

输水系统部分断层、节理两侧岩体存在蚀变现象，蚀变岩体呈灰白色，性质软弱，结构疏松，开挖暴露后，易产生膨胀松弛而坍塌，开挖揭示后应及时采取挂网、喷混凝土封闭处理。

4. 地下厂房系统工程地质条件及评价

地下厂房长探洞 PD5 地下水活动总体较弱，洞壁多处见渗、滴水现象，局部有线状流水或涌水。地下水主要沿 NE—NEE 向和 NW—NWW 向断层、张性节理、蚀变节理渗出。输水隧洞围岩岩性以较完整的二长花岗岩为主，岩体微透水性为主，局部沿断层、节理发育的地段岩体的渗透性相对较强，输水隧洞均位于地下水位以下，除 f47 断层为赋水带，其余无大的结构面贯通地表水系及地下赋水带。PD5 洞口三角堰长期观测地下水总流量为 54～261L/min，PD5 主洞及支洞钻探时，地下厂房区及附近局部存在一定量的基岩裂隙承压水，沿结构面形成暂时性涌水现象，钻孔总涌水量为 307～1570L/min，其中 ZKC01-1 和 ZKC01-4 水平孔涌水最大（沿 f47 断层涌水，压力为 0.4MPa，流量为 256～1330L/min），钻孔涌水量随时间延长而减少。

根据计算，埋深大于 418m 洞段存在岩爆的可能，输水发电系统最大埋深 515m。综合判断输水发电系统上平洞、上斜井、中平洞不存在岩爆问题，下斜井中下段、下平洞、岔管、地下厂房及尾水隧洞前段埋深较大，属中等地应力区，岩爆风险等级为低风险，设计和施工过程中需引起重视。

地下厂房中部方案最大主应力 σ_1 量值范围为 10.0～11.8MPa，倾角 α_1 范围为 62°～66°，第二主应力 σ_2 范围为 8.4～8.8MPa，最小主应力 σ_3 范围为 6.0～6.2MPa，属于中等地应力场。

（四）施工条件

1. 交通条件

电站距市区公路里程约 20km，××县道从下水库坝后约 2km 处通过，为三级公路，并有地方道路从××县道通至下水库区，距××高速××出入口 3.0km，××县道与××省道、×

××高速相连，下水库坝址距离××市公路里程为80km。本工程上、下水库地形高差约472m，目前无直接连通的道路，目前通行方案为：从下水库经××县道转至××县道，并经××道路至上水库，公路里程约23km，路况较好。

工程附近的铁路干线有京沪线，距离工程较近的货运火车站为××站，公路里程约23km。外来物资及设备器材可由铁路运至××火车站，然后由公路转运至工地；也可直接采用公路运输至工地。距工程较近的大型港口为××港，公路里程约340km。综上所述，本工程对外交通条件较好。

2. 发包人提供的条件

（1）进场公路。进场公路起于下库区××路，终点接上下库连接公路，是通往开关站、下库进出水口和下水库主坝的公路，长约0.909km，道路设计标准采用水电场内三级公路，荷载标准为汽–40，特–420混凝土路面，路面宽6.5m，路基宽7.5m，路边布置电缆沟和路灯。

（2）上下库连接公路。上下库连接公路的起点与进场公路终点相接，高程约225m，从下库进/出水口上方穿过，而后沿地形展线爬坡至龙湾沟，在高程约380m附近布置隧道进洞，在山体内绕一圈后，在约470m高程出洞，之后根据地形展线爬坡回头后，在540m高程附近再次布置隧道，山体内绕行，在山体背面约585m高程附近出洞，之后道路利用现有的林场道路布置至上水库库岸公路，高程约707m。

上下库连接公路全长约11.60km，其中隧道2座，共长约3910m（1#隧道长约2190m，2#隧道长约1720m），道路设计标准采用水电场内三级公路，荷载标准为汽–40、挂–120，设计速度为20km/h，路基宽7.5m，路面宽6.5m，路面结构采用混凝土路面。

（3）至开关站公路。至开关站公路起于进场公路，终点为开关站，为开关站、进厂交通洞的运行公路，长约0.45km，道路设计标准采用水电场内三级公路，荷载标准为汽–40，混凝土路面，路面宽6.5m，路基宽7.5m。

（4）上库部分库岸公路。上水库库岸公路起点从主坝左坝头相接，经上水库进/出水口平台、上下库连接公路终点，沿西北库岸原有土路展线布置，至副坝右坝头，终点接××山国家森林公园旅游道路，全长约910m，道路设计标准采用水电场内三级公路，荷载标准为汽–40，混凝土路面，路面宽6.5m，路基宽7.5m，路边布置电缆沟。其中国家森林公园现有旅游公路至上下库连接公路终点段由发包人提供，桩号范围为K0+350～K0+910.00。

（5）下库6#道路。从通风兼安全洞洞口公路接线，沿下库表土堆存场，跨龙湾沟，与下库库岸公路相接，为下库区主要的对外连接道路，石料运输、砂石料混凝土运输等主要的通道。该道路长0.72km，水电场内三级，荷载标准为汽–40，碾压混凝土路面，路基宽7.0m。

3. 施工供水供电

（1）施工供水。发包人委托××管理场内施工供水系统，施工供水系统设施预计于2023年3月具备下水库供水条件，4月具备上水库供水条件。

（2）施工供电。发包人负责场外二回35kV线路（包括架空线和电缆）、35kV中心变电站、场内10kV线路（包括架空线和电缆）等施工供电设施的建设。上述施工供电设施预计于2023年3月具备下水库供电条件，4月具备上水库供电条件。

4. 施工测量控制网

发包人在工程区已建立施工测量控制网，负责向承包人提供二等基本平面、高程施工控制网。

第三节　施工方案的选择

施工方案的选择是编制单位工程施工组织设计中的首要问题，是整个单位工程施工组织设计的核心。施工方案的选择将直接影响工程的质量、进度安排、经济效益，以及施工安全、文明施工、环境保护等各个方面。好的施工方案，可以保证质量、节省投资、保证进度、降低投资风险、提高投资效益。如果方案选择不好，轻则加大投资、拖延工期、增加投资风险，重则直接导致投资损失、工程项目建设失败。因此，在选择施工方案时，必须在若干个初步方案的基础上，根据工程实际情况，进行认真的分析与比较，力求择出最经济、最合理的施工方案。

选择施工方案时，应遵循施工上可行、技术上先进、经济上合理，符合施工现场实际情况的原则，着重研究和确定以下三个方面的内容：

(1) 确定各分项工程的施工顺序。
(2) 确定主要技术组织措施及流水施工作业。
(3) 确定主要分部分项工程的施工方法和施工机械。

一、施工顺序的确定

合理的施工顺序是选择施工方案首先应考虑的问题。施工顺序是指工程开工后各分部分项工程施工的先后顺序。确定施工顺序既是为了按照客观的施工规律组织施工，也是为了保证工种之间的合理搭接，在保证工程质量和施工安全的前提下，充分利用空间，以达到缩短工期的目的。

1. 确定施工顺序应遵循的基本原则

施工顺序应遵循四个"先、后"原则，即：

(1) 先地下，后地上。在地上工程开始之前，把线路、管道等地下设施、土方工程和基础工程全部完成或基本完成。

(2) 先结构，后装饰。对一般情况而言，应先结构，后装饰；有时为了缩短施工工期，也可以有部分合理的搭接。

(3) 先主体，后维护。在施工过程中应先上主体结构，后上维护工程，不搭接。

(4) 先土建，后设备。一般来说，土建施工应先于机电设备的施工。但它们之间更多的是穿插配合的关系，因此，要从保证施工质量、降低成本的角度，处理好相互之间的关系。

以上原则并不是一成不变的，特殊情况下，也可根据施工企业的施工技术、经营管理水平等进行适当的调整。

2. 确定施工顺序应考虑的因素

水利水电工程施工顺序有其一般性，也有其特殊性，因此，在施工顺序的确定上没有一种固定不变的顺序，但施工顺序也不是可以随意改变的，在考虑施工顺序时，一般应考虑以下因素：

(1) 遵循施工程序。施工顺序的确定必须在不违背施工程序的前提下进行。
(2) 符合施工工艺的要求。施工顺序应与施工工艺顺序相一致。
(3) 施工方法与施工机械协调一致。

（4）必须考虑施工工期与施工组织的要求。应尽可能多地采用平行施工、流水施工作业方式，保证施工工期的要求。

（5）必须考虑施工质量与施工安全的要求。

（6）必须考虑当地的气候条件。不同地区的气候特点不尽相同，因此，在安排工程施工的过程中，应考虑气候特点对工程的影响。

3. 基础工程施工顺序

基础工程施工顺序一般为开挖→做垫层→基础施工→回填。

4. 混凝土工程施工顺序

钢筋混凝土工程包括护坡、泵站、拦河闸、挡土墙、涵洞等永久工程，以及施工导流工程的临时建筑物的混凝土、钢筋混凝土、预制混凝土和水下混凝土等混凝土工程。

钢筋混凝土工程施工顺序为模板工程→钢筋工程→混凝土工程。

（1）模板工程。

1）对模板的基本要求。保证混凝土按设计要求成型，能承受混凝土水平与垂直作用力以及施工荷载，改善混凝土硬化条件等。水利水电工程对模板的技术基本要求为：形式简单、安装拆卸方便、成型准确、表面平整光滑、拼装紧密、支撑牢靠稳固、经济适用、周转适用率高、结构坚固、强度刚度足够。

2）模板的组成和分类。通常，模板由面板加筋体（围檩）和支撑体（支撑桁架或钢架和锚固件）3部分组成，有时，模板还附有行走部件。目前，国内常用的模板面板有标准木模板、组合钢模板、混合式大型整装和竹胶模板等。

模板按制作材料可分为钢模板、木模板、钢木组合模板、混凝土或钢筋混凝土模板、拆移模板、移动模板和滑升模板。按形状可分为平面模板和曲面模板。按受力条件可分为承重模板和非承重模板。按支撑受力方式可分为简支模板、悬臂模板和半悬臂模板。

（2）钢筋工程。钢筋工程包括对钢筋的调直、除锈、配料、剪切、弯曲、绑扎与焊接、冷加工处理等工序，下面分别介绍钢筋工程中的各处理工序。

1）调直和除锈。盘条状的细钢筋，必须通过绞车调直后方可使用。呈直线状的粗钢筋，发生弯曲时才需用弯筋机调直，直径在25mm以下的钢筋可在工作台上手工调直。

钢筋除锈的主要目的是保证其与混凝土间的粘结力。因此，在钢筋使用前需对钢筋表层的鱼鳞锈、油渍和漆皮加以清除。去锈的方法有多种，既可以借助钢丝刷或砂堆手工除锈，也可以用风砂枪或电动去锈机除锈，还可以用酸洗法化学除锈。新出厂的或保管良好的钢筋一般不需除锈。采用闪光对焊的钢筋，其接头处要用除锈机严格除锈。

2）配料与画线。钢筋配料是指施工单位根据钢筋结构图计算出各钢筋的直线下料长度、总根数以及钢筋总重量，从而编制出钢筋配料单，作为备料加工的依据。施工中钢筋品种或规格与设计要求不相符时，须征得设计部门同意并按规范指定的原则进行钢筋代换。从降低钢筋损耗率考虑，钢筋配料要按照长料长用、短料短用和余料利用的原则下料。钢筋画线是指按照配料单上标明的下料长度用粉笔在钢筋应剪切的部位进行勾画的工序。

3）钢筋下料长度计算。钢筋的外包尺寸与轴线长度之间存在一个差值，称为量度差值。在计算下料长度时，必须扣除该差值，其计算公式如下：

$$下料长度=各段外包尺寸之和-量度差值+两端弯钩增长值$$

每个弯钩增长值视加工方式而定，采用人工弯曲时为$6.25d$，用机械弯曲时为$5d$。而量度

差值的大小与转角 α、钢筋直径 d 及弯钩内直径 D 有关。

4）钢筋的切断与弯曲。钢筋切断有手工切断、剪切机切断和氧炔焰切割等方式。手工切断一般只能用于直径不超过 12mm 的钢筋，12～40mm 直径的钢筋一般采用剪切机剪断，而直径大于 40mm 的圆钢则采用氧炔焰切割或用型材切割机切割。

钢筋的弯制包括画线、试弯、弯曲成型等工序。钢筋弯制分手工弯制和机械弯制两种，但手工弯制只能弯制直径 20mm 的钢筋。近年来，除了直径不大的箍筋外，一般钢筋均采用机械弯制。弯制过的钢筋需用铅丝归类绑扎好，并挂上注明编号和使用位置的标签。

5）钢筋的绑扎与焊接。水利水电工程中钢筋焊接常采用闪光对焊、电弧焊、电阻点焊和电渣压力焊等方法，有时也用埋弧压力焊。

6）钢筋的冷加工处理。钢筋冷加工是指在常温下对钢筋施加一个大于屈服强度而小于极限强度的外力使钢筋产生变形；当外力去除后，钢筋因改变了内部晶体结构的排列而产生永久变形；经过一段时间之后，钢筋的强度得到较大的提高。

钢筋冷加工处理的目的在于提高钢筋强度和节约钢材用量。钢筋冷加工的方法有 3 类：冷拉、冷拔和冷轧。

a．冷拉：钢筋的冷拉需要用冷拉机械进行。除了盘条装钢筋需要进行冷拉调直外，有时为了提高钢筋的屈服强度，需要专门进行冷拉。对于直径在 12mm 以下的盘条钢筋，若冷拉后钢筋长度增加 4%～6%，则可节约钢筋约 20%。

钢筋的冷拉控制有单控和双控两种。单控只需要控制钢筋伸长率；双控不仅要控制钢筋的伸长率，还要控制冷拉应力。如钢筋已达到控制应力而冷拉率未超过允许值，则认为合格；如钢筋已达到允许的冷拉率，而冷拉应力还小于控制值，则该批钢筋应降低强度使用。

钢筋冷拉卸荷后，在内应力的作用下，其晶体组织自行调整的过程叫时效。时效后屈服强度进一步提高。时效分自然时效和人工时效两种。将冷拉后的Ⅰ级、Ⅱ级钢筋放在常温下放置 15～20h 即可完成自然时效；而将冷拉后的Ⅰ级、Ⅱ级钢筋在 100℃温度下经 2h 就可完成人工时效。Ⅲ级、Ⅳ级钢筋一般通过通电加热至 150～300℃，保持 20min 即可完成人工时效。

b．冷拔：将直径小于 10mm 的Ⅰ级光面钢筋在常温下用强力从冷拔机的钨合金拔丝孔中以 0.4～4.0m/s 的速度拔过，因钢筋轴向被拉伸而径向被压缩，钢筋的抗拉强度提高 50%～90%，硬度也有所提高，但塑性降低。钢筋冷拔工艺需经过扎头、剥壳（去除表面的氧化铁锈）和拔丝的过程。

经多次强力冷拔的钢筋，称为冷拔低碳钢丝。其甲级品用作预应力筋，乙级品可用于焊接骨架、焊接网片或用作构造筋等。冷拔钢丝的制作并非一次完成，须经数次冷拔使钢筋截面逐步缩小，但每拔一次，钢筋直径的缩减宜控制在 $d_0/d=1.1$～1.15。

除原料钢筋的内在质量外，冷拔总压缩率便是影响冷拔钢丝质量的重要因素。冷拔总压缩率是由盘条筋拔至成品钢丝的横截面总缩减率，即冷拔后的钢筋截面缩减面积与冷拔前的钢筋截面积之比的百分率。钢丝强度提高越多，塑性降低也越多，故需严格控制冷拔总压缩率。

冷拔钢丝的检查验收包括外观（裂纹、机械损伤）检查和机械性能（拉力、反复弯曲）试验。

c．冷轧：盘条钢筋或直筋通过冷轧后，钢筋因受双向挤压作用而产生凹凸有致的变化。经冷轧的钢筋，屈服点强度可提高 350MPa，但塑性降低，同时因增大了钢筋表面的展开面积而提高了钢筋与混凝土的握裹力。

7) 钢筋的安装。钢筋的安装可采用散装和整装两种方式。散装是将加工成型的单根钢筋运到工作面，按设计图纸绑扎或电焊成型。整装则是将地面上加工好的钢筋网片或钢筋骨架吊运至工作平面进行安装。散装对运输要求相对较低，中小型工程用得较多。而大中型工程中，散装已逐步被整装所取代。但是，水利水电工程的规格以及形状一般没有统一的定型，所以有时很难采用整装的办法，但为了加快施工进度，也可采用半整装半散装相结合的办法，即在地面上不能完全加工成整装的部分，待吊运至工作面时再补充完成，以加快施工进度。

钢筋安装时应注意钢筋的位置、间距、保护层厚度及各个部位的型号、规格均应符合设计要求，同时还应特别注意不要让脱模剂或机油、泥土污染钢筋表面。钢筋安装的允许偏差，参见《水工混凝土钢筋施工规范》中的规定。

为防止整装的特大钢筋网或钢筋骨架在运输安装过程中发生歪斜变形，可在斜向用钢筋拉结临时固定，并设钢筋桁架或焊接型钢加以固定。

(3) 混凝土工程。混凝土工程的施工顺序包括浇筑、振捣、养护等。

1) 浇筑。在混凝土开仓浇筑前，要对浇筑仓位进行统筹安排，以便井然有序地进行混凝土浇筑。安排浇筑仓位时，必须考虑的问题有：便于开展流水作业；避免在施工过程中相互干扰；尽可能地减少混凝土模板的用量；加大混凝土浇筑块的散热面积；尽量减小地基的不均匀沉陷。

实践表明，水工建筑物的构造比较复杂，混凝土的分块尺寸普遍较大，混凝土温度控制的要求相当严格，土建工程与安装工程的目标一致性尤为突出。因此，工程界对于各浇筑仓位施工顺序的安排都极为重视，比较成熟的浇筑程序有对角浇筑、跳仓浇筑、错缝浇筑和对称浇筑。

2) 振捣。振捣的目的是使混凝土获取最大的密实性，它是保证混凝土质量和各项技术指标的根本措施与关键工序。混凝土振捣的方式有多种，在施工现场使用的振捣器有内部振捣器、表面振捣器和附着式振捣器，使用最多的是内部振捣器。

3) 养护。养护就是在混凝土浇筑完毕后的一段时间内保持适当的温度和足够的湿度，形成良好的混凝土硬化条件。养护是保证混凝土强度增长，不发生开裂的必要措施。养护分洒水养护和养护剂养护两种方法。

洒水养护：在混凝土表面覆盖上草袋或麻并用带有多孔的水管不间断地洒水。

养护剂养护：在混凝土表面喷一层养护剂，等其干燥成膜后再覆盖上保温材料。

二、施工方法和施工机械的选择

1. 选择施工方法和施工机械的主要依据

在单位工程施工中，施工方法和施工机械主要应综合考虑工程建筑结构特点、质量要求、工期长短、资源供应条件、现场施工条件、施工单位的技术装备水平和管理水平等因素来选择，使所选择的施工方法和施工机械具有针对性、先进性和保证性。

2. 选择施工方法和施工机械的基本要求

(1) 应充分考虑主要分部分项工程的要求。

(2) 应符合施工总组织设计的要求。

(3) 应满足企业施工技术的要求。

（4）设备投入依据"少污染、低噪声、高效率"的原则。
（5）设备配置应功能齐全，满足施工要求。
（6）选用先进设备，满足质量、工期要求。
（7）机械设备尽量配套合理，最大限度提高机械利用率。
（8）调入设备确保造型先进，机况良好，满足本标施工期内的使用要求。
（9）设备数量满足施工，并略有富余。

3. 主要分部或分项工程的施工方法

在选择主要的分部或分项工程施工方法时应包括以下的内容：

（1）土石方工程。确定土方开挖方法、工作面宽度、放坡坡度、土壁支撑形式，排水措施，计算土方开挖量、回填量、外运量。

（2）基础工程。

1）基础须设施工缝时，应明确留设位置和技术要求。

2）确定基础的垫层、混凝土和钢筋混凝土基础施工的技术要求。

3）当地下水位埋深不能满足施工要求，而需要进行降水施工时，应确定降水方法和技术要求。

4）确定桩基础的施工方法和施工机械。

（3）砌筑工程。

1）应明确砖墙的砌筑位置和技术要求。

2）明确砌筑施工中的流水分段和劳动组织形式等。

3）确定脚手架搭接方法和技术要求。

（4）混凝土及钢筋混凝土。

1）确定混凝土工程施工方案。

2）确定模板类型及支撑方法。重点应考虑提高模板周转利用次数。

3）钢筋应选择恰当的加工、绑扎和焊接方法。

4）选择混凝土的制备方案，如采用商品混凝土，还是现场制备混凝土。

5）选择混凝土搅拌、振捣设备的类型和规格，确定施工缝的留设位置。

6）如采用预应力混凝土，应确定预应力混凝土的施工方法、控制应力和张拉设备。

4. 施工机械选择

在水利水电工程施工中，采用的机械种类杂、型号多。有土方机械、运输机械、吊装起重机械等。在选择施工机械时，应根据工程的规模、工期要求、现场条件等择优选择。选择施工机械时，应注意以下几点：

（1）首先选择主导工程的施工机械，如地下工程的土方机械，主体结构工程的垂直、水平运输机械，结构吊装工程的起重机械等。

（2）在选择辅助施工机械时，必须充分发挥主导施工机械的生产效率，要使两者的台班生产能力协调一致，并确定辅助施工机械的类型、型号和台数。如土方工程中自卸汽车的载重量应为挖掘机斗容量的整数倍，汽车的数量应保证挖掘机连续工作，使挖掘机的效率充分发挥。

（3）为便于施工机械化管理，同一施工现场的机械型号应尽可能少，当工程量大且集中时，应选择专业化施工机械；当工程量小而分散时，可选择多用途施工机械。

（4）尽量选用施工单位的现有机械，以减少施工的投资额，提高现有机械的利用率，降低成本。当现有施工机械不能满足施工需要时，则购置或租赁所需新型机械。

三、工程实例

某水利水电工程常用机械生产能力分析。

1. 挖掘机生产能力分析

（1）挖掘机小时生产率可按下式计算：

$$Q_h = \frac{3600qk}{t} \tag{9-1}$$

式中，t 为挖掘机每一工作循环延续时间，s，一般取 30s；q 为铲斗容量，m³；k 为铲斗利用系数，根据经验结合本工程地质情况，一般取 0.85。

（2）挖掘机台班生产率可按下式计算：

$$Q_d = 8Q_h K_B \tag{9-2}$$

式中，K_B 为工作时间利用系数，本工程中挖掘机用来开挖爆破后的岩石，一般取 0.7。

（3）挖掘机日生产能力可按下式计算：

$$Q = NQ_d C \tag{9-3}$$

式中，N 为挖掘机数量；C 为每天作业台班数（台班），按二班制施工考虑。

由以上公式计算得出挖掘机日生产能力见表 9-4。

表 9-4 挖掘机日生产能力表

型号	铲斗容量/m³	小时生产率/(m³/h)	台班生产率/(m³/台班)	数量	日施工台班数	日生产能力/m³
PC200	1.0	102	570	4	2	4560
PC400	2.0	204	1140	2	2	4560
合计				6		9120

由表 9-4 可知，挖掘机日生产能力为 9120m³。

根据施工进度计划安排，石方平均日施工强度为 7100m³，有效工作日按 78% 计算，折算后平均日施工强度为 9100m³，小于 9120m³（挖掘机日生产能力），因此，所安排的设备能满足进度要求。

另外再加 2 台装载机用作石方开挖，因此所安排的设备能满足进度要求。

2. 自卸车生产能力分析

（1）自卸车台班生产率可按下式计算：

$$q_d = \frac{480qkK_t}{t} \tag{9-4}$$

式中，q 为运石料车辆的装载容量，m³；k 为运石料车辆装石料的换算系数，根据经验结合本工程地质情况，取 0.85；K_t 为每台班的时间利用系数，根据经验，取 0.8；t 为自卸车每次运石料循环的延续时间，min，t=运石料距离×2÷重车运行速度与空车运行速度的平均值+装车所需时间+卸车所需时间+操作所需时间，根据经验，结合本工程施工道路情况，经计算得 t=20min。

（2）自卸车日生产能力可按下式计算：

$$Q = nq_d c \tag{9-5}$$

式中，n 为自卸车数量；c 为每天作业台班数，按二班制施工考虑。

由以上公式计算的自卸车日生产能力见表9-5。

表9-5 自卸车日生产能力表

型号	自卸车装载容量/m³	台班生产率/(m³/台班)	自卸车数量	日台班数	日生产能力/m³
8t	5.5	90.0	30	2	5400
5t	3.5	57	40	2	4560
合计			70		9960

由表9-5可知，自卸车日生产能力为9960m³。

根据施工进度计划安排，石方车运最大日平均施工强度为7100m³，有效工作日按78%计算，折算后平均日施工强度为9100m³，小于9960m³（自卸车日生产能力），这些车辆均作为料场到码头石料运输，堤坝转运另配5t自卸汽车15辆，因此所安排的设备能满足进度要求。

3. 混凝土搅拌机生产能力计算

（1）混凝土搅拌机小时生产率可按下式计算：

$$P_h = \frac{60qk}{t} \tag{9-6}$$

式中，t 为混凝土从装料、搅拌到出料一个循环的延续时间，min，随搅拌机的型号而定；q 为混凝土搅拌机出料容量，m³；k 为混凝土搅拌机利用系数，根据经验，取0.9。

（2）混凝土搅拌机台班生产率可按下式计算：

$$P_d = 8 P_h K_B \tag{9-7}$$

式中，K_B 为工作时间利用系数，根据经验，取0.9。

（3）混凝土搅拌机日生产能力可按下式计算：

$$P = N P_d C \tag{9-8}$$

式中，N 为混凝土搅拌机数量；C 为每天作业台班数。

由以上公式计算的混凝土搅拌机日生产能力见表9-6。

表9-6 混凝土搅拌机日生产能力表

型号	容量/m³	小时生产率/(m³/h)	台班生产率/(m³/台班)	台数	日施工台班数	日生产能力/m³
JZC750	0.75	7.5	54.0	2	1	108
JS-500C	0.50	16.0	115.0	2	1	230
JZC350	0.35	3.5	21.5	4	1	86
合计				8		424

由表9-6可知，混凝土搅拌机日生产能力为424m³。

施工营地内预制场生产的预制混凝土最大日施工强度为67m³，有效工作时间按58%计算，折算后日施工强度约116m³，计划配置一台JS-500C型混凝土拌和站和一台JZC350型混凝土拌和机，日生产能力为136.5m³，可以满足预制要求。

坝体现场现浇混凝土最大日施工强度为140m³，有效工作时间按58%计算，折算后日施工强度约240m³/d，计划配置一台JS-500C型混凝土拌和站、2台JZC750型混凝土拌和机和3台JZC350型混凝土拌和机，日生产能力为287.5m³，因此所安排的设备能满足进度要求。

【例】某土石方工程，工程量为133.60万m³，Ⅲ类土，工程施工日历天数为212d，有效工作天数为139d，计7个月，每天3班昼夜施工。施工组织设计为：采用液压反铲挖掘机（斗容为2.0m³）挖装；20t自卸汽车运输，运距5km；103kW推土机进行平土；16t轮胎碾压机，施工不均匀系数取1.3。

【解】（1）计算施工强度：

$$月平均施工强度=133.6/7=19.1（万 m³）$$

$$班平均施工强度=1336000/（139×3）=3204（m³）$$

（2）查定额求出台班工作量。根据概算定额：液压反铲挖掘机（斗容为2.0m³/台班）台班产量1429m³/台班；20t自卸汽车运输，运距5km台班产量120m³/台班；103kW推土机进行平土（Ⅲ类）推运距20m，台班产量851m³/台班，16t轮胎碾压机台班产量1018m³/台班。

（3）计算各种施工机械数量。

$$液压反铲挖掘机（斗容为2.0m³）台数=\frac{QK}{P}=\frac{3204×1.3}{1429}=3（台）$$

$$自卸汽车运输台数=\frac{QK}{P}=\frac{3204×1.3}{120}=35（台）$$

$$挖掘机台数=\frac{QK}{P}=\frac{3204×1.3}{851}=5（台）$$

$$轮胎碾压机台数=\frac{QK}{P}=\frac{3204×1.3}{1018}=4（台）$$

根据挖掘机的斗容量确定自卸汽车载重量，应满足挖掘机配套的工艺要求。挖掘机斗容和汽车的载重量的比值应在一个合理的范围内。由下式计算所选挖掘机装车的斗数 m：

$$m=\frac{Q}{r_1qK_{cn}k_e}$$

式中，m 为挖掘机装车的斗数；Q 为汽车的载重量，t；q 为挖掘机斗容；r_1 为料物的自然容重，t/m³；K_{cn} 为挖掘机的充盈系数，一般取0.9；k_e 为土的可松性系数，一般取0.8。

本例中，代入数据得：

$$m=\frac{Q}{r_1qK_{cn}k_e}=\frac{20}{2.2×2×0.9×0.8}=6$$

20t自卸汽车用2m³挖掘机每车需要6斗，满足配合的工艺要求

根据施工现场条件，挖掘机挖装一斗的时间 t_c=25s，汽车的运、卸、回程空返时间（运距5km）时间 T_a=1980s，为保证连续工作，每台挖掘机需要配备汽车数量 n_a 为

$$n_a=\frac{T_a}{mt_c}=\frac{1980}{6×25}=13$$

3台液压反铲挖掘机（斗容为 2.0m³）所需自卸汽车位 3×13 辆=39 辆，可以满足要求。考虑到机械设备检修、车辆备用及道路现场情况，设计确定选用：液压反铲挖掘机（斗容为 2.0m³）3 台，20t 自卸汽车运输 36 辆，103kW 推土机 5 台，16t 轮胎碾压机 4 台。

4．施工方案的评价

工程项目施工方案的选择要求适合本工程的最佳方案在技术上可行、经济上合理，做到技术与经济相统一，达到提高质量、缩短工期、降低成本的目的，进而提高工程施工的经济效益。

（1）评价指标。

1）技术指标。技术指标一般用各种参数表示，并且应结合具体的施工对象来确定。

2）经济指标。经济指标主要反映为完成任务必须消耗的资源量，由一系列价值指标、实物指标及劳动指标组成。

3）效果指标。效果指标主要反映采用该施工方案后期预期达到的效果。效果指标有两大类：一类是工程效果指标，如工程工期、工程效率等；另一类是经济效果指标，如成本降低额或降低率，材料节约量或节约率等。

（2）评价方法。施工方案技术经济分析方法可分为定性分析和定量分析两大类。定性分析只能泛泛地分析各方案的优缺点，如施工操作上的难易和安全与否；可否为后续工序提供有利条件；冬季和雨季对施工的影响大小；是否可利用某些现有机械和设备；能否一机多用；能否给现场文明施工创造有利条件等。评价时受评价人的主观因素影响大，故只用于方案初步评价。

定量分析是对方案的投入与产出进行计算，如劳动力、材料与机械台班消耗、工期、成本等直接进行计算、比较。定量分析用数据说话，比较客观，让人信服，所以是方案评价的主要方法。

第四节　单位工程施工进度计划

单位工程进度计划的编制方法与施工总进度计划的编制方法相同，只是在满足总进度计划的前提下应将工程划分得更细、更具体一些。

单位工程施工进度计划是施工方案在时间上的具体反映，是指导单位工程施工的依据。它的主要任务是以施工方案为依据，安排工程施工中各施工过程的施工顺序和施工时间，使单位工程在规定的时间内，有条不紊地完成施工任务。

单位工程施工进度计划的主要作用是为编制企业季度、月度生产计划提供依据，也为平衡劳动力需求量，调配和供应各种施工机械和各种物质资源提供短期计划依据，同时为确定施工现场的临时设施数量和动力配备提供依据。施工进度计划必须满足施工规定的工期，在空间上必须满足工作面的实际要求，与施工方法相协调。因此，编制施工进度计划应该细致、周密地考虑这些因素。

单位工程施工进度计划的表达形式一般分为横道图和网络计划图。

一、单位工程进度计划编制依据

此处的单位工程施工组织设计，主要指投标时的施工组织设计。为此，招标文件是主要的编制依据，同时必须满足：

(1) 施工总工期与开、竣工日期。

(2) 经过审批的建筑总平面图、地形图、单位工程施工图、设备及基础图、适用的标准图及技术资料。

(3) 施工合同。

(4) 施工组织总设计对本单位工程的有关规定。

(5) 施工条件、劳动力、材料、构件及机械供应条件，分包单位情况等。

(6) 主要分部（项）工程的施工方案。

(7) 劳动定额、机械台班定额及本企业施工水平。

(8) 工程承包合同及业主合理的要求。

(9) 其他有关资料，如当地的气象资料等。

二、编制程序和步骤

1. 收集编制依据

编制单位工程施工进度计划时，必须符合施工总组织的要求，因此应收集施工合同、施工总组织设计、施工条件、施工方案、劳动定额等相关资料。

2. 划分施工分项

编制单位工程施工进度计划，首先按照招标文件和施工合同的工程量清单，施工图纸和施工顺序列出拟建单位工程的各个施工过程，并结合施工方法、施工条件劳动组织等因素，加以适当调整，使其成为编制单位工程进度计划所需的施工过程。

在确定施工过程时，应注意以下几个问题：

(1) 施工过程划分的粗细程度，主要根据招标文件的需要，按照工程量清单的项目划分，基本可以达到控制施工进度的目的。特别是开工、竣工时间，必须满足招标文件的时间要求。

(2) 施工过程的划分要结合所选择的施工方案。不同的施工方案，其施工顺序有所不同，项目的划分也不同。

(3) 注意适当简化单位工程进度计划内容，避免工程项目划分过细、重点不突出。根据工程量清单中的项目，有些小的项目可以合并，划分施工过程要粗细得当。

3. 校核工程量清单中的工程量

校核工程量时需注意：计算单位与施工定额的相应单位一致，与选定的施工方法和要求一致，结合施工组织的特点进行，尽量利用已编制的预算文件。

4. 确定劳动量和机械台班数

劳动量和机械台班数应当根据工程量、施工方法和现行的施工定额，并结合当时当地的具体情况确定，可按下式计算：

$$P=Q/S \quad 或 \quad P=QH \tag{9-9}$$

式中，P 为完成某施工过程所需的劳动量工时数和机械台时数；Q 为完成某施工过程所需的工程量；S 为某施工过程所采取的产量定额；H 为某施工过程所采用的时间定额。

(1) 劳动力需求计划。劳动力需求量计划见表 9-7。

表 9-7　劳动力需求量计划

序号	工种名称	人数	＿＿月			＿＿月			＿＿月			＿＿月		
			上	中	下	上	中	下	上	中	下	上	中	……

（2）主要材料需求量计划。这种计划是根据施工预算、材料消耗定额和施工进度计划编制的，主要反映施工过程中工种主要材料的需求量，作为备料、供料和确定仓库、堆积面积及运输量的依据，其表格形式参见表 9-8。

表 9-8　主要材料需求量计划

序号	材料名称	规格	需求量		需求时间									备注
					＿＿月			＿＿月			＿＿月			
			单位	数量	上	中	下	上	中	下	上	中	下	

（3）施工机具需求量计划。这种计划是根据施工预算、施工方案、施工进度计划和机械台班定额编制的，主要反映施工所需机械和器具的名称、型号、数量及使用时间，其表格形式参见表 9-9。

表 9-9　施工机具需求量计划

序号	机具名称	型号	单位	需用数量	进退场时间	备注

（4）预制构件需求量计划。这种计划是根据施工图、施工方案及施工进度计划要求编制的，主要反映施工中各种预制构件的需求量及供应日期，并作为落实加工单位以及按所需规格、数量和使用时间组织构件进场的依据，其表格形式参见表 9-10。

表 9-10　预制构件需求量计划

序号	构件名称	编号	规格	单位	数量	要求进场时间	备注

5. 确定各施工过程的施工天数

根据工程量清单中的各个工程量以及施工顺序，确定其施工天数，这一过程非常重要。

因此，各分部分项工程的施工天数，组成整个工程的施工天数。

在投标阶段，一般采用倒排进度的方法进行。这是因为工程的开工时间、竣工时间在招标文件中已经有所规定，不能更改，施工期又不能任意增加或减少。根据招标文件要求的开、竣工时间和施工经验，确定各分部分项工程的施工时间，再按分部分项工程所需的劳动量和机械台时数，确定每一分部分项工程每个班组所需的工人数和机械台数，计算公式如下：

$$R=P/tmk \tag{9-10}$$

式中，R 为每班安排在某分部分项工程上的施工机械台时数和劳动人数；P 为完成某分部分项施工过程所需的劳动量工时数或机械台时数；t 为完成某分部分项施工过程的天数；m 为每天工作班次；k 为每天工作时间。

6. 编制施工进度计划的初始方案

编制施工进度计划时，必须考虑各分部分项工程的合理顺序，尽可能地组织流水施工，力求主要工种的工作队连续施工。

（1）划分主要施工段，组织流水施工。首先安排其中主要施工过程的施工进度，使其尽可能连续施工；其他不是主要的施工过程，可以穿插进行，与主要施工过程配合、穿插、搭接或平行作业。

（2）配合主要施工段，安排其他施工段的施工进度。

（3）按照工艺和合理性尽量穿插、搭接或平行作业，将各施工段的流水作业最大限度地搭接起来，即单位工程施工进度计划的初始方案。

7. 施工进度计划的调整

为了使初始方案满足规定的目标，一般进行如下检查调整：各施工过程的施工顺序、平行搭接或技术间歇是否合理。工期方面，初始方案的总工期是否满足连续、均衡施工。劳动力方面，主要工种工人是否满足连续、均衡施工。物资方面，主要机械、设备、材料等的利用是否均衡，施工机械是否得到充分利用。

经过检查，对不符合要求的部分，可增加或缩短某些分项工程的施工时间。在施工顺序允许的情况下，将某些分项工程的施工时间向前或向后移动。必要时，改变施工方法或施工组织等方法进行调整。水利水电工程施工是一个复杂的生产过程，受很多客观因素的影响，在施工过程中，由于劳动力和机械、材料等物资的供应及自然条件等因素的影响而经常不符合原计划要求。因此，在工程进展中，应随时掌握施工动态，经常检查，不断调整计划。

三、工程实例

某工程施工控制进度计划。

1. 编制说明

（1）施工总工期安排为：2022 年 2 月 1 日开工，2022 年 3 月 15 日完成 3#支洞的施工，并进入主洞施工，2024 年 6 月 15 日完工，总工期 28.5 个月。

（2）施工总进度表关键项目的施工时段与施工总进度网络图一致。其他项目的施工时段按照资源平衡原则，在允许的机动时间内优化安排。

（3）施工总进度表划分的工程项目与施工总进度网络图基本一致。由于施工总进度表重点反映各个工程项目的月施工强度，因而在某些项目的时段安排上略有差别，但这些时段上的差别都在网络图中的自由时差范围内。

2. 施工顺序安排

工程开工后，立即进行 3#支洞剩余工程的施工，为早日进入主洞施工开挖创造作业面。其中：

3#支洞上游工作面控制的主洞开挖长度为1284m，里程是引 5+500.00～引 6+784.222；3#支洞下游工作面控制的主洞开挖长度为1256m，里程是引 6+784.222～引 8+039.702。

支洞开挖及锚网喷混凝土支护结束后，挑顶进入正洞，由台车先向引水洞上游开挖 80m 后，再由台车向引水洞下游各开挖 80m，然后上、下游交替施工。洞身Ⅱ、Ⅲ类围岩段喷锚支护滞后开挖一定距离；Ⅳ、Ⅴ类围岩段喷锚支护紧跟开挖作业面以策安全。

当支洞控制的主洞洞身一端（上游或下游）开挖及锚网喷混凝土支护结束后，再施工Ⅳ、Ⅴ类围岩段洞身边顶拱混凝土衬砌，最后施工底板。

3. 临时工程进度计划

2022年1月底施工队伍进场后，首先修建 3#支洞高山水池及三级抽水站，用内燃空压机和发电机临时供风、供电，满足 3#支洞的施工要求，同时进行 3#支洞高压电线路的架设和电动空压机的安装调试，为后续的台车施工做好准备，在 3#支洞开工后，进行营地的修建工作，包括作业一、二队的营地，主仓库、加油站、修理房等的修建工作；同时积极平整甲谷砂石加工厂的场地，及时安装调试砂石加工设备，为砂石加工做好准备工作。

4. 3号支洞施工作业计划

3#支洞石方开挖总量约 4040m^3，长度约为 200m（前期工程标未完成部分），计划 2022年2月1日开工，40天内完工，3天挑顶进入主洞上游工作面，即 2022年3月15日进入主洞施工。

5. 支洞及控制的主洞工程开挖、支护、混凝土施工进度计算及计划

（1）隧洞掘进计划时间表见表 9-11。

表 9-11 隧洞掘进计划时间表

	项目	单位	隧洞围岩类别		备注
			Ⅳ、Ⅴ	Ⅱ、Ⅲ	
开挖	开挖断面	m^2	36.5	34.3	
	设计钻孔速度	m/min	1.5	1.5	
	实际钻孔速度	m/min	1.35	1.35	90%利用率
	钻臂数	台	2	2	
	钻孔能力	m/min	2.70	2.70	
	实际钻孔能力	m/min	2.43	2.43	90%干扰系数
	每循环钻孔深	m	2.0	4.0	
	每循环钻孔数	个	105	90	炮眼利用率90%，循环进尺Ⅳ、Ⅴ类 1.8m，Ⅱ、Ⅲ类 3.6m
	每循环钻孔总长	m	210	360	
	每循环钻孔时间	min	85.7	146.9	
装药	装药准备	min	10	10	
	每孔增加 1 分钟	min	105	90	拿药、清孔

续表

项目		单位	隧洞围岩类别		备注
			Ⅳ、Ⅴ	Ⅱ、Ⅲ	
装药	每米钻装药0.5分钟	min	105	180	
	装药人数	个	8	8	
	每循环装药时间	min	27.5	35	
装渣	设计装渣能力	m³/h	80	80	
	实际装渣能力	m³/h	64	64	80%利用率
	每循环装渣数量	m³	109.4	205.2	松方系数1.5
	每循环装渣时间	min	102.5	183.8	
其他	凿岩台车就位退出	min	20	20	各10分钟
	爆破通风	min	30	30	
	找顶、清理危石	min	30	30	
	装载机进出	min	20	20	
	喷锚支护	min	120	30	综合平均数
	测量放线	min	40	40	
	其他	min	45	45	

（2）隧洞掘进进度指标计划表见表9-12。

表9-12 隧洞掘进进度指标计划表

项目	单位	隧洞围岩类别		备注
		Ⅳ、Ⅴ	Ⅱ、Ⅲ	
每班工作时间	h	8	8	
每班有效工作时间	h	7	7	
每天工作班数	班	3	3	
有效工作时间	h	21	21	
每日进尺	m	4.36	7.81	一个掘进面
每月工作天数	天	27	27	
每月进尺	m	117.72	210.87	
长期工作效率	%	85	85	
实际月均进尺	m	100.06	179.24	

3#支洞控制的主洞上、下游交错开挖时，根据经验统计每个掘进面实际月均进尺，只有单个掘进面实际月均进尺的80%，即3#支洞控制的主洞上、下游交错开挖实际月均进尺Ⅳ、Ⅴ围岩为80.05m，Ⅱ、Ⅲ围岩为143.39m。

6. 支洞和其控制的主洞进度计算

（1）3#支洞与支洞控制主洞的分工序进度计算。3#支洞剩余长度约200m，每天进尺按5m计，40天完成，支洞与主洞接头开挖挑顶需3天完成，支洞开挖共计43天（含挑顶）。

由于招标图纸中未准确显示Ⅱ、Ⅲ、Ⅳ、Ⅴ类围岩的划分情况，只能从地质资料上看出大部分为Ⅱ、Ⅲ类围岩，故初步按80%的长度为Ⅱ、Ⅲ类，20%的长度为Ⅳ、Ⅴ类围岩进行下列计算：

支洞控制的主洞上游前80m开挖按143.39m/月计算，开挖80m，80/143.39=0.557个月=17天。支洞控制的主洞下游前80m开挖按143.39m/月计算，开挖80m，80/143.39=0.557个月=17天。

支洞控制的主洞上、下游交错开挖时，下游总长度为1256m，扣除80m后剩余1176m，其中Ⅱ、Ⅲ类围岩为940.8m，Ⅳ、Ⅴ类围岩长度为235.2m。下游Ⅱ、Ⅲ围岩开挖按143.39m/月计算，时间为940.8/143.39=6.56个月=197天；下游Ⅳ、Ⅴ围岩开挖按80.05m/月计算，时间为235.2/80.05=2.94个月=88天。下游工作面开挖共计9.5个月。

支洞控制的主洞上、下游交错开挖时，上游Ⅱ、Ⅲ围岩长度为963m，开挖按143.39m/月计算，开挖时间6.7个月=201天；Ⅳ、Ⅴ围岩长度为241m，开挖按80.05m/月计算，需241/80.05=3.0个月=90天。上游开挖共计9.7个月，291天。

（2）3#支洞施工进度计划。岩石洞挖及喷锚支护（含挑顶）：2022年2月1日—2022年3月15日。

支洞封堵：2024年4月26日—2024年5月25日。

封堵门安装：2024年5月26日—2024年6月15日。

（3）主引水隧洞3#支洞控制段。

1）上游工作面。

岩石洞挖：2022年3月16日—2023年2月15日（其中2022年4月2日—4月19日停挖该工作面，让给下游工作面）。

喷锚支护：2022年3月18日—2023年2月20日。

边顶拱混凝土衬砌：2023年3月1日—2023年7月1日。

底板混凝土衬砌：2023年6月1日—2023年7月20日。

回填灌浆：2023年7月10日—2023年11月30日。

固结灌浆：2023年12月1日—2024年4月1日。

2）下游工作面。

岩石洞挖：2022年4月2日—2023年2月1日。

喷锚支护：2022年4月5日—2023年2月6日。

边顶拱混凝土衬砌：2023年2月10日—2023年6月9日。

底板混凝土衬砌：2023年5月9日—2023年6月30日。

回填灌浆：2023年7月1日—2023年10月31日。

固结灌浆：2023年11月1日—2024年4月25日。

（4）甲谷砂石料加工。

1）准备工作（设备到场、场地平整）：2022年2月10日—2022年3月10日。

2）设备安装调试：2022年3月11日—2022年3月16日。

3）洞渣回采及砂石料加工：2022年3月17日—2023年5月31日（可作为洞渣回采利用的引6+565～8+905灰岩段开挖结束后）。

某工程施工控制进度计划如图9-2所示。

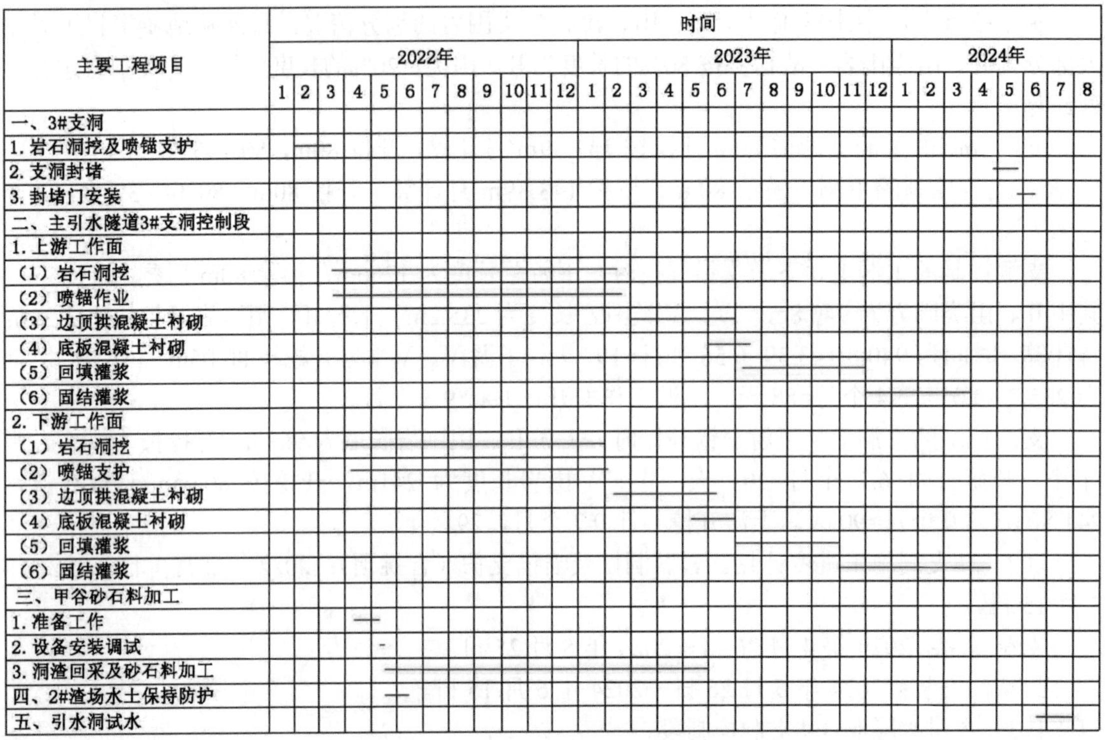

图 9-2 某工程施工控制进度计划

第五节　施工现场平面图布置

单位工程施工组织设计平面布置图，是对拟建工程施工现场所作的平面设计和空间布置图。它是根据拟建工程的规模、施工方案、施工进度计划及施工现场的条件等，按照一定的设计原则，正确地解决施工期间所需的各种临时工程同永久性工程和拟建工程之间的合理位置关系。它是单位工程施工组织设计的重要组成部分。

一、单位工程施工平面图设计的意义和内容

组织拟建工程的施工，施工现场必须具备一定的施工条件，除了做好必要的"四通一平"工作之外，还应布置施工机械、临时堆场、仓库、办公室等生产性和非生产性临时设施，这些设施均应按照一定的原则，结合拟建工程的施工特点和施工现场的具体条件，设计一个合理、适用、经济的平面布置和规划方案。

单位工程施工平面图一般包括以下内容：

（1）单位工程施工区域范围内，将已建的和拟建的地上的、地下的建筑物及构筑物的平面尺寸、位置标注出来，并标注河流、湖泊等的位置和尺寸，以及指北针、风向玫瑰图等。

（2）拟建工程所需的起重机械、垂直运输设备、搅拌及其他机械的位置布置，起重机械开行的线路及方向等。

（3）施工道路的布置、现场出入口位置等。

（4）各种预制构件堆放及预制场地所需面积、布置位置等，大宗材料堆场的面积、位置确定，仓库的面积和位置确定，装配式结构构件的就位位置确定。

（5）生产性及非生产性临时设施的名称、面积、位置的确定。

（6）临时供电、供水、供热等管线的布置，水源、电源、变压器位置的确定，现场排水沟渠及排水方向的考虑。

（7）土方工程的弃土及取土地点等有关说明。

（8）劳动保护、安全、防火及防洪设施布置以及其他需要的布置内容。

二、单位工程施工平面图设计依据和原则

在设计施工平面图之前，必须熟悉施工现场与周围地理环境；进行调查研究，收集有关技术资料；对拟建工程的工程概况、施工方案、施工进度及有关要求进行分析研究。只有这样，才能使施工平面图设计的内容与施工现场及工程施工的实际情况相符。

1. 单位工程施工平面图设计主要依据

（1）自然条件调查资料。

（2）技术经济条件调查资料。

（3）拟建工程施工图纸及有关资料。

（4）一切已有和拟建的地上、地下的管道位置。

（5）施工方案与进度计划。

（6）根据各种主要材料、半成品、预制构件加工生产计划、需要量计划及施工进度要求等资料，确定材料堆场、仓库等的面积和位置。

（7）建设单位能提供的已建房屋及其他生活设施的面积等有关情况，以便决定施工现场临时设施的搭设数量。

（8）现场必须搭建的有关生产作业场所的规模要求，以便确定其面积和位置。

（9）其他需要掌握的有关资料和特殊要求。

2. 单位工程施工平面图设计原则

（1）在确保安全施工以及使现场施工能比较顺利进行的条件下，要布置紧凑，少占或不占农田，尽可能地减少施工占地面积。

（2）最大限度缩短场内运距，尽可能减少二次搬运。

（3）在保证工程施工顺利进行的条件下，尽量减少临时设施的搭设。

（4）各项布置内容，应符合劳动保护、技术安全、防火和防洪的要求。

根据上述原则及施工现场的实际情况，尽可能进行多方案施工平面图设计，并从满足施工要求的程度，施工占地面积及利用率，各种临时设施的数量、面积和所需费用，场内各种主要材料、半成品（混凝土、砂浆等）、构件的运距和运量大小，各种水电管道的敷设长度；施工道路的长度、宽度，安全及劳动保护是否符合要求进行分析比较，择出合理、安全、经济、可行的布置方案。

三、单位工程施工平面设计步骤

1. 确定起重机械的位置

起重机械的位置直接影响仓库、堆场、砂浆和混凝土制备站的位置，以及道路和水、电

线路的布置等，因此应予以首先考虑。

固定水平运输设备及垂直运输设备，例如井架、龙门架、施工电梯等，主要依据机械性能、建筑物的平面布置及面积、施工段的划分、材料进场方向和道路情况来布置。其目的是充分发挥起重机械的能力并使地面的水平运距最小。一般来说，当建筑物各部位的高度相同时，尽量布置在建筑物中部，但不要放在出入口的位置；当建筑物各部位的高度不同时，布置在高的一侧。若有可能，井架、龙门架、施工电梯的位置，以布置在建筑物窗口处为宜，以避免砌墙留槎，减少井架拆除后的修补工作。固定式起重运输设备中卷扬机的位置不应距离起重机过近，以便司机的视线能够看到起重机的整个升降过程。

建筑物的平面应尽可能处于吊臂回转半径之内，以便直接将材料和构件运至任何施工地点，尽量避免出现"死角"。塔式起重机的安装位置，主要取决于建筑物的平面布置、形状、高度和吊装方法等。塔吊离建筑物的距离（B）应该考虑脚手架的宽度、建筑物悬挑部位的宽度、安全距离、回转半径（R）等内容。

2. 确定搅拌站、仓库和材料、构件堆场以及工厂的位置

（1）搅拌站、仓库和材料、构件堆场的位置。搅拌站、仓库和材料、构件堆场位置应尽量靠近使用地点或在起重机起重能力范围内，并考虑运输和装卸的方便。

建筑物基础和第一施工层所用的材料，应该布置在建筑物的四周。材料堆放位置应与基槽边缘保持一定的安全距离，以免造成基槽土壁的塌方事故。

第二施工层以上所用材料，应布置在起重机附近。

砂、砾石等大宗材料应尽量布置在搅拌站附近。

当多种材料同时布置时，对大宗的、重大的和先期使用的材料，应尽量在起重机附近布置；少量的、轻的和后期使用的材料，则可布置得稍远一些。

根据不同施工阶段使用不同材料的特点，在同一位置可先后布置不同的材料。

（2）搅拌站、仓库和材料、构件堆场的布置。根据起重机械的类型，搅拌站、仓库和堆场位置有以下几种布置方式：

1）当采用固定式垂直运输设备时，须经起重机运送的材料和构件堆场位置，以及仓库和搅拌站的位置应尽量靠近起重机，以缩短运距或减少二次搬运。

2）当采用塔式起重机进行垂直运输时，材料和构件堆场的位置，以及仓库和搅拌站出料口的位置，应布置在塔式起重机的有效起重半径内。

3）当采用无轨自行式起重机进行水平和垂直运输时，材料、构件堆场、仓库和搅拌站等应沿起重机运行路线布置，且其位置应在起重臂的最大外伸长度范围内。

4）木工棚和钢筋加工棚的位置可考虑布置在建筑物四周以外的地方，但应有一定的场地堆放木材、钢筋和成品。石灰仓库和淋灰池的布置要接近砂浆搅拌站并在下风向；沥青堆放场及熬制锅的位置要离开易燃仓库或堆场，并布置在下风向。

3. 运输道路的布置

运输道路的布置主要解决运输和消防两个问题。现场主要道路应尽可能利用永久性道路的路面或路基，以节约费用。现场道路布置时要保证行驶畅通，使运输工具有回转的可能性。因此运输线路最好绕建筑物布置成环形道路，道路宽度大于 3.5m。

4. 临时设施的布置

（1）临时设施分类。施工现场的临时设施可分为生产性和非生产性两大类。

1) 生产性临时设施包括在现场制作加工的作业棚，如木工棚、钢筋加工棚、白铁加工棚；各种材料库、棚，如水泥库、油料库、卷材库、沥青棚、石灰棚；各种机械操作棚，如搅拌机棚、卷扬机棚、电焊机棚；各种生产性用房，如锅炉房、烘炉房、机修房、水泵房、空气压缩机房等；其他设施，如变压器等。

2) 非生产性临时设施包括各种生产管理办公室、会议室、文化文娱室、福利性用房、医务、宿舍、食堂、浴室、开水房、警卫传达室、厕所等。

(2) 临时设施布置。布置临时设施，应遵循使用方便、有利施工、尽量合并搭建、符合防火安全的原则；同时结合现场地形和条件、施工道路的规划等因素分析考虑它们的布置。各种临时设施均不能布置在拟建工程（或后续开工工程）、拟建地下管沟、取土、弃土等地点。各种临时设施尽可能采用活动式、拆装式结构或就地取材。施工现场范围应设置临时围墙、围网或围笆。

5. 布置水电管网

(1) 施工用临时给水管，一般由建设单位的干管或施工用干管接到用水地点。布置有枝状、环状和混合状等方式，应根据工程实际情况从经济和保证供水两个方面去考虑其布置方式。管径的大小、龙头数目根据工程规模经计算确定。管道可埋置于地下，也可铺设在地面上，视气温情况和使用期限而定。工地内要设消火栓，消火栓距离建筑物应不小于5m，也不应大于25m，距离路边不大于2m。条件允许时，可利用城市或建设单位的永久消防设施。有时，为了防止供水的意外中断，可在建筑物附近设置简易蓄水池，储存一定数量的生产和消防用。如果水压不足，应设置高压水泵。

(2) 为便于排除地面水和地下水，要及时修通永久性下水道，并结合现场地形在建筑物四周设置排泄地面水和地下水的沟渠。

(3) 施工中的临时供电，应在全工地施工总平面图中一并考虑。只有独立的单位工程施工时才根据计算出的现场用电量选用变压器或由业主原有变压器供电。变压器的位置应布置在现场边缘高压线接入口，但不宜布置在交通要道口处。现场导线宜采用绝缘线架空或电缆布置。综上，单位工程施工平面图的设计步骤可由图9-3表示。

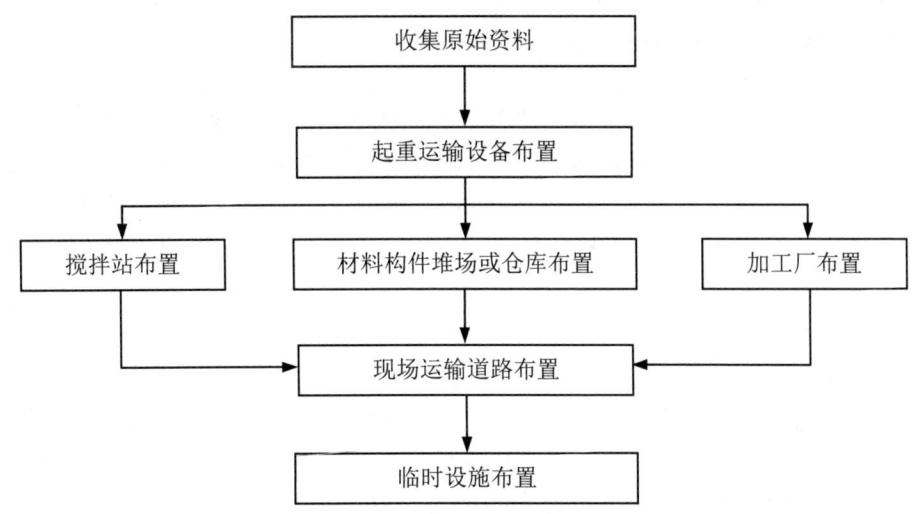

图9-3 单位工程施工平面图的设计步骤

四、工程实例

某水电站地下引水发电系统土建及金属结构安装工程施工总平面布置。

（一）施工布置总原则

根据大型地下洞室群施工经验，结合本工程具体施工情况，确定本工程的施工总平面布置原则如下：

（1）严格按照合同文件要求及业主提供的各种条件在指定的区域内布置生产、生活设施，充分体现出安全生产、文明施工的精神风貌。

（2）遵循"有利施工、便于管理、方便生活"的布置原则，力求布置紧凑，规模精简，以降低工程造价，尽量避免与其他标段工程施工的相互干扰。

（3）充分考虑地下工程施工的特点，综合考虑施工程序、施工交通、施工强度等因素的影响，合理布置通风排烟和排水设施，提高施工效率，保证施工质量和职工的身体健康。

（4）风、水、电布置充分考虑地下洞室多工作面、多工序平行施工、上下立体交叉作业等施工特点，合理有效地布置于各工作面，以加快施工进度，缩短施工工期。

（5）充分考虑本合同工程项目间及与其他合同间的关系。

（6）响应合同文件，满足合同文件的各项要求。

（二）施工场地规划

施工场地根据合同文件所提供的施工区域和设施情况，按施工需求及使用功能进行规划布置，具体规划布置见图《施工总平面布置图》（此处略）。

1. 生活福利、办公设施场地规划

（1）业主提供的生产、生活营地。业主于2013年三季度，在××提供5000m^2的施工人员营地（含生活、办公用房、食堂）；2014年三季度，在××提供约3000m^2的施工人员营地（含生活、办公用房、食堂）。施工承包人自行装修并购置家具和办公设备，布置需满足消防等规定的要求。过渡用房由承包人自行解决。

（2）自行修建的过渡用房。根据施工需要，2013年三季度前，在现有××施工营地内和2-1#隧道洞口自建生活及办公过渡用房以满足需求。

2. 生产辅助企业场地规划

（1）业主提供的生产场地。业主在右岸××至生活水厂沿江提供20000m^2的施工场地，为本工程一期场地；2014年河床截流后，业主在下坝提供20000m^2的施工场地，为本工程二期场地；2016年一季度业主在××提供30000m^2的施工场地，为本工程三期场地，这些施工场地均由弃渣填筑而成。由于一期施工场地下方出现滑移裂缝，经挖填整平后可大致形成三个梯级的狭长地块，受场地宽度限制，仅作为车辆停放场和金属构件堆放场。考虑二期施工场地提供时间较晚，将生活水厂附近平台作为试验室场地、2-1隧道进口场地作为前期施工过渡营地、××渣场作为钢管加工厂布置场地，通过以上补充场地，满足现场施工需要。

（2）施工附属企业布置。一期场地布置：1#机械修理场、出渣车停放场、混凝土罐车停放场、金属构件堆放场。二期场地布置：2#钢筋加工厂、2#模板加工厂、2#机械停放场、2#综合仓库、自建混凝土拌和系统。三期场地布置：3#机械停放场、金结拼装及加工厂、机电设备拼装场。

3. 渣场规划

业主已指定开挖的渣料，根据有用料和无用料进行分类，按照规划的堆渣流向和数量运至存料场和弃渣场，按要求堆放。本标段开挖的有用料堆存场地为坝址上游左岸下××存料场和××存料场，弃渣场为坝址上游××河滩地弃渣场或监理人指定的其他场地。沿左岸高线过坝路（1#道路）可以到达存料场，沿左岸对外交通连接线可以到达弃渣场。

（三）施工道路

1. 施工交通

（1）对外交通。××水电站位于金沙江下游，坝址左岸为 A 省××市××县，右岸为 B 省××市××县。A 省××市经××县至本工程左岸公路线路全长 232km；B 省××市经××县至本工程右岸公路线路全长 259.40km。A 省××市、B 省××市均有铁路和航班到达。坝址附近为不通航河段。

施工中后期：两岸对外交通公路陆续投入运行。××县至河门口公路为本工程大件运输通道和对外物资辅助运输公路，预计 2012 年 5 月开工，2014 年 7 月完工；××县至新村公路为本工程主要进场公路，预计 2013 年 4 月开工，2015 年四季度完工。

（2）场内交通。本工程场内交通按高程从上至下分为四层进行统筹规划。第一层连接左右岸电站出线场、缆机平台，高程 1050m～1150m；第二层坝顶与左右岸电站进水塔、泄洪洞进口塔顶平台相连，高程 988m；第三层连接左右岸电站进水口底板、泄洪洞进口底板，高程 920m；第四层连接左右岸地下电站、左右岸导流隧洞、上下游围堰、大坝和下游护岸建基面等，高程 723m～860m。上游临时索道桥位于坝址上游约 1.0km 处，在 880 混凝土系统附近连接两岸。下游临时索道桥位于坝址下游约 1.5km 处，用于××大桥建成前沟通下游两岸交通，在××大桥上游约 300m 处分别与左右岸低线过坝路连接。××大桥位于坝址下游约 2km，桥面高程 859m，桥长约 200m，为永久桥。大坝建成后坝顶交通主要满足大坝运行要求，施工期间承担下游主要过江运输任务。左岸主要施工道路特性表见表 9-13，右岸主要施工道路特性表见表 9-14。

表 9-13 左岸主要施工道路特性表

序号	道路名称		长度/km		起点	终点
			路线总长	隧道长度		
1	1#道路	左岸高线过坝道路	8.4	7.5		
2	3#道路	左岸进水口道路	0.4	0.4		
3	5#道路	左岸低线过坝道路	7.1	2.8		
4		复线洞	0.4	0.4		
5	7#道路	左岸出线场道路	3.4	2.9		
6		左岸缆机平台支线道路	0.1	0.1		
7	9#道路	左岸上坝道路	0.4	0.4		
8	11#道路	左岸泄洪洞进口道路	0.1	/		
9	13#道路	左岸上游围堰道路	0.3	0.3		

表 9-14 右岸主要施工道路特性表

序号	道路名称		长度/km		起点	终点
			路线总长	隧道长度		
1	2#道路	右岸高线过坝道路	6.6	3		
2	4#道路	右岸进水口道路	0.7	0.7		
3		右岸进水口5号支线	0.15	0.15		
4	6#道路	右岸低线过坝道路	4	3.2		
5	8#道路	右岸缆机平台道路	0.9	0.8		
6	10#道路	右岸上坝道路	1.1	1		
7	12#道路	右岸出线场道路	3.7	0.7		
8	14#道路	右岸上游围堰道路	0.09	0.09		
9	16#道路	施工期料场道路	2	0.9		

2. 施工支洞

业主在右岸合同文件及招标附图施工支洞平面布置图中，规划了16条施工通道，承担右岸引水洞、主厂房、主变室、尾水调压室、尾水洞及进厂交通洞施工。施工支洞断面为城门洞型，尺寸主要为9.0m×7.0m（宽×高）和8.5m×6.5m（宽×高）。另为渗控工程规划布置4条施工支洞，承担右岸高程945m、895m、850m及780m主帷幕灌浆施工。

为确保地下电站洞室群施工顺利进行，业主在本标开工前为本标洞室群开挖提供了部分施工支洞，给本标提供了良好的通道条件。

（1）地下电站施工支洞。包发人已完成7施工支洞的开挖支护，其他9条施工支洞的开挖支护及引水发电系统所有施工支洞的混凝土衬砌、底板混凝土浇筑、施工期维护及后期施工支洞的混凝土封堵，均为本工程施工内容。

（2）渗控工程施工支洞。规划布置4条渗控工程施工支洞，为本工程施工内容。右岸988灌浆平洞与10#道路（右岸上坝路）部分重合，利用10#道路作为988灌浆平洞施工及洞内帷幕灌浆的施工通道。

3. 厂外排水廊道施工通道

主厂房、主变洞和尾水调压室围岩四周布置三层排水廊道，形成封闭排水幕。第一层排水廊道呈封闭式"目"形布置，第二、三层排水廊道呈封闭式"日"字形布置，排水廊道断面为城门洞型，普通断面开挖尺寸为3.00m×3.50m（宽×高），第二层兼做混凝土运输通道的断面开挖尺寸为4.50m×20m（宽×高），与施工支洞结合段的断面开挖尺寸为8.50m×6.50m（宽×高）。

4. 场内临时道路布置

施工期间，为解决施工人员在厂房机坑内的交通问题，结合厂房垂直运输皮带机设计，同时为了避开对发电机板梁柱混凝土施工的干扰，在厂房上游面设置通长钢栈桥，连通主副厂房与机组交通。同时，分别在6台机组与检修渗漏集水井间相应位置，设置钢爬梯下机坑，方便施工人员进入机坑工作。

5. 新增施工支洞

（1）引水隧洞下平段新增施工支洞 L3。为方便引水隧洞上层施工，在右厂 4#施工支洞开挖至 12#引水隧洞位置后，在 12#引水隧洞中新增斜洞至引水隧洞上层底板高程 801.85m 后向厂房方向开挖，进入厂房 7m 后沿厂房上游墙继续开挖，在引水隧洞和厂房上游墙交叉位置形成厂房内施工支洞 L3，断面为 7m×6m，长度 198.5m，坡度 $i=0\%$；利用该支洞进行引水隧洞下平段上层开挖。

（2）尾调室新增支洞。从进厂交通洞及底层排水廊道内增加通往尾调室井身段的施工支洞，后期局部用混凝土进行封堵。

（四）施工供风、水、电及通信系统布置

1. 施工供风

根据现场实际情况，结合施工作业面分布、施工强度特点及施工机械设备的配置，施工供风以固定空压站为主、移动供风为辅，设置 7 个固定空压站，部分移动式空压机机动供风，系统总供风能力为 1553m³/min。供风系统主要考虑手风钻、轻型潜孔钻、锚索钻机、喷混凝土施工用风，辅助企业供风根据系统需要配置。

（1）空压站布置。

1#空压站：布置 4 台 40m³/min 电动空压机在电站进水口路的洞口（右厂 7#施工支洞与右岸进水口路交接位置的 1#旁洞内），空压站总容量为 160m³/min，供右厂 7#施工支洞、引水洞上平段、上弯段、竖井段及电站进水口的施工用风。

2#空压站：布置 5 台 40m³/min 和 5 台 20m³/min 电动空压机在右岸低线路 3.6-2 及洞口上游侧平台范围，空压站总容量为 300m³/min，供主厂房Ⅳ~Ⅵ层、母线洞、主变室Ⅲ~Ⅳ层、右厂 4#施工支洞、引水隧洞下平段、主厂房Ⅶ层、右厂 11#施工支洞、第三层排水廊道的施工用风。

3#空压站：布置 8 台 40m³/min 电动空压机在临江侧通风平洞扩挖段（2#旁洞），空压站总容量为 320m³/min，供右厂 1-1#施工支洞、右厂 2#施工支洞、主厂房、主变室层、尾水调压室Ⅳ层及以下、第二层排水廊道、右岸临江侧灌浆平洞施工用风。

4#空压站：布置 2 台 40m³/min 和 1 台 20m³/min 电动空压机在混凝土运输洞（3.10-2#支洞）与右岸高线过坝路交叉口附近的 3#旁洞内，空压站总容量为 100m³/min，供右厂 9#施工支洞、出线竖井平洞、出线竖井 988m 以下部分、主变室通风井 988 以下部分、右 GJ1#支洞、945m 帷幕灌浆平洞施工用风。

5#空压站：前期利用右岸导流洞目前的供风系统（2#空压站），后期布置 7 台 40m³/min 电动空压机在右厂 5#施工支洞的 5#旁洞内，空压站总容量为 280m³/min，供尾水支洞、主厂房Ⅹ~Ⅺ层、尾水岔管、右厂 6#施工支洞、右厂 1#施工支洞、尾水洞施工用风。

6#空压站：布置 7 台 40m³/min 和 1 台 28m³/min 电动空压机，在右厂 1-2#施工支洞的 5#旁洞内，空压站总容量为 300m³/min，供主厂房Ⅰ~Ⅲ层、主变室Ⅰ~Ⅱ层、尾水调压室Ⅰ~Ⅲ层，第一层排水廊道、第二层排水廊道、右 GJ2#支洞、895m 帷幕灌浆平洞、850m 帷幕灌浆平洞施工用风。

7#空压站：布置 1 台 40m³/min 和 1 台 30m³/min 电动空压机在出线场合适位置，空压站总容量为 70m³/min，主要供出线场细部开挖及出线竖井 988m 以上部分施工用风。

除了上述 7 个空压站外，本工程还另外配置 5 台移动式空压机辅助供风。

（2）空压站供风量。各空压站供风用量统计表见表 9-15。

表 9-15　1#～7#空压站供风用量计算表

空压站编号	用风设备名称	数量/台	单台耗风量/(m³/min)	同时工作系数	总用风量/(m³/min)	空压机房结构型式
1#空压站	手风钻	60	3.5	0.75	160	
2#空压站	手风钻	90	3.5	0.75	280	
	潜孔钻	7	12			
3#空压站	手风钻	90	3.5	0.75	280	
	潜孔钻	5	12			
4#空压站	手风钻	25	3.5	0.75	100	
	潜孔钻	4	12			
5#空压站	手风钻	105	3.5	0.75	280	
6#空压站	手风钻	90	3.5	0.75	300	
	潜孔钻	7	12			
7#空压站	手风钻	10	3.5	0.75	70	
	混凝土喷射机	1	12			
	潜孔钻	4	12			

（3）空压机的移设与新增。当厂房、主变洞、尾水调压室顶部施工完成后，可将 6#空压站部分空压机挪移至 2#空压站，部分挪移至 5#空压站。

2. 施工供水

（1）供水的条件。右岸××至生活水厂沿江施工场地供水接口及××场地供水接口均具备供水条件。左岸上游高程 990m 调节泵站计划于 2013 年 8 月底具备供水条件（临时管路），即在进水口及右厂 7#施工支洞开工前能具备右岸上游供水条件；左岸下游水厂于 2013 年 9 月底具备供水条件，供水能力为满负荷设计的 40%，2013 年 11 月底左岸下游水厂全部建成投入运行；右岸低区 875m 水池计划 2014 投入运行，右岸下游 1042m 水池目前已经建成，2013 年 9 月底具备供水条件。由于现场实际供水条件与招标文件提供的供水条件不符，本工程施工供水与投标期间相比将进行部分调整，以保证现场施工。

（2）施工供水布置。

1）生活用水。承包人营地生活用水由发包人统一供给，过渡营地用水从发包人在××营区提供的供水管路接取，施工现场的生活用水统一采购纯净水。

2）施工场地生产用水。右岸××至生活水厂沿江施工场地供水接口位于××水池，距离约 200m，口径 DN80，水压高程 1060m。××施工场地供水接口位于右岸高线过坝道路路旁，距离约 400m，口径 DN100，水压高程 1040m。由××水池附近供水接口，接引 1 条 DN50 供水管线 W8 供土建一期场地生产用水，由××施工场地附近高程 1040m 供水接口，接引 2 条 DN50 供水管线 W9、W10 及 1 条 DN75 供水管线 W11，分别引至右岸土建标二、三期场地及 2-1#隧道进口场地。

3）施工生产用水。施工生产供水分为两部分：第一部分为右岸厂房系统上游施工区供水，由左岸上游高程 990m 调节泵站供给，供水接口位于右岸电站进水口附近约 100m，口径

DN200，水压高程990m；第二部分为下游施工区供水，由右岸低区高程875m水池及高程1042m水池供给，875m水池供水接口位于硝沟下游侧，口径DN300，水压高程875m；1042m水池供水接口位于水池出口，口径DN200。

4）消防用水。生活区、辅助企业区的消防安全采取在输水主干管上接消火栓，并组建由专业人员组成的消防队，配备消防车。在油库、综合仓库、车间等处及施工机械车辆上配备适当数量手持式干粉灭火器。消防用水为意外紧急用水，供水系统能力完全满足消防用水要求，故本系统不再另外考虑其容量。

3. 施工供电

（1）供电条件。右岸地下厂房、开关站及尾水出口施工用电由110kV中心变电所提供供电接口，我单位自行接引至各工作面。右岸进水口和引水隧洞施工用电在5#导流洞进口100m处提供供电接口，我单位自行接引至各工作面。由于现场实际供电条件与招标文件提供的供电条件不符，本工程施工供电与投标期间相比将进行部分调整（主要为下游段供电主线路进行调整），以保证现场施工。

（2）供电系统布置。

1）施工区用电布置。根据现场实际情况，在110kV中心变电所提供的供电接口采用2回10kV架空线接引至3.6-2#隧道出口上部边坡，然后采用高压电缆通过3.6-2#隧道接引至洞内。在洞内布置高压电缆至各变电所，各变电所配置变压器进行供电。10kV架空线跨硝沟部位由于跨度较大，在硝沟两侧各设置一座子型铁塔架设线路。铁塔具体布置位置及结构根据现场实际情况确定。供电网络布置此处略。

2）施工场地用电布置。从现有的103#、104#线及前期10kV线上接到高压电缆至10#、11#、12#、13#变电所，再通过低压线路及电缆向各工作面供电。

3）生活营地用电布置。××营地及××生活营地由业主提供生活用电。

（3）变电所变压器配置。根据各变电所高峰期负荷容量确定。各变电所变压器配置、施工供电设备及材料此处略。

（4）施工照明。办公及生活福利区、辅助企业、仓库等地面施工场地及地下非作业面采用220V照明线路。主要交通洞和施工支洞采用"隧道灯"长期照明，主厂房、主变室等大洞室以及地面施工场地照明以投光灯集中照明为主，采用脚手架钢管制做灯塔，每个灯塔上装设2~3个3.5kW可自由调整照射范围的投光灯，并对局部区域辅以节能灯、碘钨灯加强照明。混凝土浇筑仓号采用36V照明。为保证交通安全，洞内设应急照明供电系统，保证洞内照明中断时间不超过3s，维持时间不少于3min，路面亮度不低于0.2cd/m^2，同时设避灾引导灯引导车辆驶离受灾洞段。应急灯选用10W钠灯，布置间距10m。在洞外，为配合紧急照明系统，在洞口设紧急信号灯和应急警告信息牌及时发布紧急信息。在洞内各洞交叉口设警示灯，保证车辆及行人的安全。

（5）无功补偿。用电设备中大多数为感应电动机，功率因数低，电能损耗大，为减少电能损耗，提高施工供电质量，使功率因数不小于0.85，采用无功功率补偿，拟在每台630kVA以上变压器低压侧配置并联电容补偿柜。

（6）用电设备保护。防雷接地按国家现行标准、规程、规范执行。防雷接地施工工艺按《电气装置安装工程接地装置施工及验收规范》执行。所有架空线路和高压用电设备均装设Y5WS阀型避雷器，防雷电波侵入用电设备。各变电所均埋设接地网，在接地网的敷设中，注入高效降阻剂，使接地电阻达到规范要求。变压器中性点及外壳、低压配电屏外壳、各用电设备外壳等均可靠接地。充分利用构架混凝土基础接地，基础钢筋网与水平接地用电焊焊接牢固。凡可能漏电伤人或易受雷击的电器及建筑物均设置接地或避雷装置，并建立定期检查制度。

（7）事故备用电源。事故备用电源仅考虑应急照明、排水及正在混凝土浇筑的仓位用电，以保证施工的连续性，共布置8台250kW柴油发电机备用。

（8）设备配置。为保证供电安全可靠，洞内变电所使用10kV高压开关柜，电缆选用YJV22交联铜芯铠装电缆，变压器选用S9系列。

4. 施工通信

（1）对外通信。对外通信可与当地电信部门协商，安装8部程控电话、1部传真机。

（2）内部通信。内部通信安装1台50门自动电话交换机，现场调度配备40部对讲机作为辅助通信，实现施工现场内部及与各施工场地间的通信联系。

5. 施工排水

施工排水包括地下洞室各工作面的排水、施工区内冲沟山洪的引排、尾水渠基坑排水、尾水出口以及其他永久性边坡排水、尾水出口古河道排水，以及各场地排水等。

（五）施工通风

1. 施工通风规划

本工程地下洞室多、洞室断面尺寸大，施工支洞数量多、长度长、进口少、多数为分岔洞，开挖工作面交叉作业，与大气相通的通道少。施工中产生的爆破烟尘、施工机械设备排放的尾气等难以排除，因此，在施工过程需加强通风，将有害气体排出洞外。引水隧洞上下平段、尾水支洞、尾水隧洞贯通之前的通风、散烟是重点，在上述部位除施工过程中加强通风外，还应有效组织风流，尽可能降低各工作面通风散烟的相互影响。根据以往工程经验，通风散烟总体分三期设置。

2. 新建通风竖井、平洞设计

（1）厂房系统新建通风竖井、平洞设计。右厂1-1#施工支洞沿江侧布置2-1#施工支洞与1-1#施工支洞连通，将该支洞扩挖后形成2-1#通风平洞。该通风平洞的主要作用是主厂房、主变室一期通风，尾水调压室二期通风及第二层排水廊道通风；平洞扩挖后断面为8.5m×6.5m，长度约为84m。PD58勘探平洞与第一层排水廊道相连，沿右厂8#施工支洞向沿江侧开挖第一层排水廊道至PD58勘探平洞位置，然后将PD58探洞扩挖形成断面为4m×4m、长度约为55m的3#通风平洞，该通风平洞的主要作用为尾水调压室一、二期通风及第一层排水廊道、895m灌浆平洞通风。

（2）尾水系统新建通风竖井、平洞设计。右岸低线路3.6-2#隧洞与4#尾水洞平面位置相邻，在3.6-2#隧洞与4#尾水主洞平面相交位置的3.6-2#隧洞内扩挖旁洞，旁洞长5m，断面5m×6m，在旁洞内向下打1#竖井至4#尾水主洞，当4#尾水主洞上层中导洞开挖超过通风竖井设计平面位置后，开始竖井施工，1#通风竖井高度约为25m，直径为3m，采用人工正井法开挖。在尾水调压室下游侧25m位置增设1#通风平洞及2#~4#通风竖井，通风平洞自进厂交通洞向尾水主洞方向开挖，开挖断面为4.5×5.2m城门洞型，1#通风平洞终点至4#尾水主洞正上方，长度约为260m，最大坡比为5%，在1#通风平洞与4#~6#尾水主洞平面交叉位置打断面5m×6m、长5m的旁洞，在旁洞内垂直向下打2#、3#、4#竖井分别至4#~6#尾水主洞上层扩挖区范围内。2#~4#竖井深度均为32m，直径为3m，采用人工正井法开挖。进厂交通洞与右厂5#施工支洞平面位置存在交叉，在交叉位置的进厂交通洞边墙上扩挖长5m、断面5m×6m的旁洞，在旁洞内打5#竖井至右厂5#施工支洞内，5#通风竖井高度约为50m，直径为3m，采用人工正井法开挖。

（3）新增竖井、平洞支护参数设计。通风平洞和竖井扩挖时，随开挖进行临时支护，支护参数为随机喷C20混凝土厚5cm，随机砂浆锚杆Φ25，L=2.0m，入岩1.9m，通风竖井用C30混凝土进行全长回填封堵。

3. 通风布置

右岸引水发电系统按引水系统、厂房系统、尾水系统（灌浆平洞及竖井）三部分进行施工期通风布置。

（1）引水系统通风布置。引水系统通风主要分两期进行。一期通风阶段：引水竖井的导井贯通前，分引水隧洞上平段通风和引水隧洞下平段通风。二期通风阶段：引水竖井的导井贯通后，形成了自然通风通道，利用引水隧洞下平段一期通风时布置在进厂交通洞与3.6-2#隧洞交叉口处的2#轴流风机（2×110kW）向洞内压入式通风，并且保留一期通风时段进厂交通洞与右厂4#支洞交叉口向下游约50m位置布置的3#轴流风机（2×110kW）接力及右厂4#施工支洞与L3#施工支洞交叉口位置布置的2#换气扇。烟尘通过引水竖井、上平段及右厂7#施工支洞排出洞外。

（2）厂房系统通风布置。厂房通风分三期进行。一期通风阶段：厂房Ⅰ～Ⅲ层开挖支护期。二期通风阶段：厂房Ⅳ～Ⅵ层开挖支护期。三期通风阶段：尾水支管与厂房贯通后，厂房后续工程施工采用正压通风与自然排风相结合的通风方式。

（3）灌浆平洞及竖井通风布置。

1）988m灌浆平洞通风。在988m灌浆平洞利用布置于3.10-1#支洞与988m灌浆平洞交叉口位置的17#轴流风机（2×22kW）接Φ63cm风筒向988m灌浆平洞压入式通风，风筒随开挖向前敷设，距开挖工作面30m左右，烟尘经右厂3.10-1#支洞及右岸高线公路洞排出。

2）945m灌浆平洞通风。945m灌浆平洞通风利用3.10-2#支洞与右GJ1#支洞交叉口附近布置的19#轴流风机（2×22kW）接Φ63cm风筒，沿右GJ1#支洞口向945m灌浆平洞压入式通风，右GJ1#支洞与945m灌浆平洞交叉口处设置岔管，分别向两侧接Φ63cm风筒，随开挖向前敷设，距开挖工作面30m左右，烟尘经3.10-2#施工支洞及右岸高线公路洞排出。

3）895m灌浆平洞通风。895m灌浆平洞通风利用右GJ2#支洞与第一层排水廊道交叉口处布置的22#轴流风机（2×22kW）接Φ63cm风筒经右GJ2#支洞向895m灌浆平洞压入式通风。右GJ2#支洞与895m灌浆平洞交叉口处设置岔管分别向两侧接Φ63cm风筒通风，风筒随开挖向前敷设，距开挖工作面30m左右，烟尘经右GJ2#支洞、第一层排水廊道、右厂8#施工支洞及右厂1-2#施工支洞排出。

（六）生产设施及辅助企业布置

生产设施及辅助企业布置在业主提供的各期施工场地内，由钢筋加工厂、锚索加工厂、模板加工厂、喷混凝土拌和站、预制构件厂、钢管制作加工厂、金结拼装及加工厂组成，主要承担本项目钢筋加工、模板制作、预制构件制作、喷混凝土拌制、钢管制作、金结拼装及加工任务。

1. 钢筋加工厂

本工程钢筋加工量大，锚杆321712根，钢支撑、拱肋及钢格栅1442吨，钢筋加工量达到 8.1 万吨，在业主提供的场内布置两座钢筋加工厂，钢筋加工按两班考虑，设计生产规模 30 吨/班，加工厂内设钢筋加工车间、材料及成品堆放场、工具库房及值班室。钢筋加工厂主要设备表见表 9-16。

表 9-16 钢筋加工厂主要设备表

序号	设备名称	型号规格	单位	数量	功率/kW
1	钢筋切断机	$GJ_{3.5}$-40	台	4	7.5
2	钢筋弯曲机	$GJ_{3.7}$-40	台	8	2.8
3	钢筋调直机	$GTJ_{3.4}$-4/14	台	4	9.0
4	对焊机	UN_1-75	台	2	75
5	弧焊机	BX-500	台	4	32
6	点焊机	DN_1-75	台	2	75
7	氧焊及切割设备		套	4	
8	汽车起重机	QY16	台	2	
9	平板车	8T	辆	4	
10	电动除锈机		台	2	1.1
11	电弧喷锌机	XDP-5	台	2	30
12	工字钢加工设备		套	1	

2. 锚索加工厂

锚索加工厂支护工作面利用就近支洞进行布置，主要承担本合同工程锚索的加工、制作，锚索加工量 3170 束。洞内主要设编锚车间、少量材料及成品堆放场、工具库房及值班室。大宗材料主要于×××综合物资仓库存放，占地面积 $1000m^2$。

3. 模板加工厂

本工程混凝土工程量较大，洞室施工支护、混凝土浇筑所需各类木材、特型模板均在模板加工厂内进行，由于施工场地分期提供，在××补充场地和右厂土建二期场地内各布置一座模板加工厂，分别为 1#模板加工厂、2#模板加工厂，各加工厂设置钢模堆放区、木模、木材堆放区和厂房区。厂房区内设有加工车间、值班室、工具房及防火设施。根据各施工部位模板计划和设计规格与数量，以及施工高峰期增加的模板数量，提前加工，并承担常规生产过程中变形及缺损钢、木模板的校正、修复处理。

1#模板加工厂建筑面积：砖混结构 $100m^2$，钢屋架结构 $400m^2$，占地面积 $3000m^2$。
2#模板加工厂建筑面积：砖混结构 $100m^2$，钢屋架结构 $400m^2$，占地面积 $3000m^2$。
模板加工厂主要设备表见表 9-17。

表 9-17 模板加工厂主要设备表

序号	设备名称	型号规格	单位	数量	功率/kW
1	普通木工带锯机	MJ3110	台	2	20
2	万能木工圆锯	MJ225	套	4	4
3	细木工带锯机	MJ318	辆	4	5

续表

序号	设备名称	型号规格	单位	数量	功率/kW
4	木工平面刨	MJ504	台	4	2.8
5	单面压刨床	MB106	台	4	7.5
6	自动带锯磨锯机	MR111	台	4	1.1
7	电焊机	BX3-300	台	2	20.5
8	氧气焊接及切割设备		套	4	

4. 机械修配、保养、停放场

机械修配、保养、停放场，按提供施工场地的不同时间，分三处设置：1#机械修配、保养、停放场布置在右厂土建标一期场；2#机械设备停放场布置在右厂土建标二期场地；3#机械设备停放场布置在右厂土建标三期场地。主要承担本标段施工机械设备及车辆的停放和保养，设备的中、小修，以及零部件的加工任务。

1#机械修配、保养、停放场占地面积 4000m²，砖混结构 100m²，钢屋架结构 400m²。2#机械停放场占地面积 5000m²，3#机械停放场占地面积 7000m²；3#机械停放场提供使用时，将 2#机械停放场交钢管加工厂使用。

5. 锻钎车间

锻钎车间布置在××补充场地，建筑面积为砖混结构 100m²，钢屋架结构占地面积 400m²。车间内设置 1 台 CK-50 型号的锻钎机。

6. 综合仓库

综合仓库按施工场地提供顺序，分两处布置，1#综合仓库布置在××补充场地，2#土建标布置在右厂土建标二期场地，仓库内存放各类施工机械零配件、五金交电材料、劳保用品等。

1#综合仓库建筑面积：砖混结构 200m²，钢屋架结构 1800m²，占地面积 3000m²。

2#综合仓库建筑面积：砖混结构 200m²，钢屋架结构 1800m²，占地面积 3000m²。

7. 砂石骨料

本工程所需砂石骨料由业主在××砂石加工系统提供。在××砂石加工系统未投产之前或供应不足时，经监理人同意，可使用××砂石混凝土系统供应的砂石骨料。未经监理人同意，不得自行加工砂石骨料。采用设于砂石加工系统成品堆场地弄出料带式输送机上的电子皮带称计量。

8. 混凝土拌和系统

本工程所需的喷射混凝土、沥青混凝土及砂浆由承包人自行生产。临时工程的混凝土由××××砂石混凝土生产系统供应，供应地点为××××砂石混凝土生产系统出机口。主体工程的混凝土（不包括喷射混凝土）由位于上游临时交通桥左桥头的 880 混凝土生产系统和下游小花山 850 混凝土生产系统供应，供应地点为 880 混凝土生产系统和 850 混凝土生产系统出机口。

（1）喷混凝土拌和站。本工程需要喷混凝土 8.23 万 m³，根据施工总进度安排，考虑设备利用效率，在右高线 2-1#隧道进口临江侧场地配置 HZS50 型拌和站一座，理论生产能力为

50m³/h，满足本标段喷混凝土施工强度要求。拌和站布置在 2-1#隧道出口平台，占地面积为 2000m²，由下列基本单元组成：拌和系统、砂石称量系统、供水系统、气路系统、电气系统、控制室以及与之配套的输送机、水泥罐等。拌和站平面布置力求紧凑合理、方便施工。拌和站设置 100t 水泥储存罐 1 个，12m³ 钢结构骨料仓 4 个；旁边设 1200m² 骨料堆存场，各类骨料分类堆放，中间用浆砌石墙隔开，不能相互混淆。

（2）沥青混凝土拌和站。本工程沥青混凝土工程量较小，采用 SLB-8 型移动式沥青混凝土搅拌机在施工现场合适位置拌和。

9. 预制构件厂

预制构件厂布置在×××补充场地内，生产方式按一班制考虑，设混凝土养护值班室和工具库房，砖混结构建筑面积 100m²，预制件施工场地 400m²，堆放场地 400m²，材料堆放场地 100m²，占地面积 1000m²。

10. 制浆系统

本工程钻孔和灌浆施工工作面多，通过各支洞相互连成一体的特点，采取布置封闭可移动式制浆站的方式供应浆液，设 15 个封闭可移动式制浆站。

11. 钢管及金属结构制作加工厂

钢管加工厂布置在××场地，总占地面积约 20000m²，建筑面积为：轻型钢结构厂房 2200m²，砖混结构 300m²。该场地主要进行本工程压力钢管瓦片、钢结构的制造、防腐施工。钢管厂主要为一个结构制造车间，面积为 20m×80m=1600m²，在车间一头布置 20m×10m 的一机械加工区。一个防腐车间，面积为 20m×20m=400m²。

结构制造车间主要负责钢管瓦片及钢结构的制造及加工，车间内安装一台 30t 的龙门吊车，轨道全程布置。车间内布置有卷板机、剪板机、数控切割机等设备，并布置有一个 16m×20m 的钢平台。

防腐车间主要负责钢管瓦片及钢结构的喷砂、喷锌及油漆防腐工作，车间考虑加设密封层，防止粉尘污染。

12. 金属结构设备堆放场

金属结构设备堆放场布置在右厂土建三期场地，主要承担本工程合同范围内的所有金属件以及埋设件等钢结构的堆放。金属结构堆放场分为成品堆场、工具库房、值班室。总建筑面积 200m²，占地面积 20000m²。

13. 机电设备拼装场

机电设备拼装场布置在右厂土建标三期场地内，占地 3000m²，内容主要有机电设备棚库、探伤室、电气作业间、机械作业间、配管平台（12m×12m）、加工车间（机加工车间内布置普通车床、钻床等机加工设备）、消防车间（内有消防设施）、露天堆放场、警卫室等，另有消防水池 1 个、干粉灭火器 20 个。

14. 现场值班室布置

在右厂 7#支洞与进水口路交接部位、右岸上坝公路与高线过坝路交接部位、进厂交通洞与低线路交接部位、尾调交通洞与低线路 3.6-2 隧洞交接部位、1180m 出线场合适位置等部位，分别布置工地值班室、临时仓库等。

15. 移动厕所设置

为创建良好的施工环境，在施工区范围内布置 15 座施工场地专用移动厕所。在施工现场设置的移动厕所,相应地配设化粪池进行处理。在各生产、生活区设置垃圾池,定期清除垃圾并运至批准的地点掩埋或焚烧处理。

16. 炸药库

业主在右岸设置炸药库,向承包人供应各种炸药,炸药外的火工材料在右岸炸药库购买。因此本工程不设炸药库,所有炸药均在业主指定的炸药库领取,每次爆破未用完的炸药及时退库,炸药运输采用专用封闭式车辆运输。

17. 油库

业主引进的专业性石油公司在××设有油库,负责工程用柴油集中供应,本工程不设置油库。

(七)试验室

根据合同文件规定及现场施工作业,试验室布置在生活水厂附近的填渣平台上,建筑面积为959m^2,占地面积约为2000m^2。

(八)渣场

本工程开挖的有用料堆存场地为坝址上游左岸××存料场和××存料场,弃渣场为坝址上游××河滩地弃渣场或监理人指定的其他地方。业主已委托其他承包人负责弃渣场、存料场的维护、管理。本合同开挖的渣料应根据有用料和无用料进行分类,按照规划的堆渣流向和数量运至存料场和弃渣场按要求堆放。

(九)办公及生活设施布置

1. 自建办公及生活设施

在右岸高线路 2-1 隧洞进口左侧场地和前期导流洞工程现有××施工营地内自建生活及办公过渡用房。根据劳动力计划,2013年三季度以前,施工高峰期人数为1000人(其中管理人员200人),生活及办公设施按总人数相应配置。

2. 业主提供办公及生活设施

施工进场后,业主在××营地提供约3000m^2(建筑面积)施工管理人员营地(生活、办公用房和食堂);2013年三季度,业主在××提供约5000m^2(建筑面积)的施工人员营地(含生活、办公用房和食堂),需自行装修并购置家具和办公设备,布置需满足消防等规定的要求。

(十)其他临时设施

1. 污水、垃圾处理

在生活区和施工区,布置一定数量的垃圾桶并设专人及时清理,使用8t自卸汽车装运至业主指定的地点焚烧或填埋,保证环境不受到污染。

在生产和生活区设置污水处理系统,排出的生产、生活废水经处理,达到排放标准后再进行排放。本工程共设置8座污水处理系统进行生产、生活废水处理。污水处理系统布置位置分别为右岸低线3.6-2隧洞进口附近、进厂交通洞洞口附近、混凝土交通洞洞口附近、右岸尾水出口连接洞附近、各施工生产场地和过渡生活营地。

在工地和生活区设置固定和活动厕所,对粪便进行定期集中处理,避免对工区环境造成影响。

2. 消防设施

供水系统已考虑了消防用水。在各施工区、库房及生活、生产区设置消防专用水阀及消防专用软管,并按有关消防规定配置足够的各型灭火器。

3. 保健急救

在生活区内设立供施工生产人员医疗救治的医疗急救中心（站），配备必要的医护人员、急救药品及医疗和急救设备。

4. 安全设施

在施工营地及施工现场各道路口设置警示标志牌，急弯地段、危险地段设置警示牌，并设安全信号标志等。在露天开挖爆破作业的区域，均按有关安全规定设置安全警戒区和安全岗哨，设立明显的警戒标志，使用爆破警报器，在规定时间内进行爆破作业，并有专人负责爆破安全。在施工洞口设置专门洞口警卫人员，严格按照《洞内施工准入制度》实施，防止安全事故发生。电气设备按有关要求进行防护，并设置安全警示牌。

5. 环保设施

现场配备一辆洒水车，不定期对施工道路进行洒水，防止扬尘污染。在主体工程完工后的规定期限内，拆除施工临时设施，清除施工区和生活区的施工废弃物，并按要求完成环境恢复工作。

6. 文明施工设施

生产设施、生活设施旁设标志牌；进入施工区的主要路口设立进入施工区的标志；场内各道路弯道、叉口设置指示牌，标明道路名称、走向等。

施工项目设置简介牌，标明工程规模、工期，施工单位及施工负责人等；重要施工场地设置操作规程、值班制度和安全标志。

在本标段施工现场的人员全部统一着装，胸前佩戴上岗证；运往现场的材料堆放挂标示牌；各种管线和固定设备说明显标志。

施工区内设置设备清洗点，配备必要的清洗设备，确保施工机械和运输设备的车容车貌和完好率。

（十一）施工总平面布置图及说明

1. 平面布置说明

平面布置以"利于施工、交通方便、节约成本"为原则，其中施工营地和弃渣场按业主给定位置确定。

2. 施工平面布置图

此处略。

第六节　某水利水电工程基础固结灌浆施工组织设计

一、工程概况

某水利水电工程是一个集发电、航运等综合利用效益的工程。工程枢纽工程为河床式电站，枢纽建筑物从左到右由左岸接头坝段、船闸、二十孔冲砂泄洪闸坝段、厂闸连接坝段、厂房坝段及右岸接头坝段等组成。本标主要包含左岸 12 孔泄洪闸、左岸挡水坝段、船闸坝段、左岸接头坝段及左岸灌浆平洞。

13 孔泄洪闸布置于主河床及右岸漫滩，建基高程 273.0～280m；左岸挡水坝布置于主河床偏左岸，建基高程 274.0～277.2m。建基岩体以 J3P1-1 砂岩为主，部分地段为 J3P1-2 泥质粉砂岩夹粉砂质泥岩薄层，建基岩体较坚硬完整，岩体弱风化—新鲜，软弱夹层不甚发育。船闸段建基岩体为J3P之泥质粉砂岩夹粉砂质泥岩薄层、泥质粉砂岩、砂岩等，强风化带厚度1～4m，弱风化带厚度2～8m。

工程区水文地质条件较为简单，主要为基岩裂隙水和第四系松散堆积层的孔隙水两类。基岩裂隙水主要赋存于砂岩中。据压水试验资料，风化岩体及新鲜砂岩大部分的透水率$q=10～75Lu$，为中—弱透水，局部地段存在强透水层透镜体；河床岩体埋深35m以下，其透水率$q<5Lu$。

1. 工程项目及工程量

本阶段基础处理包括13孔泄洪闸、连接坝段、船闸等部位的钻孔与灌浆施工。具体工程项目及工程量见表9-18。

表9-18 基础处理工程项目及工程量表

工程部位	项目名称	单位	数量
13孔泄洪闸	固结灌浆	m	3555
左岸挡水坝段	固结灌浆	m	1550

2. 施工工期

由于固结灌浆总量为5315m，施工时段主要安排在2023年3月6日—2023年5月30日，最高施工强度月出现在2023年4月，因此，宜安排于2023年2月下旬进入施工现场进行临建准备工作。另外，为满足工程施工总进度要求，尽量避免固结灌浆与浇筑混凝土之间的矛盾，经过监理批准同意后，在泄洪冲砂闸7#～14#闸部位灌浆工作面高程抬高到291.60m时进行固结灌浆，1#～6#闸部位固结灌浆压重调整为2～4m。固结灌浆施工进度安排见表9-19。

表9-19 固结灌浆施工进度安排

项目		日期			
		2023年2月	2023年3月	2023年4月	2023年5月
临建设施		──			
泄洪冲砂闸	1#～6#		───────		
	7#～14#			─────	
左岸挡水坝段					

二、施工布置

1. 施工布置原则

根据本工程特点，本着就近、方便、节省、易于控制的原则，以施工进度为目标，充分利用现有条件在确保工程按期完成的前提下，尽量减少临建工程量。

2. 施工道路

该灌浆工程施工项目可利用现有的场内施工通道，施工机械设备利用泄洪冲砂闸混凝土进仓道路进场。

3. 施工供电

施工用电从左岸上游围堰附近的电源接口处下线至配电盘,再用电缆引线至各用电场地;施工现场高压用电设备必须接好地线,铝芯电源线架空固定安装、中间无接头的铜芯电缆可置于地面。总用电负荷量约 450 kW。

4. 施工供水

在一期上游围堰外侧建立水泵站,用三台多级离心泵集中供水(设备型号等见表 9-20)。主水管采用 $\phi75$ 钢管,各分支管线使用 $\phi50$ 白铁管送水至各用水点。

表 9-20 固结灌浆机械设备一览表

设备名称	型号及规格	单位	数量	备注
钻机	XY-2PC	台	4	150 型
	XY-2	台	8	300 型
	1-TD	台	3	150 型
移动式空压机		套	2	
金刚石单管钻具	$\phi75$	套	20	
泥浆泵	BW200	台	10	
泥浆泵	BW250	台	2	
泥浆泵	BW150	台	2	
潜水泵	QY1S-26-2.2	台	5	
交流电焊机	BX6-169	台	1	
多级清水泵	11/2GC5*6	台	3	
高速搅拌机	GJ-400	台	2	
低速搅拌机	DJ-200	台	7	
灌浆栓塞	$\phi75$	套	15	
	$\phi91$	套	4	
千分表		套	6	
电动机	22kW	台	7	
	15kW	台	19	
	7.5kW	台	12	

5. 供浆

在上游围堰内靠右岸端的平台上建立灰浆站,大小为 4m×10m。用高速搅拌机集中制浆;制备好的浆液用 BW-200 型泥浆泵通过 $\phi50$PE 塑料管输送至各灌浆工作面,如图 9-4 所示。

6. 通信系统

施工对外通信直接利用社会公众网;场内通信采用 8 台对讲机及 4 部对讲电话机,以利于施工调度。

7. 施工废水、废浆处理

施工废水可利用排水沟排至发包人指定位置,灌浆期间的废浆派专人负责疏通清理至发包人指定位置。

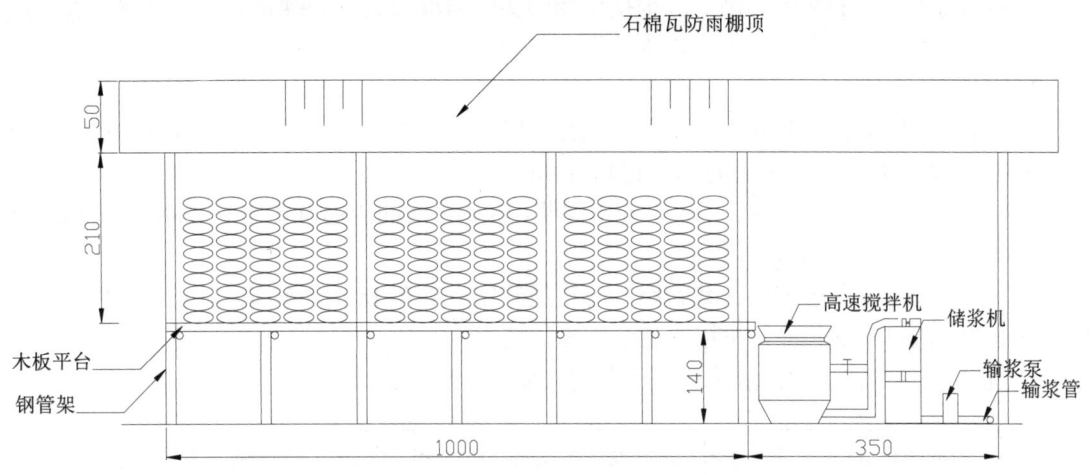

图9-4 集中制浆站结构型式示意图

三、施工方案及措施

1. 施工依据

（1）《水工建筑物水泥灌浆施工技术规范》和《招标及合同文件》土建标施工技术条款。

（2）设计图纸、通知。

2. 施工方案

（1）施工程序。

施工程序为：施工布置→测放孔位→抬动观测孔造孔及装置安装→Ⅰ序排孔钻灌→Ⅱ序排孔钻灌→质量检查验收→单元施工结束→进行下一单元施工。

（2）抬动观测孔施工。

1）钻孔。拟在每一灌浆单元设置抬动观测孔1～2个，造孔采用回转式钻机（XY-2PC）、潜孔锤冲击钻进，钻孔终孔孔径不小于75mm，钻孔孔深确定为伸入基岩8m。

2）抬动装置安装。钻孔完成后，先插入直径为20mm的钢管（管口应高出地表30～50cm），再通过20mm钢管向孔内注入部分水泥砂浆（至孔底以上1m）；在20mm钢管的外侧套一直径为40mm的钢管（40钢管管口距地面5～10cm），在40mm钢管和20mm钢管的底部用黏土封隔，封隔高度不小于1m；20mm钢管与40mm钢管之间的间隙用棉纱封隔，以避免水泥浆液或其他杂物进入。

（3）灌浆施工。

1）灌浆材料。

①固结灌浆灌浆材料采用普通硅酸盐水泥，所用水泥标号为P.O.42.5，细度要求通过80μm方孔筛的筛余量不得大于5%。

②灌浆用水泥应保持新鲜，受潮结块者不得使用，水泥从出厂到使用时间不得超过2个月。

③灌浆材料在制浆时必须称量，其误差不大于5%。

④灌浆用水应符合拌制水工混凝土用水要求。

外加剂与水泥浆的配合比例，应根据现场的实际情况通过试验确定。

所有外加剂凡溶于水者，均应以水溶液状态加入。

2）制浆。

①纯水泥浆液的搅拌时间，使用普通搅拌机时不得少于 3min，使用高速搅拌时，一般不小于 30s。水泥浆从制备至用完时间不得超过 4h。

②集中制浆站宜制备水灰比 0.5:1 的水泥浆，输送浆液的流速宜为 1.4～2.0m/s。各灌浆地点应测定来浆比重，调制后使用。

③制浆系统至输浆系统的送浆管路，每次送浆结束后在 1h 内不输浆时，应先用压缩空气将管道中的浆液排至储浆筒，再用水清洗干净，待用。

3）灌浆施工工艺流程。灌浆施工工艺流程如图 9-5 所示。

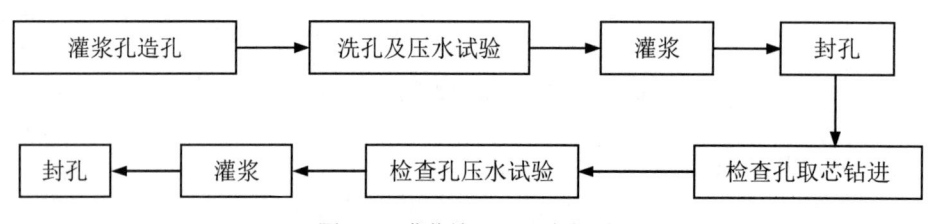

图 9-5 灌浆施工工艺流程图

4）钻孔。混凝土内采用潜孔锤冲击钻进，孔口 0.5m 范围内采用金刚石回转钻进，基岩采用金刚石或合金钻头回旋钻进造孔。

①基础固结灌浆孔位布置严格按设计图纸进行。

②所有钻孔统一编号，并注明施工次序。

③灌浆孔分序按逐渐加密的原则进行，排间分两序进行施工。

固结灌浆孔钻孔按分序加密的原则进行，钻孔孔径采用 75mm；上部盖重混凝土采用潜孔锤冲击钻进，孔口 0.5m 范围内则采用金刚石回转钻进；基岩部分采用回旋钻机配合金钻头钻进；钻孔为铅直孔，钻孔开口位置与设计孔位的偏差不得大于 10cm。

对于 7#～14#闸廊道内的灌浆孔，则在工作面灌浆完成后，进入廊道帷幕灌浆时先进行该部分孔的灌浆施工。对位于各闸墩部位内的灌浆孔，则采用在闸墩范围外采用倾斜钻孔进行造孔，即在原孔位沿坝轴线方向侧移 2.50m，钻孔顶角约 10°。

5）冲洗及压水试验。

①灌浆孔在灌浆前进行钻孔裂隙冲洗，冲洗方法采用常规的压力水冲洗直至回水清净时持续冲洗 10min，冲洗压力在抬动变形时允许采用设计灌浆压力的 80%。

②压水试验：冲洗孔结束后，选择有代表性的孔段采用单点法进行压水试验。试验孔段为灌浆孔段总数的 5%～10%。压水压力值同洗孔压力取值，每 3min 测读一次压入流量，取连续 4 次读数中最大值与最小值之差小于最终值的 10%时的值，或取最大值与最小值之差小于 1L/min 时的最终值的值作为计算流量，成果以透水率表示，计算公式为：

$$q=Q/PL \tag{9-11}$$

式中，q 为透水率，Lu；Q 为单位时间内试验段压入水流量，L/min；P 为作用于试验段的全压力（以表压取值），MPa；L 为试验段长，m。

③抬动变形控制。在洗孔及压水过程中随时观测和记录盖重混凝土的抬动变化值；其最大允许变形量为100mm，若超过此值，应立即降低压力。

6）灌浆施工。

灌浆方法：灌浆施工中孔深小于或等于6m实行全孔一次灌浆，孔深8m实行分段灌浆，第一段段长3m，第二段段长5m，自上而下灌浆。采用孔口封闭、孔内循环灌浆方法，整个灌浆过程采用手工记录；灌浆泵采用BW-200灌浆泵，孔口利用机械栓塞加压封孔。

灌浆压力：固结灌浆压力全孔一次灌浆为0.15～0.25MPa；分段灌浆压力为第一段0.10～0.20MPa，第二段0.20～0.25MPa，施灌过程中可根据抬动情况调整灌浆压力。灌浆压力应尽快达到设计压力，但对于注入率较大或易于抬动的部位，宜分级升压。

灌浆浆液水灰比采用2:1、1:1、0.8:1、0.5:1四个比级，浆液比级变换原则：

①当灌浆压力保持不变而注入率持续减少时，或当注入率不变而压力持续升高时，不得改变水灰比。

②当某一比级浆液的注入量已达300L或灌注时间已达1h，而灌浆压力和注入率均无改变或改变不显著时，改浓一级。

③当注入率大于30L/min时，根据具体情况越级变浓。

7）特殊情况处理。

①灌浆过程中发生冒浆、漏浆时，应根据具体情况采用嵌缝、表面封堵、低压、浓浆、限流、间歇灌浆等方法处理。

②灌浆过程中发生串浆时，若串浆孔具备灌浆条件，则同时进行灌浆（灌浆采用一泵一孔灌注）；否则将串浆孔孔口用灌浆塞塞住，待灌浆结束后，串浆孔再继续钻进和灌浆。

③灌浆工作必须连续进行，若因故中断，尽可能缩短中断时间，及早恢复灌浆；中断时间超过30min，立即进行钻孔冲洗，而后恢复灌浆；若无法冲洗或冲洗无效，则进行扫孔，而后恢复灌浆；恢复灌浆时，使用开灌比级的水泥浆进行灌注，若注入率与中断前相接近，即换成中断前同比级的水泥浆进行灌注，若注入率较中断减少较多，则浆液由开灌水灰比逐级加浓继续灌注；恢复灌注后，如注入率较中断减少较多，且在极短时间内停止吸浆，请设计、监理共同研究补救措施。

④在孔口有涌水的灌浆孔段，在灌浆前应测记涌水压力和涌水量，自上而下分段灌浆应短段长、高灌浆压力、浓浆结束；灌浆结束应有屏浆措施，闭浆时间不少于1h，闭浆待凝时间不少于48h，必要时在浆液中掺入适量速凝剂。

⑤遇有大量耗浆孔段时，首先应降低灌浆压力，采用浓浆减少并限制其注入率，并视耗浆量情况在浆液中掺速凝剂，待该段耗灰量超过2t/m，仍不见压力回升，地面又无漏浆的迹象，则应停止灌浆，待凝24h后复灌。复灌时注入率逐渐减少，则应灌至正常结束；复灌时注入率仍很大，灌浆难于结束时，则采用掺中细砂、水玻璃、水泥浆液和水玻璃双液等方法，待耗灰量超过0.5～1t/m后，再待凝后复灌至正常结束；复灌时注入率较待凝前相差悬殊，且耗灰量很小，则应对该段扫孔后再灌浆，如扫孔后注入率仍很小，此孔即告结束。

⑥灌浆过程中若回浆变浓，应该稀释后继续灌注，若无效再改稀灌注，若回浆仍变浓，延续灌注30min，即可结束灌浆。

8）灌浆结束条件。在设计压力下，当注入率小于1L/min时继续灌注30min，结束灌浆。

9）封孔。灌浆结束后，采用 0.5:1 浆液置换孔内清浆，然后纯压灌注 10min，结束封孔。

四、质量检查及安全保证

1. 质量检查

（1）灌浆质量检查以检查孔压水试验成果为主，结合对施工记录、成果资料、测试成果的分析和孔岩心的检查等综合评定。

（2）固结灌浆检查孔的位置由监理工程师和设计代表确定。

（3）固结灌浆检查孔压水试验应在该部位灌浆结束 7d 后进行，采用简易压水试验。

（4）当固结灌浆检查孔的透水率不大于 8Lu 或透水率不大于 8Lu 的孔段达到 85%、不合格试段的透水率不大于 12Lu 且分布不集中时，灌浆质量为合格；否则应由监理、设计、施工商量处理方案。

（5）检查孔检查结束后，采用与灌浆孔相同的方法进行封孔。

2. 安全保证

（1）项目部设安全员，由专人负责施工安全。

（2）现场施工用电线路、电缆做到明线架空，做好防漏电措施。

（3）在临空作业面，架设安全网，并在各安全重点部位设置相应安全警示标志。

第七节　某水利水电工程施工导流和水流控制施工组织设计

一、工程简介

某水电站工程为 I 等工程，主要水工建筑物为 1 级，次要建筑物为 3 级，临时建筑物为 4 级。本合同工程主要包括右岸引水发电系统土建工程、引水发电系统金属结构安装工程、厂房部分机电设备埋件安装工程、部分隧洞的封堵工程。本工程及其所需的施工导流和水流控制项目包括但不限于：尾水出口围堰工程；过坝交通洞出口（上游大坝围堰处洞口）围堰工程；施工期安全渡汛和防护工程；施工期地下洞室和进出口基坑的排水工程。工作内容包括建筑物的设计和施工，材料和设备的供应和试验检验，临时建筑物及其设施和设备的拆除，以及本合同规定的质量检查和验收等工作。

二、水文气象地质特性

1. 水文气象特性

某工程位于×××、××河口下游干流上，坝址控制集水面积×× km^2。××流域地处青藏高原东侧边缘地带，属高原气候区，主要受高空西风环流和西南季风影响，干、湿季分明。每年 11 月至次年 4 月为干季，日照多、湿度小、日温差大，降水很少，只占全年的 5%～10%；5 月至 10 月为雨季，气候湿润，日照少，湿度较大，且温差较小，降水集中，雨量占全年雨量的 90%～95%。

2. 水文地质条件

工程区地下水按埋藏条件分为第四系松散堆积层的孔隙水、基岩裂隙水、基岩裂隙承压水三种类型。

(1) 孔隙水。主要埋藏于河床覆盖层中，岸坡上局部阶地冲积层、崩坡积及残坡积层中的裂隙水为包气带水，仅雨季时有少量地表水渗入。它们均接受大气降水补给，排泄于××江。

(2) 基岩裂隙水。坝区基岩为典型的裂隙含水岩体，含水性极不均一，主要受大气降水补给，排泄于××江。

(3) 基岩裂隙承压水。在坝址区Ⅶ、Ⅰ线一带河床右侧及右岸地下厂房岸坡局部分布玄武岩裂隙承压水，根据埋藏条件及主要水化学成分分为上部承压水和下部承压水。

三、施工期水流控制主要进度计划

1. 项目工期

本工程项目于 2017 年 9 月 1 日开工，2022 年 11 月 30 日全部完工。

2. 施工期水流控制及尾水出口工程施工主要进度

(1) 2017 年 11 月 5 日—2018 年 1 月 3 日，交通洞洞挖支护。

(2) 2017 年 11 月 30 日—2018 年 2 月 3 日，尾水出口土石围堰形成，浆砌石围堰基坑积水排除。

(3) 2018 年 2 月 4 日—2018 年 5 月 29 日，尾水出口浆砌石围堰 1206m 高程以下形成。

(4) 2018 年 11 月 1 日—2019 年 4 月 30 日，尾水出口浆砌石围堰剩余部分形成。

(5) 2019 年 2 月 1 日—2019 年 4 月 30 日，尾水出口 1211m 高程以上部分开挖及支护。

(6) 2019 年 5 月 8 日—2019 年 10 月 7 日，尾水出口 1211m 高程以下部分开挖及支护。

(7) 2019 年 11 月 24 日—2020 年 11 月 10 日，尾水出口闸室及尾水渠混凝土浇筑。

(8) 2020 年 11 月 11 日—2021 年 1 月 24 日，尾水出口检修闸门及启闭机安装。

(9) 2021 年 1 月 25 日—2021 年 4 月 14 日，尾水出口浆砌石围堰拆除及预留岩坎开挖。

(10) 2021 年 4 月 15 日—2021 年 5 月 15 日，尾水渠剩余部分混凝土浇筑。

四、施工期水流控制及安全渡汛标准与规划

过坝交通洞出口（上游大坝围堰处洞口）及尾水洞出口围堰的防洪渡汛标准不得低于 $P=10\%$，充分考虑外部条件变化引起的河水壅高等不利因素的影响。厂房下部混凝土和机组埋件安装施工期，考虑到厂房施工对发电工期的影响，过坝交通洞出口及尾水洞出口 2009 年的防洪渡汛标准提高到 $P=33.3\%$，2019 年以后的防洪渡汛标准提高到 $P=2\%$。

（一）尾水洞出口导流建筑物布置、设计及施工

1. 围堰布置及结构型式设计

尾水洞出口围堰按不低于 6—9 月洪水频率 $P=10\%$ 设计（$Q=8790m^3/s$），相应的水位高程为 1217.90m，充分预计和考虑安全超高，确定围堰顶部高程为 1218.50m。根据尾水出口建筑物结构布置特点、地形及基岩出露地质特点，尾水出口具备预留岩坎条件，采用预留岩坎加浆砌石围堰结合的形式。预留岩坎高程约为 1202.00m，为确保岩坎围堰稳定和防渗要求，围堰基础岩坎设置一排防渗灌浆，孔距 2.0m，深入预留岩坎高程以下不小于 2m。围堰基本断面为迎水面垂直，背水面砌筑成台阶，坡度为 1:0.75，围堰顶轴线长约 240m。考虑围堰需满足双车道通车要求，确定围堰顶宽为 7.0m，为更好地满足错车要求，每隔 100m 左右将堰顶适当加宽，并在堰顶设置脚手架钢管（Φ48）护栏。围堰迎水面衬 30cm 厚混凝土复合结构型式

防渗，堰顶浇筑一层20cm厚的C15混凝土。围堰底部的最大宽度约为12.4m，迎水面最大堰高约为16.5m。

为保证浆砌石围堰在干地施工，在浆砌石围堰外侧修建土石围堰，土石围堰按不低于12月（枯水期）洪水频率$P=10\%$设计（$Q=899m^3/s$），相应的水位高程为1205.50m，充分预计和考虑外部条件变化而引起的河水壅高等不利因素的影响，确定围堰顶部高程为1206.00m。堰顶宽5.0m，迎水面坡度为1:1.2，背水面坡度为1:1.5，围堰采用高喷灌浆防渗，迎水面采用铅丝石笼护坡。

2. 围堰施工程序

（1）道路布置。尾水洞出口围堰的施工道路，主要利用右岸低线公路修筑临时施工道路进行。

（2）围堰施工程序。根据施工进度计划安排，尾水洞出口土石围堰在2017年11月30日开始施工，施工项目包括施工准备、围堰土石填筑、铅丝石笼护坡以及高喷灌浆施工；尾水洞出口浆砌石围堰在2018年汛期前完成1206.0m高程（土石围堰顶高程）以下部分砌筑，其余部分砌筑在2019年汛期前完成，施工项目包括测量放线、基础开挖清理、基础检查、测量放线、围堰浆砌石砌筑及混凝土浇筑以及完工检查验收等。土石围堰施工程序、浆砌石围堰施工程序如图9-6、图9-7所示。

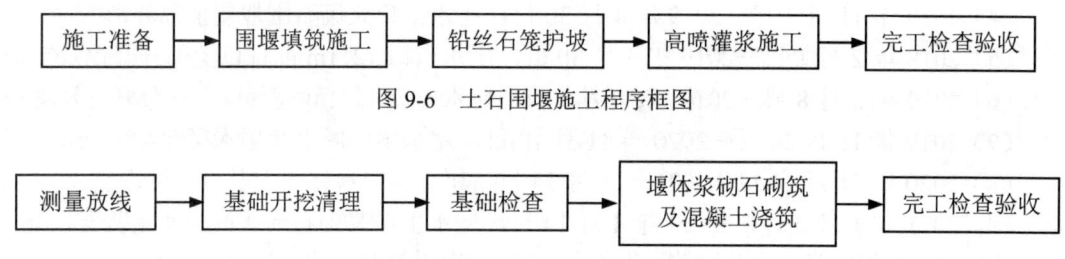

图9-6 土石围堰施工程序框图

图9-7 浆砌石围堰施工程序框图

3. 围堰施工方法

（1）土石围堰施工。

1）围堰填筑。围堰填筑采用机械填筑，利用20t自卸汽车将开挖料按就近原则运输至施工现场，利用1.6m³反铲进行土石围堰的填筑，围堰填筑时一次填筑出水面，沿围堰轴线部位填筑细渣料。

2）铅丝笼护坡施工。围堰一次填筑出水面后进行铅丝笼护坡施工，施工时由上游向下游推进，铅丝笼在钢筋加工厂制作完成，8t载重汽车运至施工现场，石渣料利用本合同工程的开挖料，现场人工配合1.6m³反铲向铅丝笼装料，8t汽车吊吊装就位。

3）围堰的高喷灌浆。围堰填筑完成后进行高喷灌浆施工，高喷灌浆施工采用三重管振孔摆喷新工艺施工方案。即利用大功率高频振动设备将振管（三重管）与高喷头振入地层一定深度，在振管上提过程中进行高喷作业（可实现定喷、摆喷、旋喷三种工艺）而形成一段单元墙体。

（2）浆砌石围堰施工。

1）测量放线。工作内容包括围堰所在位置的地形、地质复测和复勘，绘出围堰基础地质剖面图，并进行测量放线、定位，其精度应满足设计和规范规定。

2）基础开挖清理。尾水洞出口围堰基础在枯水期水位以下，由于前期土石围堰已经形成，采用水泵将基坑积水及围堰渗水排除，以满足此处围堰的基础砌筑在干地条件下施工。尾水洞出口围堰基础开挖采用 YT-28 手风钻钻孔，$1.6m^3$ 液压反铲清理。

3）基础检查。根据现场复测和复勘资料，经项目监理批准，进一步完善施工导流的布置及设计。

4）堰体浆砌石砌筑及混凝土浇筑。

①石料来源。石料原则上由渣场回采，尾水出口开始明挖后从石方明挖石渣中挑选。

②材料运输。

石料：利用 20t 自卸汽车运输至施工场地，人工利用手推车运输至工作面。

砂浆及 C15 混凝土：砂浆及 C15 混凝土由临时混凝土系统采用 $6m^3$ 混凝土搅拌运输车运输至施工现场。

③施工。施工时，先进行浆砌石的砌筑，砌筑时预埋 Φ12 钢筋，作为混凝土模板拉筋。每砌筑一定高度后，进行一次混凝土的浇筑。

混凝土的分层分块：混凝土分层高度为 3m，沿围堰长度方向每 10m 设一垂直方向伸缩缝止水，每砌筑 3m 高浆砌石就进行一层混凝土浇筑。模板采用组合钢模板，模板安装时同步进行橡胶止水设施的埋设，由人工进行安装。安装时注意防止变形和撕裂，同时将安装好的止水片用 Φ8 钢筋加以固定。为确保止水安装位置准确无误，满足施工安装精度要求，在混凝土浇筑过程中认真做好保护工作。C15 混凝土的浇筑采用手推车人工卸料入仓，插入式振捣器振捣。

围堰基础防渗处理：对于基础岩石破碎、裂隙发育等有渗水可能的部位，需进行帷幕灌浆处理，具体处理部位可根据现场围堰基础开挖后确定。围堰灌浆的工程量初定为 600m。帷幕灌浆时段可考虑在围堰形成后，在背面台阶进行施灌，并且可与浆砌石穿插施工。

围堰施工主要设备配置见表 9-21。

表 9-21 围堰施工主要设备配置

序号	设备名称	规格型号	单位	数量	备注
1	装载机	$3.0m^3$	台	2	
2	反铲挖掘机	$1.6m^3$	台	2	
3	自卸汽车	20t	辆	6	
4	振孔高喷机	DY-60	台	2	
5	立式高速搅拌机	DLJ-300	台	3	一台备用
6	立式储浆桶	1000L	台	2	
7	高压注塞泵	3XB-75/500	台	3	一台备用
8	潜孔钻	QZJ-100B	台	2	防渗灌浆孔
9	灌浆泵	SGB6-10	台	2	
10	手拉葫芦	2t/5t	个	4	安装模板
11	混凝土吊灌	$2m^3$	个	4	
12	汽车吊	8t	台	1	
13	插入式振捣器	Φ35-50mm	把	6	

4. 围堰维护

围堰形成之后,设专人定期对围堰进行检查和维护,对渗漏性较大处及时进行防渗处理。

5. 围堰拆除

浆砌石围堰的拆除时间为2021年1月25日至2021年4月14日；土石围堰的拆除时间为2021年5月16日至2021年5月30日。施工程序为：土石围堰修复→浆砌石围堰拆除→浆砌石围堰压占部位岩坎开挖、尾水出口底板及边墙混凝土浇筑→土石围堰拆除。

（1）浆砌石围堰拆除。采用非爆破拆除。主要采用液压冲击锤和反铲进行,并由人工利用手风钻和钢钎配合。对于局部利用冲击锤破碎较难时,采用手风钻钻孔、松动爆破拆除。拆除破碎的石渣采用$1.6m^3$液压反铲装20t自卸汽车运出。在进行围堰拆除时,选择土石料将尾水洞出口底板表面回填覆盖,加强保护,保证已浇底板混凝土不遭破坏。围堰拆除时,由两端开始向中间逐层拆除,随着拆除层数的增加,拆除部位面积逐渐增大,当适合分区拆除时,采取分区拆除。

（2）土石围堰拆除。采用$CAT1.6m^3$液压反铲装20t自卸汽车,自围堰下游侧开始向上游侧后退拆除。

（二）过坝交通洞洞口导流建筑物布置及设计

过坝交通洞为沟通右岸上下游交通的主要通道,其出口目前高程1250.70m,达到20年一遇标准。30年一遇频率流量$10300m^3/s$,相应水位为1251.40m；50年一遇频率流量$11000m^3/s$,相应水位为1256.40m。按招标文件要求,过坝交通洞出口的防洪渡汛标准按50年一遇考虑,在右低线公路旁预备充足的防洪渡汛材料。发生20年一遇以上洪水标准时,将过坝交通洞洞口利用土石草袋封堵,并采用土工膜进行防渗,确保厂房下部混凝土和机组埋件安装施工期。

五、施工排水

1. 尾水出口基坑排水

尾水基坑排水主要包括以下三个阶段：

（1）2017—2018年枯水期土石围堰形成后浆砌石围堰砌筑前。为保证浆砌石围堰在干地施工,将土石围堰形成后尾水出口基坑的积水排除,估算排水量约为$12000m^3$,计划4天内排除,排水强度估算约$150m^3/h$,布置1台IS150-125-315型污水泵($Q=200m^3/h$, $H=32m$, $P=30kW$)排水。

（2）2018—2019年枯水期浆砌石围堰1206m高程以上砌筑前。2007—2008年枯水期浆砌石围堰1206m高程以下围堰已经形成,为保证1206m高程以上浆砌石围堰在干地施工,需将尾水出口基坑的积水排除,估算排水量约为$4300m^3$,计划1天内排除,排水强度估算约$180m^3/h$,布置1台IS150-125-315型污水泵($Q=200m^3/h$, $H=32m$, $P=30kW$)排水。

（3）浆砌石围堰形成后。浆砌石围堰形成后基坑排水主要考虑经常性排水,经常性排水包括施工排水、地表集水、围堰渗透水、降雨等。施工区经常性排水采用截水沟与集水井相结合的方式。排水沟上口宽1m、深0.5m,沟底设有0.3%的纵坡。在施工区开挖边线外侧设置截水沟,防止水流冲刷坡面及流入基坑。水泵的排水管路采用钢管排至堰外的××江。集水井比排水沟低1.0m,并在井底填以20cm厚碎石。集水井内设100QW100-30型污水泵(流量$100m^3/h$,扬程30)1台,并配一台同型号泵备用,总排水能力为$200m^3/h$,正常排水能力为$100m^3/h$。

尾水出口基坑排水特性表见表 9-22。

表 9-22 尾水出口基坑排水特性表

项目	排水时段	排水设备
经常性排水	2019 年 4 月 30 日—2021 年 4 月 30 日	1 台 100QW100-30 型污水泵 （Q=100m³/h，P=15kW）
非经常性排水	2018 年 1 月初（4 天）	1 台 IS150-125-315 型污水泵 （Q=200m³/h，P=30kW）
	2018 年 11 月初（1 天）	1 台 IS150-125-315 型污水泵 （Q=200m³/h，P=30kW）

2．地下洞室排水

根据防渗排水设施形成时期，施工期防渗排水分两个时段：第一时段为地下洞室群开挖期，厂房防渗系统未形成，渗水量较大；第二时段为地下洞室群混凝土施工期，厂房防渗排水系统已形成，渗水量减小。

在地下洞室群施工过程中，根据施工通道的特点，采取集中抽排的方式排至洞外或结合永久排水设施以自流的方式排放至洞外。泵站抽排水方式是在各施工通道与主洞或洞与洞岔口处设置集中排水泵站，每个泵站设置钢板水箱，施工废水和地下渗水通过潜水泵抽至附近泵站，配备足够的抽排水设备，确保工作面不积水。

（1）地下水和污水排放。

在地下洞室群开挖和支护施工过程中，主要是地下渗（涌）水、施工废水的排除，采用排水沟、临时集水坑和固定排水泵站相结合的方式进行排水布置。作业面施工废水和地下渗水通过排水沟向集水坑汇集，采用污水泵或潜水泵向排水泵站逐级抽排，直至排至洞外的污水沉淀池，处理达标后排放。

1）引水隧洞施工排水。

①引水隧洞上平段施工排水。在电站进水口 1293m 高程平台设置 1#污水沉淀池。各引水隧洞上平段作业面设临时集水坑，采用 2″潜水泵直接将集水坑积水排至 1#污水沉淀池，处理达标后排入××江。

②引水隧洞下平段施工排水。根据招标地质资料，下平段处于地下水位以下，低于河水位。在各引水隧洞下平段作业面附近设集水坑，在 4#压力管道与压力管道下平段施工支洞交接处附近设一排水泵站（1#排水泵站）。

各引水隧洞下平段作业面设临时集水坑，采用 2″潜水泵直接将集水坑积水排到 1#排水泵站，由 1#排水泵站经压力管道下平段施工支洞、进厂交通洞、右低线过坝交通洞抽排至设在右低线过坝交通洞洞口附近自建的 3#污水沉淀池，处理达标后排入××江。

③引水隧洞斜井施工排水。引水隧洞斜井施工废水和渗水沿斜井流入引水隧洞下平段，由下平段排水系统排出。

2）厂房系统排水。

①厂房上部Ⅰ、Ⅱ层左侧开挖排水。在主厂房上 1 支洞进入副厂房附近适当位置设 2#排水泵站，主要排厂房上部Ⅰ、Ⅱ层左侧开挖施工时的地下渗水及施工废水，考虑该区域水文

地质情况，总排水能力为 70m³/h。作业面设临时集水坑，采用 2″潜水泵直接将作业面集水坑积水排至 2#排水泵站，泵站设置 100QW100-30 水泵一台，备用一台，布置 DN100 主排水管一根（备用一根），通过主厂房上 1 支洞排至 2#污水沉淀池。

②厂房上部Ⅰ、Ⅱ层右侧开挖排水。在主厂房上 2 支洞与右低过坝交通洞交接处附近设 3#排水泵站，主要排厂房上部Ⅰ、Ⅱ层右侧开挖施工时的地下渗水及施工废水，总排水能力为 70m³/h。作业面设临时集水坑，采用 2″潜水泵直接将作业面集水坑积水排至 3#排水泵站，泵站设置 100QW100-30 水泵一台，各备用一台，布置 DN100 主排水管一根（备用一根），通过主厂房上 1 支洞排至 2#污水处理池。

③主副厂房中部（Ⅲ～Ⅴ层）右侧开挖排水。在进厂交通洞与主变下层施工支洞交叉洞口处设 4#排水泵站，主要排主副厂房中部（Ⅲ～Ⅴ层）右侧的地下渗水及施工废水，总排水能力为 80m³/h。泵站设置 100QW100-30 水泵一台，各备用一台，布置 DN100 主排水管一根（备用一根），通过进厂交通洞、右低线过坝交通洞将泵站积水排至 3#污水沉淀池。

④主副厂房中部（Ⅲ～Ⅴ层）左侧开挖排水。在副厂房与主厂房中支洞交接洞口处设 5#排水泵站，主要排主副厂房中部（Ⅲ～Ⅴ层）左侧的地下渗水及施工废水，总排水能力为 80m³/h。泵站设置 100QW100-30 水泵一台，各备用一台，布置 DN100 主排水管一根（备用一根），通过主厂房中支洞、主变下层施工支洞、进厂交通洞、右低过坝交通洞将泵站积水排至 3#污水处理池。

⑤主副厂房Ⅵ层、Ⅶ层开挖排水。在各作业面设临时集水坑，采用 2″潜水泵直接将集水坑积水排至 1#排水泵站，由 1#排水泵站将施工弃水和地下渗水抽排至 3#污水沉淀池，处理达标后排入××江。

⑥主变室开挖排水。主变Ⅰ、Ⅱ层开挖时，在各作业面设临时集水坑，采用 2″潜水泵直接将集水坑积水排至 2#排水泵站，由 2#排水泵站将施工弃水和地下渗水抽排至 2#污水沉淀池，处理达标后排入××江。

主变Ⅲ、Ⅳ层开挖时，在各作业面设临时集水坑，采用 2″潜水泵直接将集水坑积水排至 4#排水泵站，由 4#排水泵站将施工弃水和地下渗水抽排至 3#污水沉淀池，处理达标后排入××江。

⑦母线洞及尾水管扩散段开挖排水。母线洞及尾水管扩散段开挖时，在各作业面设临时集水坑，采用 2″潜水泵直接将集水坑积水排至 4#排水泵站，由 4#排水泵站将施工弃水和地下渗水抽排至 3#污水沉淀池，处理达标后排入××江。

3）尾水系统排水。尾水系统主要由尾调室及两条尾水洞组成。由于尾水系统隧洞埋深大，尾水洞线区发育多条断层，施工时可能遭遇小股涌水，加强防渗尤为重要。

尾调室上部开挖时，在尾调室左侧设集水坑，布置 DN50 排水管一根，采用 2″潜水泵直接将集水坑积水经尾调上支洞排到设在厂房上 1 支洞洞口的 2#污水沉淀池。

在尾水洞上施工支洞与尾水洞支洞交接处的 6#排水泵站，尾调室下部、尾水支洞及尾水主洞开挖时，地下渗水及施工废水经尾水洞抽排至 6#排水泵站。

4）1#～3#防渗排水廊道排水。

1#厂区防渗排水廊道部分工作已由发包人提前实施，在剩余未施工部位的施工过程中，在廊道各工作面设集水坑，工作面积水采用 2″潜水泵将集水坑积水经排水廊道上支洞、主厂房上 1 支洞排至 2#污水沉淀池，在排水廊道上支洞、主厂房上 1 支洞内布置 DN100 排水管。

2#厂区防渗排水廊道开挖时，在廊道各工作面设集水坑，工作面积水采用 2″潜水泵将集水坑积水就近经安装间、进厂交通洞抽排至 4#排水泵站。

3#厂区防渗排水廊道开挖时，在廊道各工作面设集水坑，采用 2″潜水泵将集水坑积水经渗漏集水井连接洞、压力管道下平段施工支洞抽排至 1#排水泵站。

5）结合各施工工作面的情况，将各施工工作面的渗水及施工用水排至附近设置的泵站，然后逐级排至洞外污水沉淀池，处理达标后排入××江。

开挖结束后，进入混凝土浇筑阶段，大量施工废水、地下渗水主要通过尾水洞、尾水支洞、排水廊道汇入渗漏集水井，必须加强抽排。在渗漏集水井内设排水泵站（7#），采用污水泵经前期在尾水连接洞、尾水支洞及尾水洞内敷设的排水管路将施工废水、地下渗水抽排至 6#排水泵站。

（2）建基面施工排水。

建基面施工排水主要指混凝土仓面、支护面、钢管安装区、开挖区等，主要采取的措施为：

1）在地下洞室中充分利用地下洞室的坡度、排水沟，引排地下分散渗水和施工废水，汇入集水井后排水或通过潜水泵临时排水管线汇入集水井，必要时设置二级泵站。

2）施工中，组织一支专业队伍进行地下洞室的路面维护、保养与排水沟的清理，保证排水通畅，利于排水和路面质量。

3）对于混凝土仓面的较大出水点或区，采用无砂管、排水盲管集中地下水，与浇筑方向一致排出仓外，并根据不同的出水特点采用不同的处理方法，主要有永久排水和灌浆封堵。

4）对于出水面广、量少的部位，根据所在的不同部位，地下水压不大时，采取集中汇水排放，对集中点封堵，混凝土仓面的集中汇水面不大于两个施工仓面，若在帷幕线区，要防止出现接引汇水管穿过帷幕线。

（3）施工排水系统布置。

1）污水沉淀池。本工程共设 5 座污水沉淀池：

1#污水沉淀池：布置在电站进水口 1293m 高程平台，主要负责引水隧洞上平段施工废水及少量地下渗水的处理。

2#污水沉淀池：布置在厂房上 1 支洞洞口附近，主要负责地下厂房上部左侧、主变室上部的施工废水、地下渗水处理。

3#污水沉淀池：布置在右低线过坝交通洞下游洞口附近，主要负责引水隧洞下平段、引水隧洞斜井段、地下厂房、母线洞及尾水扩散段、2#、3#厂区防渗排水廊道、尾调室、尾水支洞、尾水主洞等部位的施工废水、地下渗水处理。

4#污水沉淀池：布置在尾水洞出口浆砌石围堰堰顶。

5#污水沉淀池：布置在临时混凝土拌和站。

各部位的施工废水、地下渗水经污水沉淀池处理达标后排入××江或监理工程师指定位置。

2）排水泵站设备配置及排水管线设置。本工程共设置排水泵站 8 处，按照施工排水方案的安排，在各施工工作面、排水泵站、污水沉淀池之间敷设排水管或排水沟。主要地下洞室施工排水系统布置特性表见表 9-23，排水系统设备配置表见表 9-24。

表 9-23　主要地下洞室施工排水系统布置特性表

排水泵站名称	布置位置	排水能力/(m³/d)	排水内容	排水系统布置
1#	4#压力管道与压力管道下平段施工支洞岔洞口	1200	引水隧洞下平段、引水隧洞斜井段、主副厂房中下部、3#厂区防渗排水廊道开挖施工的施工废水及少量地下渗水	泵站→压力管道下平段施工支洞→进厂交通洞→右低线过坝交通洞→3#污水沉淀池
2#	主厂房上1支洞进入副厂房附近适当位置	1000	厂房上部Ⅰ、Ⅱ层左侧，主变Ⅰ、Ⅱ层开挖的地下渗水及施工废水	泵站→主厂房上1施工支洞→2#污水沉淀池
3#	主厂房上2支洞与右低过坝交通洞交叉洞口	1000	厂房上部Ⅰ、Ⅱ层右侧开挖施工时的地下渗水及施工废水	泵站→右低线过坝交通隧洞→3#污水沉淀池
4#	进厂交通洞与主变下层施工支洞岔洞口	1200	主副厂房中部（Ⅲ～Ⅴ层）右侧，主变Ⅲ、Ⅳ层，母线洞及尾水管扩散段、2#厂区防渗排水廊道开挖施工时的地下渗水及施工废水	泵站→进厂交通洞→右低线过坝交通隧洞→3#污水沉淀池
5#	副厂房与主厂房中支洞交接洞口处	1200	主副厂房中部（Ⅲ～Ⅴ层）左侧开挖施工的地下渗水及施工废水	泵站→主厂房中支洞→主变下层施工支洞→进厂交通洞→右低线过坝交通隧洞→3#污水沉淀池
6#	尾水洞上施工支洞与尾水洞支洞岔洞口	2200	尾调室下部、尾水支洞及尾水主洞开挖时的地下渗水及施工废水	泵站→尾水洞支洞→右岸低线过坝交通隧洞→3#污水沉淀池
7#	厂房集水井	2400	后期施工废水及地下渗水	7#泵站→压力管道下平段→压力管道下平段施工支洞→1#泵站→压力管道下平段施工支洞→进厂交通洞→右低线过坝交通洞→3#污水沉淀池
8#	尾水出口基坑	1600	尾水出口基坑渗水及施工废水	泵站→××江

表 9-24　排水系统设备配置表

名称	设备型号	流量/(m³/h)	扬程/m	功率/kW	数量	管径 mm/长度 m	备注
1#排水泵站	100QW100-30	100	30	15	2台	DN100/1060	备用一台
2#排水泵站	100QW100-30	100	30	15	2台	DN100/280	备用一台
3#排水泵站	100QW100-30	100	30	15	2台	DN100/990	备用一台
4#排水泵站	100QW100-30	100	30	15	2台	DN100/900	备用一台
5#排水泵站	100QW100-30	100	30	15	2台	DN100/1150	备用一台
6#排水泵站	100QW100-30	100	30	15	2台	DN100/750	备用一台
	65QW25-30	25	30	4	2台	DN100/750	备用一台

续表

名称	设备型号	流量/（m³/h）	扬程/m	功率/kW	数量	管径 mm/长度 m	备注
7#排水泵站	150S-50	160	50	37	2台	DN150/1500	备用一台
8#排水泵站	100QW100-30	100	30	15	2台	DN100/300	备用一台
潜水泵	QS100-15-7.5	100	15	7.5	8台		
潜水泵	QS40-40-7.5	40	40	7.5	4		
潜水泵	65QW25-30	25	30	4	20		
潜水泵	50QW20-30	20	30	4	20		包括工作面用水泵
胶管	DN75				1500m		工作面
胶管	DN50				2000m		工作面

3. 场地排水

场地排水主要是各生产、生活区，明挖边坡、施工场地内的各条地表水沟，这些部位施工期排水采取以下措施进行：

（1）自本工程开工 42 天内，向监理提交有详细说明的施工区排水规划及有关排水设备的数量、型号、性能、布置等资料，供监理工程师审批。

（2）各个生产生活区的场地四周修建排水沟，在雨季遇场地排水沟排水能力不足时，根据需要设置必要的临时排水与截水设施，局部设置排水泵辅助排水。

（3）边坡开挖处设置安全警告标志，作业区有足够的设备运行场地和施工人员通道，对于高边坡、深基坑开挖，按以下要求执行：

1）清除边坡线外 5.0m 范围内浮石、杂物等。

2）修筑坡顶截水沟。

3）坡顶设置安全防护栏或加防护网，且防护栏高度不低于 2m。

4）坡面每下降一层台阶进行一次清坡，对不良地质构造采用有效防护措施，如喷射混凝土、加随机锚杆等。

（4）各个沟与形成地表径流地段，主要以疏通、有序排水为主，引导水流，防止对施工区和施工设施形成影响和破坏。

（5）严禁施工废水或渗水流入其他标段，避免影响其他标段的施工。

（6）废水由自设的污水沉淀池处理、达标后排放，并满足国家环境保护的有关规定。

4. 施工减渗措施

厂房区域的防渗排水，采取"先堵后排、堵排并重、厂内厂外相结合"的综合治理原则，以厂外排水为主。为降低地下厂房系统的渗水压力、减少渗水量，在施工总程序安排上，采取廊道先行的原则，尽早完成各层排水廊道的施工。经对招标文件工程地质及水文地质条件分析研究，减渗措施的重点实施区域为位于地下水位以下的建筑物出水口及不良地质洞段。具体对策如下：

（1）在开挖区外设截、排水沟，开挖区内设排水设施，及时排除地表水及渗水，减少渗水。

（2）地下厂房系统施工期防渗结合永久防渗系统进行规划，统筹安排防渗帷幕线周边相关洞群工作项目的施工程序，确保厂房上游防渗帷幕的整体性，是厂房施工期和运行期的重要减渗措施。

（3）对于地下水，首先做好超前地质预报，对渗水量较小的洞段，可在拱顶打一定数量的超前钻孔作为排水减压孔，根据估算的涌水量选择排水设备。若处于地下水位以下，施工过程中如果出现地下水活动严重的地段，可采用"引、堵"结合的办法处理，采用导管集中引水，然后喷射混凝土。当围岩出现涌水情况时，首先应根据地质情况，在穿越透水层部位布置一定数量的排水孔，用长40～70cm、直径20～25mm的钢管插入排水孔内，插入深度为30～60cm，钢管与岩壁的空隙用棉纱封紧，再用1:1的加速凝剂的水泥砂浆堵在棉纱外部，迫使地下水沿钢管排出。如果掌子面上涌水，推测钻孔爆破后围岩涌水的涌水量，可采用"超前排水法"进行处理，具体施工方法是在开挖爆破前距掌子面轮廓线外20cm处斜向上前方25°钻孔，间距30～60cm，当水沿钻孔流出后，在钻孔内打入缝孔式小导管，利用小导管一侧的缝隙将水引入管内，这样还可以起到加固围岩的作用。

（4）在围岩特别破碎的地段，可以采用超前固结灌浆或超前帷幕灌浆进行灌浆封堵施工，同时起到堵水和加固围岩的作用。并在开挖后的掌子面上挂钢筋网喷混凝土进行加强支护，控制围岩变形。

（5）汛期设专人加强渗（涌）水观测，及时反馈有关信息，完善各洞室排水管道，建立应急排水系统。

六、安全渡汛

1. 一般性措施对策

（1）合理组织主体工程施工，确保防汛关键项目按期达到规定的形象面貌。

（2）每年汛前根据现场情况，编写防汛措施报监理批准后实施。

（3）汛期建立防汛指挥部，积极与地方和业主防汛部门联系，密切注意水情，在汛期建立24小时值班制度，妥善做好劳动力安排。

（4）准备各种防汛物资，如编织袋、铅丝石笼、苫布、土石料、黏土、生活用品等，做好导流建筑物加高、封堵等准备工作。

（5）施工区、生活区外围设截水沟，场内设排水沟及时排除场内积水。

2. 汛前工程面貌要求

（1）每年汛前，根据当年的防洪渡汛计划，对各施工场地进行清理。

（2）检查所有生产生活设施的排水情况与防汛设施是否达到防汛要求，检查所有开挖支护边坡的截排水、支护和防护设施的完成情况。

（3）检查与地下洞室相连接的各个地质探洞、通道、竖井等的封堵情况，确认其是否低于防洪标准水位。

（4）检查地下洞室的支护完成情况，确保汛期地下洞室及建筑物的安全。

（5）检查防汛组织机构、人员、设备物资的到位情况，生产物资的储备情况，确保汛期施工与安全。

（6）检查防汛应急预案的演习实施情况。

（7）检查通信、后勤、医疗保障等的到位情况。

（8）检查所有参与防洪渡汛的设备的安全和质量情况。

（9）检查施工供电、排水的设置情况、完好情况、备用量和应急能力。

3. 永久和临时工程建筑物防护措施

（1）厂区地下洞室安全渡汛。厂区地下洞室防汛包含主副厂房、主变室、尾调室、尾水洞、右低线过坝交通洞、进厂交通洞、主厂房上1支洞、主厂房上2支洞等。防护重点是地下厂房三大洞室。主要措施如下：

1）与三大洞室区域相关的地质探洞在汛前要按时全面排查，做好防洪渡汛工作，防止河道来水通过渗水通道对该区域产生影响。

2）尾水洞段是本标的开挖最低点，引水隧洞、厂房、尾水、尾调室的所有地下水都有可能集中到这一区域，加强工作面排水的同时要加大本区的排水备用排水泵总容量，防止突然出现大量渗水时的应急排水能力。

（2）尾水系统安全渡汛。尾水系统的防洪渡汛内容包括尾调室、尾水支洞、尾水连接洞、尾水洞、尾水出口排水与江水防汛，是防洪的重点区域。主要措施如下：

1）地下洞室的防汛重点是地下渗水和河道渗水排水，汛前经审批后对断层和破碎带进行灌浆、混凝土堵塞等堵水防渗处理。

2）尾水出口边坡汛前要完成边坡的支护工作和截水沟的施工，边坡排水系统的施工，对边坡进行施工期安全监测工作，并设专人全天巡视。

（3）其他安全渡汛项目。其他主要的防汛措施包括：

1）各个区域的施工道路在汛期进行加固、排水、排险清挖。

2）各主要的排水泵站，要在主汛期设置足够的排水与照明专用备用电源，保障汛期的防汛安全。

3）供电线路在暴雨和主汛期可能被破坏，要有足够的备用材料、设备，防止造成影响。

4）在防洪渡汛期间设置医疗抢救设施，并有专用的药品和器械。

5）主汛期对各个洞室要进行针对性的安全监测，一旦出现较大变形，采取相应的支护等措施。

（4）施工辅助厂区安全渡汛及防护措施。

1）在防洪渡汛期间，尤其是抢险期间，要有专人负责对电源、水源、炸药库等重要部位实施防范性监护。

2）对辅助厂区供电、供水及供风设施，汛期每月至少进行一次巡视维护，确保防汛及抢险动力供应正常。

3）辅助厂区建筑物的排水设施保持畅通，检查建筑物周边边坡稳定情况，必要时采取加固和支护措施，防止山体滑坡。

4）施工区机械设备停放远离边坡坡脚。

5）做好施工区域内降雨汇集形成的山洪的防范措施，截排施工区外地表水和工作面集水，并避免其施工排水进入施工区域内。

6）做好防雷、防风的防护措施。

（5）生活区安全防护措施。为保证生活区的安全，在汛期采取如下措施：

1）对生活区供电、供水设施，汛期每月至少进行一次巡视维护，确保防汛及抢险动力供应正常。

2）生活营地房前屋后均设置排水沟，排水沟设专人维护疏通。汛期来临前，对生活营地及施工场地附近的冲沟、土质边坡及时进行修整处理，保证汛期雨水顺利排走，避免危及施工设施及人员安全。

3）做好防雷、防风的防护措施。

4. 防汛器材设备及劳动力配置

（1）物资准备。汛前按照任务分工充分做好防洪材料、设备，如铅丝石笼、编织袋、黏土、砂石料、防洪水泵、备用发电机、各种雨具、工具（应急灯、锹、镐、箕、手电筒等）、救生用具（救生衣、救生圈、安全绳等）等物资器材储备，设专人保管，并定期检查保养，使其处于良好状态，确保防洪应急物资准备到位，以便随时突击抢险。

（2）人员设备配备。防洪渡汛指挥部成员、专业人员应按照专业分工，本着专业对口、便于领导、便于集结和开展防洪渡汛工作的原则，建立组织，落实人员，每年根据人员的变化进行组织调整，确保渡汛工作的落实。

各施工厂队的设备均为防洪抢险设备，尤其装载机、反铲、汽车吊、自卸汽车等，汛前要保证完好，以备急时之需。

5. 发生超标洪水时的应急渡汛措施

（1）组织管理措施。为保证安全渡汛，防止发生超标准洪水时造成重大损失，采取以下应急管理措施：

1）工程开工后，成立联合体防汛指挥部。联合体防汛指挥部在业主防洪领导小组的统一协调指挥下，组织本单位防洪抢险工作。平时做到警钟长鸣，常抓不懈，随时处理应急突发洪水。

2）每年汛前，由相关部门根据施工进度情况及防洪重点部位制定切实可行的防汛抢险措施，备足防洪物资，设立渡汛办公室，派专人值班，随时接收业主水情气象中心提供的水文气象情报和预报信息。

3）根据水文气象情报和预报，在可能发生洪水时期采取昼夜巡查制度，发现险情，及时汇报，以便及时抢险，确保工程施工安全渡汛。

4）健全通信系统，保证各施工区内部通信及与外界的联系畅通，在事故易发点设专人值班巡查，发现问题及时报告。

5）科学组织、合理安排、严格管理，保证防洪重点部位的工程施工进度满足防洪渡汛的要求。

（2）超标准洪水应对措施。为防止施工期内遭遇不可预测的自然灾害或超标准洪水，做好防大汛的思想准备，在汛期来临之前进行应急演习，制定详细的撤退计划报监理工程师；在超标准洪水来临时，按监理工程师的指示，采取紧急措施，进行防洪防灾的抢险工作。施工的设备、材料、人员及时撤到安全的地方。

第八节　某水电站压力钢管制造与安装施工组织设计

一、工程概述

1. 工程概况

某水电站工程为Ⅰ等大（1）型工程，枢纽工程主体建筑物由挡水建筑物、泄水建筑物、引水发电建筑物等组成。引水隧洞采用一洞一机布置型式，平行布置。压力钢管布置在下平段，自灌浆帷幕处起始，灌浆帷幕下游设排水设施。钢管经下平段、锥管段、连接段至水轮机蜗壳端口。右岸 7#～12#机压力钢管直径 Φ12.50m，经锥管段渐缩为 Φ11.50m，由连接段与蜗壳进口端连接。7#机灌浆帷幕布置在下弯段部位，8#～12#机灌浆帷幕布置在下平段部位，压力钢管长均为 55.20m，6 条压力钢管总长 331.20m。

压力钢管采用 800MPa 级钢板制造，经计算，钢管壁厚为 56～60mm（含锈蚀厚度）。在外压作用下，钢管外须布置加劲环，加劲环断面为矩形，间距 2～3m，材质为 Q345C。一条钢管重量约为 1060t（不包括钢管安装、运输所用吊耳、内支撑、埋件等重量），6 条钢管重量约为 6360t。

2. 工程范围

压力钢管及其附件的制造、运输和安装，包括钢管直管、渐变管及其部件（以下统称钢管）的制造、运输、安装以及防腐涂装和检测；钢管加工运输安装过程中所需的组圆平台钢构件、内支撑、吊耳、现场埋件及连接件等。

二、施工重点、难点分析与对策

1. 施工重点、难点分析

（1）洞内组圆、安装。

本工程钢管内径为 11.500m～12.500m，属于超大型地下埋管。设计开挖的右厂 4#施工支洞断面尺寸为 8.5m×6.5m，无法满足成品钢管运输的要求，只能运送未组成整圆的钢管瓦片，因此钢管瓦片制作在洞外进行。钢管瓦片的制作（钢管瓦片下料、卷制、加劲环下料、防腐）完成后，运输到洞内进行钢管的组对焊接、加劲环的组对焊接以及防腐。另外，钢管直径大、质量重，运输、吊装、就位、调整均较一般钢管安装困难。

（2）焊接参数的选择。

本工程钢管材质采用 800MPa 和 610MPa 级钢材制造两个方案，高强钢钢管的制作工艺较复杂，规范明确要求避免在母材上随意焊接临时附件，而且对电弧擦伤、预热、后热要求较严格，为保证焊接接头的各项性能指标满足设计要求，其焊接参数的选择及控制更是施工中的重点、难点。

2. 施工对策

针对施工重点、难点，为保证高强钢压力钢管的制作质量，将在制作过程中遵循以下原则：

（1）严格工艺评定程序，确保工艺评定各项参数的有效性。

（2）严格焊工资格的审核，确保参加本工程的焊工均持有有效合格证。

（3）制作过程中，采用胎具压缝，避免焊接临时附件及大锤敲击。

（4）严格技术及质量管理制度，加强跟踪检查，确保压力钢管制作及焊接工艺落实的有效性。

三、施工场地布置

根据本标段的工程量及施工特点，结合我单位实际情况，将在电站施工现场临建钢管厂，总占地面积约 28000m²。钢管瓦片、钢结构的制造、防腐以及机电设备的拼装、存放均在该厂内进行。办公区及生活区在现场进行搭建，占地面积 600m²；库房 10m×10m=100m²。

钢管厂主要为一个结构制造车间，面积为1600m²（20m×80m），在车间一头布置20m×10m的机械加工区；一个防腐车间，面积为为400m²（20m×20m）。

结构制造车间主要负责钢管瓦片及钢结构的制造及加工，车间内安装一台30t的龙门吊车，轨道全程布置。车间内布置有卷板机、剪板机、数控切割机等设备，并布置16m×20m钢平台。防腐车间主要负责钢管瓦片及钢结构的喷砂及油漆防腐工作，车间考虑加设密封层，防止粉尘污染。

厂内运输由40t拖板车及8t载重汽车进行各车间的倒运，车间内装卸由车间内龙门吊车完成，车间外的吊装，由布置在场内的45t汽车吊完成。

结构制造及防腐车间主要临时设施材料统计表此处略。

四、主要施工方案

钢管制作厂内制作（钢管瓦片下料、加工破口、瓦片卷制、加劲环下料）完成后，在钢管厂内进行防腐，防腐后钢管瓦片及渐变管瓦片利用40t拖板车运至制作车间外存放场地存放，保证安装需要。压力钢管洞内组圆焊接采取以引水隧洞内为主、厂房为辅的方案。

考虑根据各条引水隧洞与4#施工支洞相交位置的不同，各条引水隧洞组焊专机布置也不相同，组焊专机布置如下：

（1）7#、8#引水隧洞组焊专机布置在厂房安装间，进行钢管的组圆及焊接。钢管瓦片由40t拖板车运输到厂房安装间，由厂房内的小桥机进行钢管瓦片的吊装，7#引水隧洞前4节钢管为弯管，组对焊接后每节由厂房内的小桥机吊至7#引水隧洞厂房侧洞口，在引水隧洞洞口搭设钢平台，将引水隧洞内钢管运输轨道引出，钢管由专用钢管运输台车运至安装位置。其余管节在组焊专机上将两节钢管组焊成大节钢管，由厂房小桥机吊至厂房侧洞口，运输到安装位置进行安装。8#引水隧洞内钢管无弯管，全部可以组成大节进行安装。

（2）9#引水隧洞组焊专机布置在9#引水隧洞上游下弯段处，钢管瓦片由40t拖板车运输到4#施工支洞与9#引水隧洞交叉口位置，由布置在洞顶的30t天锚进行卸车，由专用运输台车运至组焊专机位置进行组对焊接，9#引水隧洞内钢管全部可以组成大节进行安装。

（3）10#、11#、12#引水隧洞组焊专机分别布置在各引水隧洞4#施工支洞厂房侧边墙下游，钢管瓦片由40t拖板车运输到4#施工支洞与各引水隧洞交叉口位置，由布置在组焊专机上的悬臂吊进行卸车，由专用运输台车运至组焊专机位置进行组对焊接，10#、11#、12#引水隧洞内钢管全部可以组成大节进行安装。

五、钢管厂内制作

1. 材料

此处略。

2. 测量工具检验及样板制作

（1）工厂放样、下料、测量所用的尺和验收部门用尺核对一致，10m以内测量张紧力为5kg拉力，大于10m长度的测量张紧力均为10kg拉力。

（2）本工程所用的量具、仪器由二级或二级以上的计量单位检验合格，并在规定期限内使用。

1）钢管制造、安装所用的钢卷尺和测量仪器不低于下列精度，且经计量检定机构检定并定期率定。精度为万分之一的钢卷尺；GTS-102N 全站仪；NA2 型水准仪。

2）测量温度、电流用的仪表定期率定。划线所用样板，其误差不大于 0.5mm。

（3）钢管制造检查样板。按照规范要求制作样板，用于检查卷板弧度与样板间隙及纵缝与样板的间隙。

3. 放样划线

（1）钢板划线前，检查钢板表面，保证无气泡、结疤、拉裂、折叠、夹渣和压入的氧化皮等缺陷，钢板无分层。如果发现以上缺陷，及时通知工程部和质量部，根据钢板的缺陷情况确定处理方案。

（2）划线前确认材质、板厚和熟悉工艺要求，然后根据施工图、车间下料图进行划线和下料。计算钢管周长下料尺寸时按钢管的公称直径计算，即加上一个管壁厚度。同时考虑一定的焊接收缩量、切割量及对接间隙的预留。车间下料图的编制要求考虑直管环缝间距不小于 800mm；相邻管节纵缝间距大于板厚的 5 倍，且不小于 500mm；管节纵向焊缝不允许布置在钢管横断面的水平轴线和铅垂轴线上，并与上述轴线间夹角大于 10°。

（3）划线时钢板卷板方向与压延方向一致。

（4）划线时用油漆在钢板上标记出钢管水流方向，水平和垂直中心线、瓦片编号、坡口角度以及切割线等。

（5）划线检验合格后，进行下料。下料前，质量部对每张钢板的编号、炉批号做好记录，以便于跟踪。

4. 钢板的下料和坡口加工

（1）切割设备采用 AG-400 三割炬数控切割机，划线时根据坡口型式在钢板的四边划出坡口切割线，双面坡口可一次切割成形，钢板焊缝的坡口型式按焊接方法确定。切割完成后，将割口表面全部毛刺及淬硬层等用砂轮磨掉。若钢板有预热切割要求，进行预热切割或通过试验后，再实施切割。

（2）钢板下料满足下列要求：

1）钢板划线的极限偏差应符合表 9-25 的要求。

表 9-25 钢板划线的极限偏差

序号	项目	极限偏差/mm
1	宽度和长度	±1
2	对角线相对差	2
3	对应边相对差	1
4	矢高（曲线部分）	±0.5

2）直管环缝间距不小于 800mm，渐变管除遵照图纸的规定外不小于 600mm。

3）相邻管节的纵缝距离大于板厚的 5 倍且不小于 500mm。

4）纵向焊缝不布置在钢管横断面的水平轴线和铅垂轴线上，并与上述轴线间夹角大于 10°。

5）钢板划线后的标记符合《水利水电工程压力钢管制造安装及验收规范》的规定。

（3）钢板的切割和刨边用自动火焰切割进行。

（4）切割和刨边面的熔渣、毛刺和缺口，用砂轮磨去，所有板材加工后的边缘保证无裂纹、夹层和夹渣等缺陷。

（5）焊缝坡口尺寸的极限偏差，符合《气焊、焊条电弧焊、气体保护焊和高能束焊的推荐坡口》的规定。

（6）坡口加工完毕按招标文件有关规定立即涂刷 H06-4 环氧富锌底漆以防坡口生锈。

5. 卷板

（1）卷板采用 W11STNC-120×3000 卷板机进行压头卷板，该卷板机具有压头功能，在××抽水蓄能电站等工程中得到很好的应用，压头精度完全能够满足规范要求。

（2）在压头过程中，为保证钢板圆弧精度，采用压头样板来反复校验钢板轧制后的两端圆弧尺寸，直到合格为止。

（3）卷板由厂房内 30t 龙门吊车配合，采用多次卷制成型，卷板方向和钢板轧制方向一致，成型后将瓦片以自由状态立于平台上，用相匹配的样板检查瓦片的弧度，任何部位的接触间隙保证满足招标文件及规范要求。

（4）卷板注意事项：卷板前或卷制过程中，将钢板表面已剥离的氧化皮和其他杂物清除干净；卷板时，不用金属锤直接锤击钢板，防止在钢板上出现任何痕迹。高强度钢卷板后，严禁用火焰校正弧度。

6. 附件制造

（1）加劲环的制造和加工，遵守招标文件及施工图纸的有关规定。

（2）加劲环的对接焊缝与钢管纵缝错开 500mm 以上，加劲环与钢管管壁间的角焊缝或组合焊缝满足施工图纸的要求。

（3）加劲环的内圈弧度偏差：加劲环内圈弧度用弦长 1500mm 的样板检查时，样板与加劲环内圈表面间的间隙不大于 2.5mm。

（4）钢管的加劲环组装的垂直度极限偏差，符合《水电水利工程压力钢管制造安装及验收规范》的规定。

7. 附件安装

加劲环的尺寸进行复查，确保正确无误后，进行瓦片加劲环组对。

（1）首先按施工图划出各环的定位线，然后进行瓦片加劲环组对，加劲环对接焊缝与钢管纵缝错开 200mm 以上，加劲环与钢管管壁间的组合焊缝为双面连续焊缝。

（2）加劲环的内圈弧度偏差：加劲环内圈弧度用弦长 1500mm 的样板检查时，样板与加劲环内圈表面间的间隙不大于 3mm。

（3）加劲环与钢管的连接焊缝为双面缝，与钢管纵缝交叉处在加劲环内弧侧开半径 25mm～50mm 的避缝孔。

（4）钢管管节加劲环组对完成后，由多名焊工进行加劲环的焊接。

8. 钢管防腐蚀

此处略。

六、钢管制作

钢管在钢管厂制作（钢管瓦片下料、加工破口、瓦片卷制、加劲环下料）完成后，在钢管厂内进行防腐工作，防腐后钢管瓦片及渐变管瓦片利用 40t 拖板车运至制作车间外存放场地存放，保证安装需要。

1. 组圆

（1）引水隧洞内组圆。

洞内钢管的组圆考虑使用××科技有限责任公司的组圆专机，9#、10#、11#、12#引水隧洞内钢管在引水隧洞内进行组对。瓦片利用 40t 拖板车运至 4#施工支洞，9#引水隧洞内钢管瓦片利用天锚，其他引水隧洞钢管瓦片利用组焊专机上布置的悬臂吊进行吊装。

（2）厂房组圆。

厂房内钢管的组圆考虑使用××组圆专机，7#、8#引水隧洞内的钢管在厂房安装间内进行组圆。瓦片利用 40t 拖板车运至厂房安装间，利用厂房小桥机进行钢管瓦片的吊装。

2. 焊接

引水隧洞及厂房钢管瓦片组圆完成后，纵缝焊接采用埋弧自动焊在组焊专机上进行，在组焊专机上组成大节的钢管环缝采用埋弧自动焊进行焊接，加劲环焊接采用二氧化碳气体保护焊进行焊接。引水隧洞内组对完成的环缝，采用手工电弧焊进行。

七、钢管焊接

此处略。

八、钢管安装

1. 洞内钢管运输

7#、8#引水隧洞内钢管瓦片由 40t 拖板车运输到厂房安装间，由厂房内的小桥机进行钢管瓦片的吊装，7#引水隧洞前 4 节钢管为弯管，组对焊接后每节由厂房内的小桥机吊至 7#引水隧洞厂房侧洞口，在引水隧洞洞口搭设钢平台，将引水隧洞内钢管运输轨道引出，钢管由专用钢管运输台车运至安装位置。其余管节在组焊专机上将两节钢管组焊成大节钢管，由厂房小桥机吊至厂房侧洞口，由专用运输台车运输到安装位置进行安装。

8#引水隧洞内钢管无弯管全部可以组成大节，9#引水隧洞内钢管瓦片由 40t 拖板车运输到 4#施工支洞与 9#引水隧洞交叉口位置，由布置在洞顶的 30t 天锚进行卸车，由专用运输台车运至组焊专机位置进行组对焊接，9#引水隧洞内钢管全部可以组成大节，由专用运输台车运输到安装位置进行安装。

10#、11#、12#引水隧洞内钢管瓦片由 40t 拖板车运输到 4#施工支洞与各引水隧洞交叉口位置，由布置在组焊专机上的悬臂吊进行卸车，由专用运输台车运至组焊专机位置进行组对焊接，10#、11#、12#引水隧洞内钢管全部可以组成大节，由专用运输台车运输到安装位置进行安装。

2. 安装工艺

（1）定位节的设置。7#、8#引水隧洞上游第一节压力钢管设为定位节；9#、10#、11#、12#引水隧洞下游第一节钢管设为定位节。

（2）凑合节的设置。每条压力管道设 1 个凑合节：Φ11.5m 钢管与蜗壳连接处。

（3）钢管安装措施。

1）安装顺序。6 条引水隧洞压力钢管道安装可以按照 7#→8#→9#→10#→11#→12#的顺序进行安装。

2）钢管调整、加固。钢管调整用千斤顶和导链配合进行，调整合格后对称加固。保证钢管支撑牢固，防止变位。

3）钢管安装要求。

①钢管支撑（或支墩）有足够的强度和稳定性，保证钢管在安装过程中不发生位移和变形。

②钢管的直管及附件与设计轴线的平行度误差不大于 0.2%。

③钢管安装中心的极限偏差应符合表 9-26 的规定。

表 9-26　钢管安装中心极限偏差

始装节管口中心的极限偏差/mm	与蜗壳伸缩接连接的管节的管口中心极限偏差/mm	其他部位管节的管口中心偏差/mm
5	12	30

④始装节的里程偏差不超过±5mm，始装节两端管口垂直度偏差不超过±3mm。

⑤钢管安装后，管口圆度偏差不大于 40mm，至少测量 4 对直径。

⑥环缝焊接除图样有规定外，逐条焊接，不强行组装。管壁上不随意焊接临时支撑或脚踏板等构件，除设计有特殊规定外，不在混凝土浇筑后再焊接环缝。

⑦现场焊接安装环缝，有适当的屏蔽，并防止穿堂风和风雨潮湿的影响，每条焊缝连续完成，不中断。

⑧每节管节的定位点焊，在温度较低时进行，尽快焊接。

⑨拆除钢管上的工具卡、吊耳、内支撑和其他临时构件时，严禁使用锤击法，用碳弧气刨或氧-乙炔火焰在离管壁 3mm 以上处切除，严禁损伤母材。切除钢管内壁上残留的痕迹和焊疤后，再用砂轮磨平，并认真检查有无微裂纹。对高强钢在施工初期和必要时用磁粉或渗透探伤检查。如发现裂纹用砂轮磨去，并复验确认裂纹已消除为止。同时改进工艺，使不再出现裂纹，否则继续进行磁粉或渗透探伤检查。

⑩钢管安装后，与支墩和锚栓焊牢，防止浇筑混凝土时位移；内部支撑在回填的混凝土未达到足够强度前，不拆除；钢管内、外壁的局部凹坑深度不超过板厚 10%，且不大于 2mm，用砂轮打磨，平滑过渡，凹坑深度超过 2mm 的按招标文件及规范要求进行焊补；安装时，未经监理人允许不在钢管管壁上焊接任何构件；钢管安装时，按施工图纸要求，同时进行观测仪器安装埋设。若仪器的安装埋设由其他承包人承担，我方积极予以配合。安装观测仪器支座的焊接符合《水电水利工程压力钢管制造安装及验收规范》的规定，安装时注意对漆膜的保护。

4）现场焊缝的防腐。现场防腐部位包括现场焊缝、钢管防腐层损伤部位。现场焊缝利用钢丝刷进行除锈，采用人工涂刷的方法涂装。

九、安装进度计划

此处略。

十、施工人员配置

压力钢管制造施工人员配置见表 9-27、安装施工人员配置见表 9-28。

表 9-27 压力钢管制造施工人员配置

工种	人数	工种	人数
铆工	12 人	电焊工	12 人
气焊工	4 人	起重工	4 人
探伤工	2 人	电工	2 人
技术	2 人	司机	4 人
安全	1 人	质量	2 人
防腐	6 人	合计	51 人

表 9-28 压力钢管安装施工人员配置

工种	人数	工种	人数
电气焊	12 人	技术	2 人
铆工	10 人	质检	2 人
电工	1 人	司机	2 人
探伤	2 人	起重	4 人
测量	2 人	总计	37 人

十一、主要施工设备投入

此处略。

参 考 文 献

[1] 中华人民共和国水利部．中华人民共和国水利行业标准：SL 303—2017 水利水电工程施工组织设计规范[S]．北京：中国水利水电出版社，2017：10．

[2] 中华人民共和国水利部．中华人民共和国水利行业标准：SL 252—2017 水利水电工程等级划分及洪水标准[S]．北京：中国水利水电出版社，2017：3．

[3] 中华人民共和国水利部．中华人民共和国水利行业标准：SL 251—2015 水利水电工程天然建筑材料勘察规程[S]．北京：中国水利水电出版社，2015：4．

[4] 中华人民共和国水利部．中华人民共和国水利行业标准：SL 677—2014 水工混凝土施工规范[S]．北京：中国水利水电出版社，2014：12．

[5] 水利电力部水利水电建设总局．水利水电工程施工组织设计手册[M]．北京：水利电力水电出版社，1994．

[6] 刘百兴，倪锦初，朱卫军．水利水电工程施工组织设计指南[M]．北京：中国水利水电出版社，2015．

[7] 钱波，郭宁．水利水电工程施工组织设计[M]．北京：中国水利水电出版社，2012．

[8] 张守全，康百赢．水利水电工程施工组织设计[M]．北京：中国水利水电出版社，2008．

[9] 张清文，黄森开．水利水电工程施工组织设计实务[M]．北京：中国水利水电出版社，2007．

[10] 周克已．水利水电工程施工组织与管理[M]．北京：中国水利水电出版社，2007．

[11] 袁光裕，胡志根．水利工程施工[M]．6版．北京：中国水利水电出版社，2016．

[12] 李天科，侯庆国．水利工程施工[M]．北京：中国水利水电出版社，2005．

[13] 司兆乐．水利水电枢纽施工技术[M]．北京：中国水利水电出版社，2002．

[14] 孙立功，刘杰．隧道工程[M]．2版．成都：西南交通大学出版社，2009．

[15] 中国水利工程协会．建设工程进度控制（水利工程）[M]．北京：中国水利水电出版社，2022．

[16] 全国一级建造师执业资格考试用书编写委员会．水利水电工程管理与实务[M]．北京：中国建筑工业出版社，2024．